가난은 왜?
나를 선택했나!

가난은 왜? 나를 선택했나!

펴 낸 날 2025년 3월 21일

지 은 이 문현철
펴 낸 이 이기성
기획편집 이지희, 서해주, 김정훈
표지디자인 이지희
책임마케팅 강보현, 이수영
펴 낸 곳 도서출판 생각나눔
출판등록 제 2018-000288호
주   소 경기도 고양시 덕양구 청초로 66, 덕은리버워크 B동 1708, 1709호
전   화 02-325-5100
팩   스 02-325-5101
홈페이지 www.생각나눔.kr
이 메 일 bookmain@think-book.com

가난은 왜?
나를 선택했나!

문현철 지음

돈이 전부라 외치는 당신, 그 길을 어떻게 걸을 것인가?

평범하게 산다는 것이 가장 어려운 일이다

그러나 순응하는 들꽃처럼 우리는 길을 찾을 수 있다

생각나눔

20대 초반, 그때부터 나름 삶의 방향을 결정했던 것 같다. 그냥그냥 평범하게…. 들꽃처럼 살다 떠나는 것이 최고의 삶이라 생각했다.

　물론 지금도 그 생각에는 크게 변함이 없지만, 이만큼 살아보니 평범하게 산다는 것이 최고로 어려운 일임을 감히 말할 수 있다.

　내가 살던 세상은 늘 힘든 길만을 요구해왔다. 선택한 것들의 대부분은 내가 틀리는 방향으로 움직여졌다. 삶의 방향은 많이도 비틀렸고, 원치 않는 삶으로 흘러가는 것에 참 많이도 서글펐다.

　한참 후에야 자연스레 비상약을 찾게 되고, 대응이란 단어와 친해졌다. 그러나, 이 또한 부질없는… 모든 것에서 벗어날 수 있는 유일한 무기는 바로 순응이었다.

　들꽃의 평온함은 세상에 순응했기 때문이었다. 이런 세상의 이치를 깨닫는 데 60여 년의 세월이 필요했다. 진정한 들꽃이 되기까지의 많은 세월과 무수한 시간들, 그 순간순간 모두를 내 흔적에 묻었다.

머리말

. . .

나를 선택한 가난이 정말 원망스럽다!

다 필요 없다! 돈만 있으면 된다! 돈이 전부다!

인생은 돈이다. 오로지 돈, 돈, 돈!

끓어오르는 분노와 서러움에 돈만을 외치는 당신!

'그토록 간절히 원한다면 이루어라!' 그게 전부다.

기분이 좀 가라앉았는가?

그럼 묻겠다! 당신은 어떻게 이룰 건가?

물고기를 잡더라도 여러 방법이 있다. 맨손으로, 낚시로, 그물로? 기타 등등 아무런 준비 없이, 아무런 생각 없이 '물고기를 잡을 거야.' 만으로 돌진할 수는 없는 거다. 이는 이룰 수 없다.

금전, 시간, 노력, 그동안 쏟아부었던 열정과 수많은 것들을 잃을 수 있기 때문이다. 아니 어쩌면 단 한 번의 실패로 회복할 수 없는 늪에 빠져, 복구 자체가 불가능할 수도 있다.

이 책은 차원 높은 글로 사전을 찾아가며 읽어야 하는 어려운 단어는 없다. 일상의 단어를 많이 썼으며, 당신과 나, 마치 오랜 친구와 마주 앉아, 일상대화를 나눈다는 편안한 마음으로 읽어주기 바란다. 우리의 삶과 인생의 방향, 그에 따른 마음가짐을 함께 고민해 보는 그런 책이다. 물론, 필자의 경험담 또한 함께했음이다. 차근차근 읽어 내려가면서 필자가 무슨 말을 하고 싶어 하는지를 알아차리는 게 핵심이다. 특별한 경우가 아니라면 '반드시 이렇게 해라!', '반드시 저렇게 해라!' 하는 억압적 강요는 없다. 각자의 재능과 각자의 역량이 다르기 때문이다. 중요한 건 스스로가 느끼고 깨달아야 한다는 거다. 그래야만 자신을 바꾸고, 개선하고, 반성하게 됨으로써 도약할 수 있기 때문이다.

대다수의 사람들이 어디가 출발점인지, 무엇이 잘 유지하게 하는지, 언제 나를 멈춰야 하는지를 모른다는 거다. 필자의 작은 지식과 경험을 귀띔해 줌으로써 세상을 보는 다른 시각이 당신의 능력으로 작용될 때, 비로소 원하는 바를 이룰 수 있음을 얘기해 주고자 한다.

등산로 초입 길에서 몸에 좋은 칡즙 한 잔 들이켜고 가볍게 출발한다는 마음으로 읽어주길 바란다. 확실하게 말할 수 있는 건 돈이라는 놈은 최소한 지금의 나보다는 똑똑하다는 거다. 눈도 있고 귀도 있으며 생각도 똑똑하다. 이런 그를 당신은 이길 수 있겠는가? 그 지혜를 함께 얘기해 볼 거다. 모든 출발과 끝이 마음에 있는 거다. 그 마음이 선택으로 이어지기에 마음 공부가 당신을 일으키는 출발선이다. 보이지 않는 안갯속을 꿰뚫어보는 능력! 그것은 당신의 성공을 넘어 인생 전체의 방향을 제시해 주는 중요한 통로가 될 것이다. 필자의 생각이 잘 전달될 수 있도록 최선을 다해 담아봤으니, 각자의 성공으로 가는 길에 조금이나마 도움이 되었으면 하는 작은 바람이다.

문현철 드림

목 차

제9장 파 도

제10장 회색빛 반성

제11장 성공과 운(運)

제12장 지름길

제13장 살아 있는 시간들

제1장

공평과 욕심

마음속
저울

　　우리 모두는 공평하다. 아니 공평하고 싶어한다. 공평이란 서로의 기울기를 최소화하기 때문이다.

　　그러나 비교 대상이 옆에 나타나는 순간, 공평은 슬며시 사라진다. 국가, 사회, 개인 모두가 평등해지고 공평해지기를 간절히 원할 뿐이다. 그렇기에 모든 국가를 포함하여 개인에 이르기까지 그토록 외쳐대는 거다. 그 길을 향해 가자! 모두가 공평하고 평등한 그 길로….

　　그러나 공허한 외침이요 메아리일 뿐이다. 아마도 돈에 의식이 있다면 다소나마 가능할지도 모르겠다. 그러나 돈이란 놈은 선악에 구분 없이 이유를 불문하고 우리를 넘나든다.

　　'내게는 무슨 능력이 있는 걸까?', '나는 무엇을 해야 할까?' 우리는 늘 고민에 빠져 산다. 현실에 만족하지 못하기에 365일 풀가동이다. 좀 더 가지고 싶은 거다. 그러면서 그에 합당한 이유들을 늘어놓는다. 여기에는 욕심이란 무한한 배를 가진 놈이 내 안에서 꿈틀대기 때문이다.

　　채워도 채워도 끝이 없다. 우리는 이를 인간의 본성인 욕망이라 말할 수 있다. 어쩌면 우리 세상은 욕망이라는 본성을 바탕으로 출발한다. 조금이라도 이익이 된다면 지옥 끝이라도 쫓아가는 게 인간이다.

　　장이 열리는 추운 새벽, 시린 손을 비벼대며 원하는 걸 얻기 위해 인산인해(人山人海)다. 다들 뭔가를 얻으려 함이다.

어느덧 저녁노을이 어스름해지고 상인들이 하나둘씩 문을 닫기 시작하면 그제서야 너도나도 발길을 돌리기 시작한다. 더는 얻을 것이 없기 때문이다. 마침내 어둠이 드리우면 그렇게나 북적거리던 장터는 찬바람만 '쌩'하다. 여기가 바로 인간 세상이다.

이 또한 세상의 이치이니 굳이 놀랄 일은 아니다. 다른 사람들 모두가 욕심이 없기를 바라는 극단적인 바람(소망)은 세상을 아름답게 하기 위함인가? 아니면 나만을 아름답게 하기 위한 포석일까?

당신의 마음이 답이 될 듯싶다….

세상은 공평하지 않다.
이 사실에 익숙해져라!
-빌 게이츠-

갈증을 해소한 나그네는
우물가에서 등을 돌린다

　　냉혹하고 인정머리 없는 듯 보이지만, 개개인의 욕심이 세상을 이끌어 감을 부인할 수 없다. 통제 없는 욕심은 참으로 오묘해서 모두가 합심하여 그 길로 들어선다. 거짓을 말하는 입, 저울을 속이는 손, 이 모두를 묶인해주는 내 안의 나, 모두가 진실인 척 가면을 쓴다. 이는 세상의 모든 것에 적용되며, 역설적으로 인간 세상 모두를 지배하는 힘일지도 모르겠다.

　　그래서 현자들은 '계영배'라는 잔으로 암시를 주었으며, 이를 잘 이해하고 따르는 자에게 '안빈낙도(安貧樂道)'의 편안함을 주었는지도 모르겠다.

　　우리는 각자의 역량을 책정해야 한다. 어디까지가 온전한 내 것인가를 알아야 한다는 말이다. 물컵 하나로 바닷물을 모두 담을 수는 없다. 그만큼만 담을 수 있는 거다. 더 많이 갖고 싶겠지만, 각자의 역량이 존재함이 여기에 있다.

　　지금 세상! 이익 앞에서는 친구, 형제는 물론 극단적으로는 자신의 부모까지도 뒷전이다. 궁극적으로는 욕망이란 놈이 나 자신마저도 이겨가는 거다. 그렇게 해서 이익을 얻어갔다면 필연적으로 따르는 것이 있다. 바로 '세상에 빚을 진 거다.'

　　당신은 어떻게 갚아갈 것인가?

　　예상컨대 대부분은 등을 돌릴 거다. 그게 사람이다.

의욕과 열정이란 놈은 이익 앞에서는 강하게 나타나기 때문이다. 이로써 자신의 갈증을 해소한 거다.

이천 년 전 현자들은 인간의 이러한 심성을 꿰뚫었기에 '효(孝)'를 강조하고 '의(義)'와 '덕(德)'을 강조한 거다.

현시대를 살아가는 우리의 모습은 여러 방면에서 서로를 불신한다. 정당한 이익보다는 뺏어간다는 표현이 더 합당할 정도로 황폐해졌다. 춘추전국시대를 방불케 하는 지금 세상에서 돈과 성공의 의미는 무엇일까? 그보다 먼저 당신이 가져야 할 덕목은 무엇일까? 필자의 생각으로는 역시나 인문학이다.

소크라테스는 진선미가 중요하다 말했다. 진리를 아는 자가 선과 악을 구별할 수 있으며, 그런 다음에야 비로소 아름다움을 말할 수 있다 하였다. 이런 생각을 확고히 할 수 있는 건 오로지 인문학뿐이다.

사람은 누구나 자기가 만들어 놓은 마음속 환경에서 살아가는 거다. 자신의 마음속 환경에 맞는 이들만 들여보낸다. 친구가 그렇고 모임이 그렇고, 사랑과 이별 또한 범주 안에 있다. 그러나 마음의 환경이 악으로 가득 찼다면 그 행동은 악으로 표현될 수밖에 없고 주변에는 악인으로 가득 차 있을 뿐이다.

베풂의 준비가 되어 있는 사람은 어려움의 장벽을 고난이라 여기지 않는 법이다. 필자의 생각엔 당신은 반드시 성공할 것이라는 거다. 단지, 어떤 마음을 유지하며 성공할 것인가? 그것이 궁금할 뿐이다. 그런 맥락에서 이 책이 당신의 마음 선택에 많은 도움이 되길 바랄 뿐이다. 같은 마음은 자연스레 친구가 된다.

당신과 친구가 되고 싶은 마음!

세상을 사랑하고 끌어안을 수 있는 그런 용기를 품은 친구!

당신이었으면 참 좋겠다….

뜻대로 되지 않는다고
자신의 길을 벗어나지 않으며
어려운 때일수록 정도를 걷는다.
-논어 술이편-

까치는 까치집을 짓고
제비는 제비집을 짓는다

오래전, 내 친구 하나는 시장 모퉁이 2평 남짓 되는 가게에서 생굴과 홍합, 바지락, 꼬막 등 해산물을 파는 상인이었다.

어느 여름날, 오랜만에 통화가 되어 만나기로 했다. 나는 바쁜 그를 배려하여 점심 식사를 회사에서 하고는 오후 3시가 넘어서야 그 친구 가게에 도착했다.

가게는 정말 바빠 보였다. 손님들로 분주해 대화는커녕 눈인사로 대신해야 했다. 그렇게 얼굴도장을 찍고는 슬며시 빠져나와 시장 한 바퀴를 돌아보고자 움직였다. 살아 숨 쉬는 시장 분위기에 기분이 들떠 있었다. 계란빵 하나를 입에 물고는 여기저기를 기웃거리며 어린 시절 모친 손에 끌려다니던 생각에 잠시 추억에 잠기기도 했다.

그렇게 눈 쇼핑을 즐기고는 다시 친구 가게로 향하던 중, 문득 스치는 것이 있었다. 내가 돌아본 구역만 해도 해산물을 파는 집이 6~7곳이 되는데 '왜 저 친구 가게만 저리도 북적거리지?' 갑자기 궁금해진 거다. 다른 약속이 있어 가 봐야 하는 시간임에도 다시 한 번 시장을 돌아보기로 했다. 처음과는 달리 좀 더 세심하게 돌아봤다.

첫 번째로 만난 해산물 가게에 도착한 나는 잘 보이는 곳에 자리를 잡고는 한동안 지켜봤다. '뭐가 다른가?' 몹시도 궁금했다. 잠시 후 손님이 보였다. 대화 내용을 들을 수가 없으니 보이는 것만으로 판단할 수밖에 없어 더 유심히 관찰했다. 손님은 주인장과 몇 마디를 주고받는 듯싶더니 이내 돌아서는 거다.

기다린 김에 손님 몇 명을 더 보기로 했다. 역시나 그냥 돌아서는 거다. 다른 곳 또한 크게 다르지 않았다. 그렇게 서너 곳을 살핀 후 나름의 확실한 이유를 알 수 있었다.

많이 주고
적게 받자.
-필자의 좌우명-

손님들은 가게 주인장과의 대화에서 가격대비 해산물의 양과 질이 공평하지 않다는 생각을 한 거다. 난 빠른 걸음으로 친구 가게로 향했다. 이유를 알고 싶었다. 친구 가게가 잘 보이는 6m쯤 떨어진 길 쪽 모서리 벽에 기대어 지켜보기 시작했다.

맨 앞줄에는 눈금이 손님 쪽으로 향한 저울이 3개가 놓여 있었다. 손님들은 비치된 비닐 봉투에 굴이나 바지락, 꼬막 등을 주걱으로 떠서 저울에 직접 달아 근수만 얘기해주면 친구는 근수에 해당하는 금액을 받는다.

친구는 저울의 눈금을 볼 수 없다. 그러나 비닐 봉투에 담긴 양만 봐도 대충 몇 근인지를 아는 듯했다. 순간 참으로 기가 막힌 아이디어라는 생각을 했다. 공평과 욕심을 한 번에 해결해 버린 거다.

다른 가게와의 차이점을 금방 알 수 있었다. 내 친구가 자랑스럽다는 생각이 밀려오는 순간이다.

오후 7시면 장사가 끝난다. 친구는 내게 미안했던지 칼국수 한 그릇하자며 멋쩍은 웃음과 함께 말한다. 나는 오랜만이기도 하고 갑자기 생긴 궁금증도 해소할 겸 그의 마무리를 거들었다.

칼국수를 함께하며 어떻게 이런 좋은 생각을 하게 됐는지를 물었더니 피식 웃으며 "다 네 덕이다."라는 거다.

내용인즉, 어느 날 친구들 모임에서 무심코 내 명함을 받은 이 친구가 나름의 깨달음을 얻었다고 말했다. 내 명함에는 "많이 주고 적게 받자."라는 글귀가 들어있었는데 이는 필자의 좌우명인 동시에 사훈이기도 했다.

친구는 그 글귀에서 자신의 방향을 잡은 듯했다. 장사도 안되는 데다 해산물이란 것이 시간이 지나면 금방 상하고 물이 안 좋아져(신선도가 떨어짐) 폐기하는 것도 많아 늘 적자에 시달렸다고 한다. 그러던 중 내 명함의 글귀에 번뜩였다는 거다.

'버릴 바에는 많이 주자!' 그에게는 이 생각이 '답'이었던 거다. 친구는 다음날부터 즉시 실행에 옮겼다고 한다. 손님들은 자신이 직접 담아 저울을 재니 일단 신뢰도는 100%다. 친구는 자신의 수고로움을 덜 수 있으니 그야말로 '일석이조(一石二鳥)'였던 거다. 지금까지 장사하면서 근수보다 적게 담는 이를 한 사람도 못 봤으며, 그렇다고 턱없이 많이 담는 사람 또한 못 봤다는 거다. 손님들은 그들 나름의 공평한 기준이 있었다는 거다.

친구는 그렇게 3개월을 해보니 나름 기준이 서더라는 것이었다. 손님들 스스로가 각자 자신들이 생각한 가격대비 양이 정해진 듯 비슷비슷하더라는 거다. 참으로 놀라운 일이다.

그 후부터 친구는 손님들의 생각을 가슴으로 인정하고 장사를 지속했으며, 지난 3개월간 매출을 정산해 보니 더 줬음에도 불구하고 전체적으로는 훨씬 더 이익이 되더라는 것이었다.

저울에 달아 공평하게 하려는 상인의 마음을 내려놓고 손님의 입장에서 조금이라도 더 공평하기! 마음으로 공평을 인정하게 하기! 이런 실천이 장사의 기본임을…. 장사를 시작한 지 십수 년 만에 깊은 뜻을 알게 되었다는 거다. 친구는 인간의 본성을 역이용한 거다. 거래가 흡족하면 좋겠으나 최소한 고객이 손해라는 생각이 들게 해서는 곤란하다.

모름지기 진실하게, 그리고 꾸준해야 하며, 무엇보다 중요한 건 신뢰를 바탕으로 해야 한다는 거다. 돈보다는 사람을 먼저 보아야 한다. "인사가 만사다."라는 말도 있지 않던가?

이제 우리도 생각을 바꿔야 한다. '진실=신뢰' 같은 말이다. 주인의 심성만을 보고 찾아주는 손님도 있다는 것을 잊지 말자! 신뢰는 그렇게 무서운 거다. 숨겨둔 욕심 주머니를 내려놓고 진실을 전달해라! 그러면 그들은 '공평하다' 생각할 것이 틀림없다 믿기 때문이다. 신뢰하기 때문이다.

당신의 성공 또한 여기에 있다.

오던 손님이 발길을 끊을 때는
진실을 알았기 때문이다.
-필자 토막-

자, 여기서부터는 불편하겠지만, 우리 모두에게는 각자의 역량이 존재함을 인정하고 시작하자.

이따금 사람들은 "인생은 게임이다."라는 말들을 한다.

틀린 말은 아니다. 게임이란 것이, 하다 보면 여러 면에서 자연스레 상대를 알 수 있게 된다. 돈을 얻는 사람도 있겠지만 상대의 성향, 성품, 기질, 성격 등 돈 외에 다른 부분을 알 수 있게도 해준다. 또한, 그 안에서 인맥이 형성되기도 한다.

그럼 이제부터 작든 크든 내가 가진 역량을 무기로 세상과 게임을 시작해 보자. 떨지 말고 앞서 말한 친구의 사례처럼 그렇게 하면 되는 거다. 정도를 지킨다는 것은 곧 성공을 지킨다는 것을 잊지 말라! 이제부터라도 다른 마음, 다른 생각을 해야 한다.

당신은 성공할 수밖에 없는 사람이기 때문이다. 이 책이 당신 손에 쥐어진 이유가 그렇다. 그럼 시작해 보자.

우리 모두는 서로가 공평하고 공정한 게임을 해야 한다. 그래야 온전한 내 것을 만들 수 있다. 여기에 욕심 따위는 없다. 상대의 의도 따위는 중요하지 않다. 문제는 결과다.

어떤 품위를 갖추고 게임을 하는지를 최우선 순위로 보아야 한다. 내가 보고 느끼는 것으로 파악하고, 생각하고, 최종 결정을 해야 한다. 다가오는 상대의 달콤한 말과 칭찬에 빠지지 마라.

지금 상황은 현실이며 실전이다. '그가 하는 행동만이 진실이라 생각하자!' 신사처럼 행동하는지, 약속한 규칙들을 잘 준수하는지, 품위 있는 행동은 서로를 신사로 만들어줄 거다. '내가 하지 않는 것'과 '내가 끌려들지 않는 것' 이것들이 가능하게 하려면 나름의 내공이 필요하다. 늘 연습하고 훈련해라! 성공으로 가는 길이다.

어떤 일을 하든 성공으로 가기 위해 반드시 지나쳐야 하는 곳이 있다. 바로 보이지 않는 어둠을 통과하는 일이다. 반드시 통과해야 한다. 우리는 성공으로 빛날 소중한 별들이기 때문이다.

힘들지만 해야 한다. '난 지금이 제일 힘들어!'라고 생각한다면 아마도 터널을 지나고 있기 때문이다. 그 마음 안다. 힘내라!

확실한 건 인생 전체가 터널일 수는 없다는 거다.

출구는 반드시 있다.

돈을 잃으면
어디선가 빌려오면 되지만,
한 번 잃은 신뢰는
회복하기가 불가능에 가깝다.
-필자 토막-

별들은 어둠 없이는
빛날 수 없다

어둠이란 것이 근면, 성실, 인내, 노력, 끈기, 배짱, 물러섬, 운 등이 필요한 조금은 긴 터널이다. 이 터널을 힘겹게 지나온 이들은 최소한 인생의 박탈감은 없을 것이 틀림없다.

지금 세상, 기회는 점점 더 적어지고, 에너지는 한정되어 있고, 여기에 더하여 인생은 더없이 짧다. 따라서 시간은 그 무엇보다 소중한 것이다. 시간을 함부로 낭비하지 말고, 부질없는 일로 마음에 상처를 내지 마라! 의욕이 상실되어 마음의 평화가 깨질 수 있다. 이는 너무나도 큰 손실이지 않겠는가?

따라서 성공만을 생각하면 큰 오산이다. 성공과 고통은 한 세트다. 성공만? 고통만? 이런 건 존재하지 않는다. 한 묶음이란 말이다. 등산을 하면 숨이 차오르는 것과 같은 거다. '숨 가쁨' 말이다.

그러니 즐거움으로 마음 전환을 하라! 그렇게 하는 거다. 성공은 필연적으로 고통을 넘나든다. 어쩌면 긴 터널을 만날 수도 있다.

빨리 뭔가를 해결하려 들지 마라! 남들보다 빨리 이루겠다는 마음과, 커지는 욕심을 내려놓고 고요한 마음으로 출발선에 선다면, 한결 가볍고 즐거운 출발을 약속할 수 있을 거다. 이 초심을 생을 다하는 날까지 당신의 보물로 간직해 줬으면 좋겠다. 필자가 이렇게 글을 쓰는 이유는 넓은 세상을 살아온 작은 목격자로서 당신을 도울 수 있는 증인!

이런 작은 마음에서 출발한 거다. 이 책을 손에 쥔 당신!
참 너그러운 사람이다. 안 봐도 안다!
너그러움! 이 또한 막강한 재능이다.
그런 마음을 품은 당신이 참 좋다. 기대된다.

  꿈이 있어 도전할 때
  고통이 찾아오거든
  친한 친구를 만난 듯
  즐겁게 맞이하라!
  -한양대 임형록 교수님-

내 것을 지키기 위해
요새를 짓지 마라

　　자물쇠를 채우면 재물은 지킬 수 있을지 몰라도 사람을 잃을 수 있다. 인색함과 오만함은 어설픈 성공자들의 수식어이기도 하다. 순식간에 욕심 많은 사람으로 평판이 나기 때문이다.

　모름지기 세상은 함께하는 거다. 그래서 이리저리 두루두루 살피며 가야 하는 거다. 기부하는 사람들의 얼굴이 편안해 보이는 것은 아마도 이 때문일 거다. 그들의 수식어는 '기부천사'다.

　그들은 사람들 속에서 함께한다. 이 얼마나 멋진 삶인가?

　돈의 성공도 큰 의미가 있으나 돈만으로는 보편적으로 인생이 외롭다. 그래서 현명한 자들은 재물(財物)과 덕(德)을 함께 추구한다. 사람들 속에 있을 수 있기 때문이다. 그들은 최소한 욕심쟁이가 아닌 척! 그렇게라도 하기 때문이다. 그것이 살아가는 방법이요 지혜로운 전략이다. 모든 것이 공평하지 않고 내 것에만 집중하는 현시대! 이런 흐름에서 당신만이라도 다른 사람, 다른 모습이면 어떨까? 욕심은 나를 깨우는 강한 힘이 있지만, 반대편에서는 나를 무너트릴 수도 있는 막강한 힘이 있음을 절대로 잊어서는 안 된다.

　세상을 향해 작은 도움이라도 베풀 수 있는 사람! 그런 마음가짐이라면 멀지 않은 어느 좋은 날 반드시 멋진 다른 길이 보일 거다. 그 길은 분명 당신을 위한 선물이 될 거다.

　필자는 이를 확신한다.

세상 어떤 것의 가치는
'무엇을 얻을 수 있느냐?'가 아니라
'그것으로 인해 어떤 대가를 치러야 하는가?'에 의해 좌우된다.
-니체-

욕심은 늘 칼끝에 묻은
꿀과 같다

인간이 가진 무기 중에 가장 강력한 것을 하나 꼽으라면 바로 '욕심'일 것이다. 그만큼 우리가 살아가는 데 있어 늘 머리를 내밀고 혀를 날름거리며 마음의 양심마저도 머뭇거리게 하는 강력한 괴물이 아닌가 싶다.

'욕심'은 양면성을 가졌다. 성취하고픈 욕구는 나를 깨우고 발전시킨다. 그리고 다른 면에서의 갖고 싶은 욕구는 세상을 변화시킨다. 세상만을 변화시킬까? 당신 자신의 본성마저도 깊숙하게 숨길 수 있다. 필자가 걸어온 인생길에서 이를 온몸으로 보았다. 늘 경계하라! 어설픈 선택은 내 손에 있어도 내 것이 아닐 수 있다. 잠시 나를 지나칠 뿐이다. 아쉽게도 대부분은 그런 삶을 살더라!

참으로 안타까운 현실이다. 그러면서 매일매일 바쁘다고 말한다. 이를 어찌 받아들여야 할지 난감할 뿐이다.

다른 생각은 다른 선택을 하게 되고 다른 선택은 다른 행동을 만든다. 이게 답인데 말이다. 우리는 이성을 가진 인간이다. 충분히 자제할 수 있고 절제할 수 있다. 약간의 훈련이 필요하지만 말이다.

산의 매력,
정상이 있어 도전 의욕을 갖게 한다.
바다의 매력,
정상이 없어 욕심을 내려놓게 한다.

당신의 매력,
때로는 산을, 때로는 바다를 찾을 줄 안다.
-정철-

여우를 잡을 때면 긴 칼을 거꾸로 세워 손잡이 부분을 땅에 꽂아놓고는 솟아있는 칼끝에 고깃덩어리를 끼워놓는다. 여우는 아주 영리해 며칠간은 주변을 서성거릴 뿐이다.

그렇게 며칠간을 어슬렁거리며 아무런 위험이 없음을 알고 난 후부터는 천천히 칼끝에 고기를 혀로 핥기 시작한다. 고깃덩어리의 달콤함에 혀가 잘려나가는지도 모르는 채 말이다. 말 그대로 서서히 죽어가는 거다. 사기를 당하고 있는지조차 모르는 채 눈앞의 이익만을 좇는 사람들! 아이러니하게도 똑똑하다는 사람들이 그런다.

어쩌면 지혜로움과 똑똑함은 별개의 문제인 듯싶다. 조금 부족함을 감사하게 생각하고 순리대로 살아라! 모두가 내 몫이 아니라는 것을 늘 생각하고 각인시켜라! 당신의 그런 생각 곁에는 더 많은 사람들이 모여들 거다. 왜냐하면, 자신들의 몫도 있음을 알아차렸기 때문이다.

이런 선순환을 만들어가라! 성공으로 가는 길 별것 아니다.

당신의 생각 선택이 중요할 뿐이다. 잊지 말길 바란다. '성공=당신', 이 또한 같은 말일 수 있다. 당신이 성립시켜보면 어떨까?

당신이기에 하는 말이다.

세상은 나 혼자가 아니다.
내가 가진 것을
남들과 기꺼이 나누어라!
-필자 토막-

제2장

내 마음은 공사 중

기대와 희망

어느 순간, 문득! '삶의 회의(懷疑)를 느낀다.' 나는 지금까지 뭘 하고 지내왔는가? 바쁘게 살아왔다고 자부하지만, '다 부질없다는' 생각이 든다.

무엇을 잃었고 무엇을 얻었는지! 참으로 기가 막힐 노릇이다. 뒤를 돌아보니 내 곳간은 텅 비어 있고, 머리에는 어느새 흰서리만 가득하다. 어디서부터 잘못됐을까? 아무리 생각해도 도무지 알 수가 없다. 분명 열심히 살아왔는데 말이다.

이리저리 뛰어다니며 얻은 것들, 다 어디로 사라진 건지! 얼마가 됐든, 뭐가 됐든, 많든 적든, 분명 열심히 했는데… 알 수가 없다. 나만 이런 걸까? 밤새 잠을 뒤척인다.

뛰다시피 살아온 세월이 허탈할 만하지 않은가! 이쯤 되면 자연스레 반성의 시간이 주어진다. 내 삶에 대하여, 내 생각에 대하여, 내 행적에 대하여 깊이 들여다보게 된다.

지금의 이런 상황이 당신의 회고가 아니길 바라지만 이 책을 손에 쥐었다면 그럴 가능성이 아주 크다. 그냥 흘려보냈거나 생각지 못했던 중요한 많은 것들, 그중 하나가 바로 '마음 공부'다. 필자가 보기엔 그것이 부족했던 이유라 생각된다.

어쨌든 괜찮다! 이제부터는 천천히 가자! 서두르지 말자! 다른 마음으로 다시 시작하자! 모두를 비우고 처음부터 차근차근 다시 시작해 보자.

내 머리는 휴업 중,
세상에서 가장 슬픈 상처는
'번민, 말다툼, 텅 빈 지갑'
-탈무드 중에서-

어떤 일을 하든 그에 맞는 합당한 보상이 따라야 '보람'이라는 자기만족에 이르게 된다. 이는 삶의 원동력이 되기도 하며 성취감을 안겨준다. 신이 주신 최고의 선물이다.

덧없이 흘려버린 지난 세월들, 그리고 지금 이 순간! 어리석은 사람들은 많은 걸 잃었음에도 자기만족을 찾으며 이렇게 중얼거린다. '그래도 난 열심히 살았어!', '우리 애들도 인정하는 부분이야!' 잠시나마 위로가 될지는 몰라도 서글픔은 어찌할 수가 없다. '열심히'는 결과물이 아니다. 과정일 뿐이다.

결과물이 없기에 과정에 위로받는 거다. 당신이 원한 건 결과물인 성취감이 아니었던가? 그렇다면 지금부터라도 나를 바꿔야 하지 않을까? 내 조언에 동의한다면 먼저 이마에 띠를 두르자! 그리고는 큰 글씨로 써넣자! "내 머리는 휴업 중!" 붉은색이면 더 좋다. 강렬해지니 말이다.

현명한 사람은 늘 차선책을 준비한다. 말로만 하는 사람에게는 존경심이 안 생긴다. 어디 가서 점을 보더라도 뭔가가 눈앞에 가깝게 보였을 때 용하다는 표현을 하며 여러 지인에게 입방아를 늘어놓지 않던가? 호랑이 입보다 사람 입이 더 무섭다! 용하다는 소문은 순식간에 퍼져 나간다.

그럼 시작하기 전에 두 가지만 기억하자! 될 수 있으면 아침저녁으로 읊어라! 큰 소리로 말이다.

머리와 가슴이 하나가 된 마음이면 더 좋다.

- 첫째: 나는 최고로 멋진 가장이 될 것이다.
- 둘째: 나는 목표한 부(富)를 이룰 것이다. (언제까지 얼마를 구체적으로 쓸 것)

첫째는 가족(家族) 중심이고, 둘째는 재화(財貨) 중심이다. 잘 기억해 두기 바란다. 눈앞에 밥상이 차려져도 수저가 없으면 참아야 한다. 목표를 얻기 위해서는 인내가 필요하다.

마찬가지로 돈을 벌기 위해서는 마음의 안정이 필요하다. 젊은 친구라면 대부분 부모가 계실 것이니 이는 '효(孝)'가 먼저다. 효(孝)는 최고의 공부다. 성공으로 가는 길에 모든 고객을 내 부모라 생각하면 틀림없다. 이해가 됐을 거라 믿는다.

과거에는 만사를 제쳐 두고 돈 버는 일에만 전념했다면 이제부터는 두 가지의 목표를 위해 살아야 한다. 그중에서도 첫 번째 목표에 집중하자. 그럼 먼저 질문을 해보겠다.

당신은 어제 100만 원 상당의 일을 받았다. 오늘 해야만 하는 일이다. 그런데 오늘 아침 공교롭게도 작은아이가 열이 나고 아프다. 당신은 어느 쪽을 포기할 것인가?

과거를 돌이켜 볼 때, 아이는 아내에게 맡기고 당신은 일을 선택했을 거다. 아마도 80% 이상은 내 말이 맞을 거다. 핀잔을 주는 게 아니다. 괜찮다! 지나간 일이다.

하지만 이제부터는 그러면 안 된다. '함께' 해야 한다. 이는 아주 사소해 보여도 미래의 부와 성공으로 가는 몹시도 중요한 길목이다. 첫 번째 약속이 당신에 대한 주변의 평판을 바꿀 거다.

일보다는 가족이 우선이라는 평판을 남길 거다. 그리고 당신 스스로도 서서히 마음의 여유를 찾아가게 될 거다. 일을 하면서도 중간중간 아이와 통화를 하고 싶어질 것이고, 이로써 가슴은 뜨거워지는데 마음은 차분해질 거다. 이런 생활이 연속성을 띨 때 당신은 늘 이성적으로 깨어 있게 될 것이며, 멋진 가장으로 다가서게 될 것이다.

따라서, 두 번째 목표 또한 자연스레 서두르지 않게 되고, 전력질주를 안 하게 되며, 아이와 병원을 다녀온 후에도 100만 원 상당의 일은 아직 유효할 가능성이 커진다. 무엇보다 당신 아내도 내심 흡족해할 것이며, 왠지 모를 미안한 생각마저 들 것이 분명하다.

작은 배려는 존경심으로 다가온다. 부모의 화목이 아이들 입장에서는 충분한 정서적 안정을 가져다준다. 그날 저녁은 자연스레 아이와 진솔한 대화를 할 수 있다. 여러모로 이득이다.

최악의 경우, 당신이 만족할 만한 부를 얻지 못했다 할지라도 당신을 안 좋게 볼 사람은 아무도 없다. 아니, 가족 모두가 당신을 응원할 수도 있다. 바로 이때, 당신은 후회의 눈물이 아닌 희망과 용기를, 그리고 사뭇 다른 성취감을 얻을 수도 있다.

어떤가? 이만하면 괜찮은 삶이 아닌가?

첫 번째 항목이 안정적으로 자리를 잡으면 당신은 여유로운 마음으로 두 번째 항목을 준비할 수 있는 거다.

'보람과 성취' 이 선물이 내게로 오게 하는 방법! 서두르지 말자. 모든 일에는 순서가 있는 법이다. 돈도 마찬가지다. 그럼 출발하자, 생각을 바꾸러.

당신이 '생각'을 바꾸면
'생각'은 당신의 '인생'을

마법처럼 바꿔줄 것이다.

돈을 얻으려면 먼저 마음의 평화를 얻어야 한다. 이는 필수 항목이다. 그리고는 생각을 다르게 해야 한다. 나무를 보지 말고 숲을 보라! 큰 그림을 그려보라! 틀려도 괜찮다. 인생이란 끝없이 수정·보완해 가는 긴 여정의 집합체다. 중요한 건 처음 생각이 바뀌지 않는 거다. '초심' 말이다.

당신의 초심을 존중한다. 잘 유지하기 바란다.

지난 일은 머리에서 하나도 남김없이 지워라!

그래야 새로이 담을 수 있지 않겠는가? 당신의 결심에 필자 또한 열심히 도울 거다. 당신의 달라진 미래를 상상해 보라! 반드시 그렇게 될 거라 다짐해라!

훗날, 당신을 일으켜 세운 일등공신은 아마도 '초심'일 거다.

사람들은 내가 얼마나 열심히 일했는지는

신경 쓰지 않는다. 아니, 관심도 없다.

그들은 단지, 그것들이

자기들을 위한 것인지만을 생각한다.

모든 복을 세상에
저축해 둬라!

우리나라 인구는 대략 5,000만 명이다.

'나는 내가 벌어들인 돈 중 일부를 매일매일 사람들의 주머니에 넣어준다.' 이렇게 생각해라! 앞으로 남은 인생을 그렇게 살 것이다. 다짐해라! 기쁜 마음으로 사람들의 주머니에 넣어준다 생각해라! 나는 맹세코 그 돈을 인출하지 않을 것이며, 준 것은 잊고 받은 것만 기억할 거라 다짐해라!

그리고는 이 모든 행위가 어느 좋은 날! 다른 방법, 다른 형식으로 내게 올 거라 믿어라! 그것이 바로 행운이다. 파랑새 말이다. 그날은 반드시 온다. 돈을 좋아하는 당신에게 굳이 금전적으로 말해본다면 무려 50억이 훨씬 넘어 상상할 수 없는 돈이 될 것이다. 예를 들면, 한 사람당 100원씩만 넣어줘도 50억이다.

(5,000만 명×100원=50억 원) 돈으로 환산하니 눈이 번쩍 뜨일 거다. 아침에 눈을 뜨면 이 말을 기억하고 중얼거려라!

출근길, 현관문을 여는 순간, '오늘도 저축하러 가자!' 이런 마음으로 출근해라! 언제부터인가 발걸음이 가벼움을 느낄 거다. '이게 뭐야!', '이게 말이 돼!' 하며 우습게 생각하지 마라.

이 모두가 마음에서 오는 거다. '홍익인간=성공'이는 만고의 불변이다. 그 시작은 '베풂'에서 출발한다.

너그럽지 못하면
자기가 쳐놓은 올가미에
자기가 걸려든다.
벗어날 길은 '베풂'뿐이다.
-필자 토막-

'일체유심조' 생각이
나를 바꾼다

가끔은 대중매체를 통해 부자로 성공한 사람들이 나온다. 그들은 하나같이 스토리가 비슷하다. 이런 고생 끝에 이렇게 성공했다. 다시 말하면, '고생=성공'이란 공식을 성립시킨다.

그렇다면, '고생을 해야만 성공한다?' 맞는 공식일까? 필자는 이 말에 반대한다. 돈이란 그런 것이 아니기 때문이다.

성철 스님은 무슨 고생을 하셨길래 깊디깊고 덕망 높은 이 시대 고승으로 남으셨을까? 그분은 고생이란 단어를 모르시는 분이다. 산을 오르면 당연히 숨찬 것을 인정하는 삶을 사신 분이다.

우리 또한 산행이 숨차지만 즐겁지 않던가? 그런 깊은 마음이다. 득도 말이다. 미국에서 나름 갑부인 워렌 버핏은 무슨 고생을 했길래 전세계 10위권 부자로 등극하셨을까? 필자가 무엇을 얘기하고 싶은지 알았을 것이다. 돈은 그런 게 아니다. 고생, 역경, 슬픔, 서러움, 등등 상관관계는 있겠으나 성공의 필수조건은 아니라는 말이다. 당신들은 돈만을 얘기한다. 참 안타깝다.

왜냐하면, 똑똑한 돈의 속성을 모르기 때문이다. 돈은 아주 영리한 놈이다. 더 자세히 말하면 돈은 당신들 주머니의 속성을 정확하게 알고 있다. 돈은 자신이 어떤 주머니로 들어가야 편한지를 아주아주 잘 알고 있다는 말이다.

생각을 바꿔야 한다고 외치는 이유가 바로 여기에 있는 거다. 돈이 오고 싶어 하는 주머니로 바꿔야 한다. 나쁜 짓을 해서 벌어들인 돈은 절대로 기부를 할 수 없다. 고약한 냄새를 풍기기 때문이다. 이처럼 돈이란 놈은 참으로 똑똑하고 영리하다. 그래서 온전한 돈을 벌어야 한다. 온전한 돈이 아니면 당신 주머니에서 단 10분도 머물기 싫어한다.

이런 이유로 돈에게 자유를 주면 어떨까? 돈에게 자유가 부여되는 순간 돈은 울타리가 없어도 나가지 않으며, 나가라고 내쫓아도 나가지 않게 된다. 더 놀라운 것은 돈이 알아서 찾아 들어온다는 거다. 참 신기하지 않은가?

핵심은, 얻는 것이 아니라 얻어지는 것이라는 거다. 그래서 선인들의 기부가 빛이 나는 거다. 벌어들인 돈의 절반 이상을 기부하는 사례 또한 심심찮게 보지 않던가?

여기에 더 놀라운 사실! 나갔던 돈들이 다시 그 주머니로 알아서 찾아 들어온다는 거다. 말 그대로 선순환이 이뤄지는 거다. 돈은 자신이 편안해 하던 주머니로 다시 돌아가고 싶어 하는 강한 습성이 있다는 거다. 다시 말해, 기억하고 있다는 말이다. 그곳을 절대로 잊지 않는다는 말이다.

편안함을 찾는다면 우리네 인간도 마찬가지 아니던가? 돈도 똑같다. 눈도 있고, 귀도 있고, 생각도 있다. 살아있다는 거다. 이해가 됐는지 모르겠다. 아주 아주 중요한 부분이니 잘 숙지하기 바란다. 따라서, 당신의 미래를 바꿀 수 있는 강력한 무기는 '다른 생각'뿐이다.

그건 바로 나의 이익보다는 그들의 이익이 먼저라는 거다. 나의 편안함보다는 그들의 편안함이 먼저다. '상대 중심!' 이는 사람의 이치고 세상의 이치다. 내가 이렇게 해줬으니 그도 내게 이 정도는 해줄 거라 믿어! 이런 생각은 안 된다. 준 것은 잊고 받은 것만 기억하면 된다.

받은 것의 일부는 다시 세상으로 보내야 하기에 기억하라는 거다. 이런 선택이 세상에 저축하는 거다. 그런 거다. 그렇게 하는 거다. 잘 기억해주기 바란다. 차분하게 읽다 보면 차차 알게 될 거다.

아마도 같은 내용이 많이 나올 거다. 머리에 담고 행동에 담아주기 바란다. 그리고 매일 중얼거려라!

'준 것은 잊고 받은 것만 기억하자!'

돈과 친구가 되는 유일한 길이다.

신비롭지 않은 것에
어떤 매력을 느낄 수 있겠는가?
'내 자손들이 네가 내 처방술을 배웠다는 것을 모르게 하라!'
이 또한, 다른 생각이 만들어낸
아름다운 저축이다.
-필자 토막-

꿈과 희망은 큰데
현실은 여기를 딛고 있다

우리는 그렇게 생각하고 그렇게 살아왔다. 그런 기준은 내가 선택한 거다.

윗동네 누군가가 많은 돈을 벌어 부자가 됐다는 소문이 당신 귀에 들려온다. 순간, 귀가 번뜩인다. 그는 무슨 일을 했기에 부자가 되었지? 나도 그 일을 하고 싶은 거다. 수소문 끝에 그가 한 일을 알아내어 똑같이 따라 한다. 그리고는 그를 만나 자문을 듣고 싶어 하고, 애써 친해지려 한다.

안타깝게도 대부분의 사람들은 그들의 소중한 시간과 금전, 그리고 젊은 세월을 그렇게 덧없이 소비해 버린다. 신경 쓰지 않고 큰돈을 벌고 싶은 욕망, 인간의 본성에 충실해지는 거다. 그들은 서서히 망해가는 지름길을 선택한다.

이런 예는 우리 주변에 비일비재(非一非再)하다. 우리 동네 근처에 작은 해물탕 골목이 있다. 십여 개의 상점이 모두 해물탕 전문점이다. 큰 간판에 본인들의 이름까지 걸어 놓고는 영업을 한다. 원조, 진짜 원조, 모태 원조, 우주 원조 등 나름의 경쟁도 치열하다. 독자분들은 이 상황에서 무슨 생각이 드는가?

그냥 경험적으로 그 집이 맛있더라 하며 그 집만 매일매일 다니는가? 아니면 맛없어도 감내하겠다며 여기저기 다녀보는가? 대부분 가본 이의 평가로 그 집을 찾을 거다. 마찬가지로 누군가가 그 집이 맛있더라 하면 앞뒤 생각 없이 그 집으로 직행한다.

하지만 이를 잘 분석해 보면 각각 나름의 특색이 있다. 취향에 맞는 선택은 내게 있다. '이 집은 양이 많다.', '이 집은 가격이 저렴하다.', '이 집은 맛이 좋다.', '이 집은 청결하다.', '이 집은 서비스가 좋다.' 등 각각의 특징을 가진 해물탕집들이 그냥 한곳에 모여있을 뿐이다. 중요한 것은 각각의 마인드가 다르다는 거다.

요약해 보면 사업주의 생각이 다른 거다. 무엇에 집중했는지가 포인트다. 주변에 특별히 장사가 잘되는 곳이 있다면 분명 다른 생각이 들어있다. 당신보다 앞서있는 경험, 생각, 태도, 예의, 인내, 세심함 등 넘나들 수 없는 높은 장벽에 비밀 전략이 있다.

그게 포인트다.

다른 생각(Think Different)
-스티브 잡스-

간혹, 자신이 무엇을 잘하는지 무엇을 좋아하는지 모르는 이들이 있다. 그럴 때는 자의든 타의든 뭐가 됐든 해보라! '뭐든 말이다.' 내가 좋아서 하는 일도 있지만 하다 보니 좋아지는 일도 있는 거다. 필자의 젊은 시절, 그들은 그냥 돈을 벌기 위해 일을 했다.

세월이 이만큼 지난 지금, 그들 중 상당수는 장인이 되어 있다. 더 놀라운 것은 그들은 이구동성으로 자신들의 일을 천직이라 말한다는 거다. 이처럼 내가 좋아해 선택한 길도 있지만, 나를 선택해준 길 또한 무시할 수 없다. 필요한 것은 열정이지 취향이 아니다. 열정은 꾸준함을 요구한다.

북적대지 않는 근처 외진 곳, 조용한 카페를 찾아 고민에 빠져보라!

오랜만에 나를 돌아보는 의미에서 자신에게 시간을 선물해줘라! 편한 자세로 앉아 약 10여 분간 아무 생각 없이 멍 때리는 시간을 가져보라. 그냥 멍 때리자. 정신줄 놓은 10분의 세계를 경험해 보라! 말로 할 수 없는 소중한 뭔가를 받을 수도 있다.

　필자 또한 여기서 많은 영감을 얻었다.

　행운에는 두 가지가 존재한다.
　1. 주워 담는 행운
　2. 쓸어 담는 행운
　-필자 토막-

　실패와 후회는 내 잘못이 아니다. 그 당시에는 분명 최선이었으니 말이다. 단지 그 방향이 아니었을 뿐이다. 이제 당신은 당신 자신에게 질문해야 한다. 삶의 변화를 위해서다.

　여기에 필기도구는 필수다.

'내게는 무슨 능력이 있는 걸까?'
'능력이 있다면 어느 쪽에 가까운가?'
'능력이 있다면 그 가치는 어느 정도인가?'
'내가 정말 잘하는 것은 무엇인가?'
'지금 내가 하고 있는 이 일은 평생 할 수 있는 걸까?'
'다른 일을 한다면 어떤 일이 내게 적합할까?' (세 개만 써보자)

　정리가 좀 되었는가? 잠시나마 자신을 돌아보는 시간이 됐을 거라 짐작한다. 천천히 자신을 점검하고 알아가라! 자신과 친해져야 한다.

필자는 상기 질문에 대하여 깊은 고민을 요구한다. 그다음 중요한 것이 '마음 선택'이다.

'마음 선택!' 필자는 이를 최고의 능력이라 말해주고 싶다. 내 마음을 조절할 수 있는 능력! 이는 '대들보'다. 이런 마음가짐에 빼놓을 수 없는 것이 사랑과 존경심이다.

이 또한 마음 선택이다. 여기에 하나 더 넣는다면 '예의'다. 이 같은 선택이 참 어렵다는 거 안다. 그래서 이 또한 능력인 거다. '사랑, 존경심, 예의' 이 세 가지만 잘 갖춰져 있다면, 아니 잘 갖춘다면, 다시 시작해도 좋다. 이는 필자가 자신 있게 말할 수 있다.

이 마음가짐은 무일푼에서도 시작이 가능하다. 단지 자신을 보여줄 시간이 필요할 뿐이다. 필자가 '뭐든 하라!' 말하는 이유가 여기에 있다. 뭐든 해야 당신의 내면을 보여줄 수 있다.

필자는 평생을 엔지니어로 살아왔다. '행복한 고민=삶'이었다. '어떻게 만들 것인가?', '어떻게 만들어야 그들이 편하게 사용할 수 있을까?', '어떻게 설계해야 저렴하고 고장 없이 심플하게 잘 만들 수 있을까?' 등 이런 생각들이 내가 하는 일이었고, 직업이었으며, 소박한 행복이었다. 늘 누군가를 위해 잘 만들려 애썼기 때문이다. 물론 실패도 있을 수 있다. 하지만 다음엔 성공할 거란 믿음은 일의 연속성을 암시했으며, 이는 그들의 행복과도 직결되기 때문이다.

그러나 제품을 의뢰한 발주자 입장에서는 같은 시간 어떻게 팔 것인가를 고민했을 것이다. 같은 제품을 두고 동상이몽을 한다.

어떻게 만들까? 어떻게 판매할까? 마음을 담아 만들어야 하며, 마음을 담아 판매해야 한다. 마음을 담아 만들어야 함은 제품에 대한 예의를 말하는 것이며, 마음을 담아 판매해야 함은 마음에서 우러나 제품을 구매하게 해야 한다는 사랑과 존경심이 담겨 있는 뜻이기도 하다.

이처럼 제품 하나를 만들어도 마음을 담은 사랑과 존경심, 그리고 예의가 필요하며, 이를 갖춰야 함은 성공의 기본이다. 반듯하게 줘야, 반듯하고 떳떳하게 받을 수 있다. 그래야만 당신 주머니가 깨끗해진다. 돈은 정말 정말 그런 곳을 좋아한다. 이는 확실하다!

필자가 증인이다.

혹시! 그거(그 사람) 알아요!

입소문이 난 거다.

정말 무섭게 번진다.

호랑이 입보다 사람 입이 더 무섭다.

성공은 그렇게 움직여진다.

-필자 토막-

성공한 사람이 될 수 있는데
평범함을 고집할 건가?

자본주의 시장에서 거래의 의미는 상대에게 이로움을 주고 그에 상응하는 대가를 받는 거다. 아주 심플하다. 한마디로 내가 잘하는 부분을 제공해 주는 거다. 소제목이 그런 의도다.

내가 갖고 있지 않은 것을 남에게 줄 수는 없다. 내가 가진 게 없다면 최소한, 아주아주 최소한, 당신이 남에게 베풀어야 하는 사랑과 존경심은 내면 깊숙이 가지고 있어야 한다. 그 사랑과 존경심이 성공의 발판이 될 저축으로 가는 길이기 때문이다.

다시 얘기하지만, "우리나라 5,000만 사람들의 주머니에 매일매일 저축하자." 앞 장에 이런 말을 했다. 모든 세상만사가 따뜻한 가슴에서 비롯됨을 몸으로 느껴야 한다. 여기서 대가가 아닌 갈취는 원망을 사게 된다. 원망은 원한과 앙심을 품게 되며, 이는 '군자보구 십년불만!'이다.

다시 말해, 원한을 갚는 데 10년의 세월도 아깝지 않다는 말이다. 누군가는 칼을 갈고 있다는 것이다. 앙심을 품은 거다. '두고 보자.' 이런 심정 말이다. 정말이지 무섭지 않은가? 따라서 갈취는 욕심의 끝판왕이다. 이런 사람이 있다면 세상의 입장에서 봤을 때는 참으로 풋내기의 어설픈 계획일 수밖에 없다. 성공을 논할 수 없다.

이는 절대적이다.

사람들은 3mm 드릴 날을 원하는 게 아니다.

3mm의 구멍을 원하는 거다.

그 드릴 날로 얻게 될 이익 말이다.

-필자 토막-

가난을 두려워하지 마라,
모자랄 때 행운이 오는 법이다

　　내 삶이 버거워 지금은 세상에 신세를 지고 있지만, 생각이
바뀌는 순간, 당신은 세상이 필요로 하는 사람이 될 것이다.

　　당신이 초가집에 산들 다져진 역량이 달라지겠는가? 그냥 초가집에
살 뿐이다. 그뿐이다. 초가집에 산다고 무시한다면 그 사람의 그릇됨
이 그만큼인 거다. 신경 쓰지 마라! 이를 자책하지도 마라! 행운은 늘
당신을 지켜보고 있으며 지켜보고 있기에 가난이란 이름으로 능력을
검증하고 있는 것이다.

　　세상의 깊은 뜻! 이를 안다면 당신은 더 열심히, 더 잘해보고자 애
쓸 거다. 성공은 그런 마음에서 시작되는 거다. 마치 임계치를 넘는
순간 전혀 다른 모습으로 용솟음치는 끓는 물처럼 말이다.

　　성공이라 해서 돈만을 얘기하는 것은 아니다. 돈으로 모든 것을 설
명할 수는 없기 때문이다. 따라서 성공은 여러 곳에서 나를 기다리
고 있다. 공자님 외, 여러 현인 대부분이 가난과 함께하셨다. 그러나
2,000년이 지난 지금 시대에서도 아낌없는 존경을 받는 분들이시다.

　　어느 한 부분에 치우치지 않고 한세상을 두루두루 돌아보며, 무난
하게 살아왔다면 이 또한 나름의 성공한 인생이라 말할 수 있다. 넓은
뜻에서 볼 때 성공이란 그저 어느 한정된 부분에 특출남을 대변할 뿐
이다. 당신이 돈을 많이 벌었다면 그 방면에서 나름 성공했을 뿐이다.
그뿐이다. 그게 전부다.

다 얻었다 착각하지 마라.

기립박수가 시작되려면
얼마나 많은 사람이 필요할까?
통상 3~7명이다.
이 사람들만 일어서면
나머지 사람들도 모두 일어난다.
이는 무서운 '행동 소문'이다.
-필자 토막-

빛이 있음은
그림자도 있는 것이다

    가끔은 어느 재벌 회사가 분식회계 및 자금출처의 정황이 의심되어 세무 조사 중이라는 뉴스를 보곤 한다. 이런 뉴스를 접할 때면 필자는 '안빈낙도(安貧樂道)'라는 사자성어가 생각난다. '저 사람들은 한세상 사는 데 얼마나 많은 돈이 필요하기에 저리도 많이 벌어 인생을 고달프게 할까?' 하고 말이다.

넘치면 화가 되는 법이다. 너무 많아서 고통받고 있는 거다.

빛보다는 그림자가 더 무서울 수 있음을 왜 모른단 말인가?

우리는 음양의 조화라 하지 양음의 조화라 말하지 않는다.

음은 그만큼의 살기를 품고 있으니 조심하라는 뜻일 게다.

우리의 성공목표는 절대로 넘치지 않는 것이다.

'절대로 넘치지 않는다!' 정말 정말 깊이깊이 약속해야 할 말이다. 정말이다! 이는 절대적인 마음가짐의 약속이다.

나는 나의 오래된 생각이 두렵다.
-존 케인즈-

'무슨 소리야? 난 빨리 돈 벌고 싶다고! 내 말 안 들리나? 돈 말이야, 돈!' 이처럼 마음 급한 사람도 있을 거다.

아니 대다수의 사람들이 이 마음일 거다. 비단 돈뿐이겠는가? '빨리 빨리'의 급한 마음은 단편적으로 운전을 해보면 금방 알 수 있다. 그 마음을 필자가 모르는 거 아니다. 하지만 차분하게 씹어야 안전하게 삼킬 것 아닌가? 오래된 습관과 오래된 생각! 이게 문제다. 이미 많은 세월 동안 몸과 마음에 젖어있기 때문이다.

여유를 가져보자! 우리는 이제 새로운 길로 가는 거다. 처음부터 다시 시작하자고 약속했지 않는가? 지금까지 오래된 습관과 오래된 생각으로 해봤지만 안 되지 않았는가? (지금 이 책을 읽고 있다면 분명 안 된 거다.) 그럼 다른 생각으로 접근해야 함은 더 이상의 이유가 필요 없다. 좀 더 심하게 말하면 두려워해야 한다. 이미 젊음을 버렸기 때문이다. 마음 또한 황폐해지기 일보 직전이다.

하지만 천만다행으로 우리에게는 어느 정도의 시간이 남아 있다. 이 또한 행운이라 말할 수 있다. 잘 활용해야 한다. 그럼 먼저 돈의 무서움을 알아보자 남의 돈에 관해 얘기해 볼 거다. '남의 돈!' 당신은 남의 돈을 어떻게 생각하는가!

은행에서 빌리면 대출이요 지인에게 빌리면 차용이다. 물론 신의로 빌리는 경우도 같은 맥락이다. 어찌 됐든 갚아야 하기 때문이다. 돈을 빌리면 이자를 지급한다. 요즘 세상, 원금 상환은 고사하고 이자 갚기도 버거운 세상이다. 남의 돈을 빌리면 왜 힘들어지고 수렁에 빠지는지….

왜? 마음이 지쳐가고 황폐해져 가는지를 말해볼 거다.

철수는 지난달에 작은 분식업을 개업했고, 여유 자금이 부족해 영희에게 1,000만 원을 빌렸다. 물론 이자는 월 2부로 20만 원이다. 그런데 철수는 생각지 못했던 돈이 생겨 이달에 500만 원을 선뜻 갚았다. 사실 이 돈도 많이 갚은 거다. 대부분의 대출자가 빌린 돈의 절반을 한 달 만에 갚기란 쉽지 않기 때문이다.

어쨌든 500만 원을 갚았으니 나머지 갚을 돈이 500만 원이 남은 거다. 우리는 통상 이렇게 이해하고 해석한다. 이제 500만 원만 더 갚으면 된다며 마음 한구석을 덜어낸 듯 편안해 한다. 여기서 오래된 생각을 버리고 다르게 생각해 보자, '다른 생각' 말이다.

보는 눈이 달라져야 한다. 두려워해야 하는 이유를 설명해볼 거다. 철수가 돈을 빌렸으니 철수 입장에서 얘기해 보겠다. 500만 원을 갚고 500만 원이 남았으니 철수 입장에서는 갚은 돈의 100%가 남은 거다. 맞지 않는가? 철수는 그다음 달에 남은 500만 원 중 250만 원을 갚았다. 그럼 250만 원이 남은 거라 말하겠지만, 철수 입장에서는 절반 금액인 250만 원을 갚았음에도 또다시 갚은 돈의 100%인 250만 원이 남은 거다. 맞는가?

돈을 갚는 철수 입장에서는 남은 원금의 절반을 갚았음에도 불구하고 갚은 금액의 100%가 계속 남아 있게 된다. 다 갚는 그 순간까지 남은 금액은 무조건 100% 또는 100%를 초과하게 된다.

만일 철수가 1,000만 원 중 200만 원을 갚았다면 갚은 금액의 몇 배에 해당하는 원금이 남아 있는 셈이다. 철수가 앞으로 갚을 돈은 무조건 100% 이상이 남게 되는 거다. 다 갚는 그 날까지 말이다. 이런 원리로 대출 상환이 힘들어지는 거다.

여기서 이자는 제외했다. 이자까지 포함한다면 더 힘들 거다. 잘 생각해 보기 바란다. 그래서 빌린 사람은 서서히 지쳐가게 되는 거다. 갚아도 갚아도 마음의 부담은 줄어들지 않는 거다.

철수의 지출이 이것뿐이겠는가? 가게세, 공과금, 각종 재료비, 기타 등등 장사라도 조금 안된다. 싶으면 허리가 휠 지경에 이른다. 아니, 원금은 고사하고 이자 내기도 바쁠 거다.

'남의 돈'은 그런 거다. 서서히 지쳐가게 하기 때문이다. 마음이 지치면 몸도 지쳐온다. 급기야는 포기 상태로 진입하는 거다. 이후로는 연체로 인한 불어난 이자를 감당하기 어렵게 되고, 차업에 경매에, 더이상 언급하지 않아도 잘 알 거다. 이런 위험 부담을 안고 출발하는 배가 과연 항해를 잘할 수 있을까?

일부 사람들은 부채도 자산이라 말한다. 틀린 말은 아니다. 누군가에게는 지렛대 역할을 해주니 말이다. 하지만 부족한 가운데 뭔가를 시작하는 대부분의 서민 입장에서는 여간 부담스러운 게 아니다. A, B, C 중 하나만 성립되어도 X가 충족되는 방식이라면 나름 가능하다. 그러나 오로지 A가 성립되어야만 X가 충족되는 방식이라면 위험하다는 말이다. 'A=X' 이건 아니다.

다시 말해, 무난하게 장사가 잘되어야만 충족되는 위험한 고갯길을 걷고 있는 것이다. 그러니 뭐가 됐든, 내가 하는 것이고, 내가 책임을 져야 하는 것이니 내 입장에서 감당할 수 있는 부분인지 명확하게 체크해야 한다. 대출도 그렇고, 사업도 그렇고, 투자도 마찬가지다.

따라서, 그로 인해 얻을 수 있는 것을 생각하기 전에, 그로 인해 어떤 대가를 치러야 할지를 먼저 생각해봐야 함이다. 이처럼 보는 관점이 달라져야 한다. '다른 생각' 말이다. 어떤가? 다르게 생각하니 '남의 돈' 무섭지 않은가?

다 갚기 전까지는 갚아도 갚아도 갚은 돈의 100% 이상이 남게 되는 줄지 않는 원금, 여기에 이자까지. 그것도 매달…. 의욕을 상실시키기에 충분한 이런 시스템, 지칠 만하지 않은가?

무슨 재주로 쉬지도 않고 먼 길을 달릴 수 있단 말인가?

위험 팻말이 붙어 있는 누구에게나 열린 수렁, 남의 돈은 그런 거다. 절실하게 '다른 생각'이 필요한 이유다. 습관처럼 몸에 밴 오래된 생각을 두려워해야 함이다.

빚을 지지 마라!

빚은 자신의 영혼을 파는 것이다.

-필자 토막-

사업의 운영 방법 또한 같은 맥락이다. 어떻게 운영할 것인가? 항해하는 배는 늘 암초를 두려워해야 한다. 생각지 않은 암초가 여기저기 도사리고 있기 때문이다.

이는 내적 암초와 외적 암초 모두를 포함한다. 코○○ 전염병이 좋은 예다. 생각지 못한 크나큰 복병이 아니던가?

해결 방법은 여러 가지가 있겠으나 돈이 앞서면 길이 깨끗해진다. 조금은 넉넉한 여유 자금이 있었다면 그리 어렵지 않게 넘겼을 것이나 준비되지 않은 채 맞이한 화(禍)는 모든 것을 쓸어버린다. 당신도 여러 매체를 통해 두 눈으로 확인하지 않았던가?

그럼 어떤 생각으로 움직여야 할까?

이제부터 그 얘기를 해보자 돈의 흐름을 이해해야 한다.

'돈은 넓은 곳을 좋아한다.' 무조건 외워둬라.

'돈은 넓은 곳을 좋아한다.'

당신의 생각, 마음, 행동, 언행 등 모두를 포함한다.

넓게 생각해라! 당신이 답답함을 느꼈다면 돈은 없는 거다.

땅 꺼질 듯 한숨만 쉬고 있는데 당신이라면 옆에 있고 싶겠는가? 그렇게 생각하면 틀림없다….

세상에게 내가 힘들다는 힌트를 주지 마라!

시냇물은 강으로 흘러들고

강은 바다로 흘러들듯

돈 또한 넓고 깊은 곳을 향해 흐른다.

-필자 토막-

성공은
바다를 좋아한다

넓게 생각하고 넓은 마음으로 넓은 곳을 찾고 그곳으로 가라! 오뉴월 장미꽃을 보면 그냥 예쁘다. 여기에 잎이 몇 개인지 세세하게 세어보고는 '예쁘다' 말하지 않는다. '그냥 이쁜 거다.' 넓게 보라! 백두산 천지에서 시작된 물줄기는 좁기도 한, 넓기도 한, 굽이굽이 여러 계곡을 지나 넓은 평야를 마주하며, 낮은 자세로 세상 만물 생명을 순환시킨다.

바람은 강인함으로 파도를 만들고 파도는 다시 작은 바람을, 그 바람은 구름을, 구름은 비를…. 신께서는 순환으로 생명이 살아 숨 쉬는 자연을 선물하셨다. 이 모든 흐름을 기억해라! '상선약수' 말이다. 성공으로 가는 길 또한 물처럼 그렇게 흘러가야 한다. 서두르지 말고, 재촉하지 말고, 묵묵하게 가라!

그물에 걸리지 않는 바람처럼 작고, 낮고, 섬세하게, 소리 없이, 나지막하게…. 그렇게 천천히 혼자서 가라! 성공은 그런 마음으로 향해야 한다고 생각한다. 이런 순환이 세상의 이치를 모두 담은 힌트다. 신께서 우리에게 주신 최고의 선물임을 잊지 마라!

이미 실패의 경험이 있다면 좋은 실패였는지 나쁜 실패였는지 당연한 실패였는지 분석해야 하며, 실패의 경험이 없다면 실패와 마주했을 때 어떤 마음으로 대처할 것인지 이 모든 생각을 주 단위로 기록해라. 그렇게 하다 보면 역설적이게도 실패할 수 없는, 실패를 줄이는 방향으로 움직이게 된다.

이는 주 단위 '유비무환'이다. 자꾸 얘기해서 미안하지만, 돈은 천천히 버는 거다. 짜증 나도 어쩔 수 없다. 지겨워도 어쩔 수 없다. 성공의 연료는 인내이기 때문이다. 마음에 새겨라!

아주아주 깊게 새겨라! 성공의 연료는 인내다.

귀가 즐겁다면 의심부터 해라!
수렁은 늘 그런 곳에 있더라!
훌륭한 새는 나무를 가려 앉는다.
-필자 토막-

성공은
천천히 비탈길을 오른다

　　사람이 능력 하나만으로 성공하는 것은 아니다. 때를 잘 만나야 하고, 사람을 잘 만나야 한다. 여기에 하나 더! 자신에게 운(運)이 다가오기를 기다리는 우직하고 끈기있는 근성이 있어야 한다.

　시간(인내), 무기(특기, 재능), 전술(운영 방법) 당신은 갖추었는가? 필자는 등산을 좋아한다. 정상을 향한 길은 여러 방법이 있다. 천천히 걸어서 굽이굽이 산길을 따라가는 것, 암벽을 타고 곧장 정상에 오르는 것, 경사가 가파른 지름길로 가는 것 등. 등산은 성공에 도달하기 위한 길과 매우 매우 비슷하다.

　실패의 확률을 낮추고 천천히 비탈길을 오르는 것, 늦지만 확실한 길이다. 등산에서 필수 불가결한 것이 '숨 가쁨'이다. 이 또한 '등산=숨 가쁨' 그 자체가 하나라고 볼 수 있다.

　즐겁고 행복한 숨 가쁨이다. 동료의 질문에 답하기 힘들 정도의 숨 가쁨, 그러나 마음은 상쾌하다. 이 맛에 등산을 한다. 이처럼 성공으로 가는 길 또한 똑같거늘….

　성공의 주춧돌은 왜? 고난, 슬픔, 서러움, 좌절 이런 것들일까? 그래야만 자신의 성공이 더 돋보이기 때문일까? 주춧돌이 낡아서 집이 예쁘다는 말은 들어본 적이 없다. 다르게 말하면, '즐겁게 일하다 보니 성공에 도달했다.' 이런 말을 하는 이를 단 한 사람도 본 적이 없다. 이마저도 자기과시를 하는 걸까? 참 모를 일이다. 행여나 거만함과 오만함이 꿈틀거릴까 걱정이 앞설 뿐이다.

우리는 이제 성공을 향한 산행을 시작한다. 산을 오르며 두루두루 눈에 들어오는 경치도 보고 꽃도 보고 나무도 보고 새소리도 들으며, 숨이 차게 올라간다. 힘들면 잠시 쉬며 땀도 닦고…. 그런 여유로움을 놓치지 말자! 숨 가쁨은 반드시 필요한 역경지수다. 이 또한 행복한 '숨 가쁨'이기 때문이다. 그런 마음이 필요하다. 이는 생각을 바꿔야 가능한 일이다.

인생살이 또한 별반 다르지 않다. 주변을 두루두루 돌아보며 천천히 가는 거다. 꽃도 보고, 나무도 보고, 새소리도 들으며….

생각을 바꾸자! 남들과 다른 생각이어야 가능하다.

진정한 돈은 놀면서 버는 거다.
돈의 프로가 되어라!
돈은 버는 것이 아니라
벌어지는 것이기 때문이다.
어느 날, 어느 때,
내 성실함과 마주치는
행운과 함께할 때
그제야 가능해지기 때문이다.
-필자 토막-

바다를 모르는 사람은
파도의 높이를 알 수 없다

필자는 나이 50이 넘어서야 이 말을 온전히 이해할 수 있었다. 필자의 삶 또한 녹록지 않아 굽은 길을 돌아 돌아 여기까지 왔지만, 후회는 없다. 삶을 고달픔으로 생각하는 이에겐 여기가 지옥일 것이나 인생을 한 수 배웠다고 생각하는 이는 좀 더 성숙한 자세로 받아들일 수 있다.

당신도 이 나이가 곁에 오면 알게 될 거다. 실패는 파도의 높이를 가늠할 수 있는 힘을 선물해 준다. 태풍을 모르는 사람은 걱정이 앞서고 태풍을 만나본 사람은 준비를 한다. 뭘 해야 하는지를 알기 때문이다. "난 할 줄 아는 게 없어.", "난 그런 거 못 해." 이런 말을 하는 이는 성공을 말하기 전에 지금 즉시 세상의 바다로 가라!

푹 빠져보라! 호신술을 배우더라도 처음 하는 것이 체력 단련이다. 바다는 '인생 수업' 스승님 같다. 필자 또한 세상에 치이며 혼자서 참 많이도 눈물을 흘렸다.

그 시절, 내가 머문 세상이 어찌 그리도 매정하던지…. 그땐 그랬다. 당신들도 자신의 삶 속에 밀려들던 파도의 높이를 가늠해 보라! 그러면 의연해질 것이다.

필자 또한 배신감, 소외감, 외로움, 고독, 슬픔, 비참함, 텅 빈 지갑, 멸시, 낭떠러지, 무시, 짓밟힘 등 세상에서 겪어야 할 대부분을 경험했다. 하지만 괜찮다. 고생이란 말보다는 그냥 내 몫이었고, 이 또한

'숨 가쁨'이었으며 내 스승이었다.

곧 다가오는 내 나이는 60이다. 이제부터의 삶은 다른 내 몫이 주어질 거다. 훨씬 나은 내 몫 말이다. 그렇게 되리라고 믿는다. 왜냐하면, 파도의 높이를 보았기 때문이다.

인생길에 있어 영원한 불행, 영원한 행복, 이런 건 없다고 본다. 밀물이 있음은 썰물이 있기에 가능한 것이고, 어둠이 있음은 빛이 있기에 가능한 거다. 당신이 머물렀던 세상은 빛이었는가, 어둠이었는가? 무엇이 얼만큼의 높이였는지 가늠할 수 있을 거다.

당신은 어디쯤에 와있는가?

어느 정도는 내려놓아라! 다 부질없는 거다. 지금 힘든 길을 지나고 있다면 아마도 '욕심'이 만들었을 거다. 잘 생각해 보라. '열정'이 만들었다면 즐거운 길이었지 않겠는가? 이 어둠을 지나거든 반드시 그(욕심)와 멀리하라!

그는 내 자존감까지도 무시한다. 그의 사악함을 보았는데 여전히 친구라며 옆에 둘 건가? 앞에서 얘기했던 '안빈낙도(安貧樂道)'가 답이다. 마음을 잘 다스려라! 당신의 '때'를 기다리란 말이다. 욕심으로 되는 일이 아니다. 결국엔 오늘도 인내다.

가끔 힘들 때면 머리로 하지 말고 엉덩이로 해라.

잡은 고기는 없어도
배는 그윽한 달빛으로 가득합니다.
-필자 토막-

제3장

열정과 인내

성공의 여신은 준비하고
기다리는 자에게 찾아온다

당신의 현재 위치는 어디쯤인가? 자신이 가장 잘 알 거다. 처음에는 누구나 의욕이 넘치며 알아서 척척 잘해나간다. 그러나 사업이 침체기에 접어들고 의욕이 상실되는 순간 초심을 잃고 서서히 다른 마음이 움직이기 시작한다. 누군가 대신해 주기를 바라며 값싼 대체품을 찾게 되며, 초심을 버린 채 뒷전에 있기를 원한다.

지혜로운 사람은 이쯤에서 과감한 결단을 준비하는데, 어리석은 사람은 '이거 아니면 내가 뭘 할 수 있겠어?'라며 끝까지 붙잡고 놔주지 않는다. 그렇다고 더 열정적으로 달려들지도 못하게 된다. 말 그대로 '진퇴양난(進退兩難)'이 되는 상황에 사업은 서서히 기울어져 가는 거다. 대부분의 우리들 사업은 이런 패턴으로 움직여진다.

열정이 식어가고 인내가 바닥나고, 자포자기 상태로 빠져드는 거다. 성공으로 가는 사람은 일의 순서를 계획하지만 실패하는 사람은 아무 생각 없이 시작부터 하고 본다. 말 그대로 무대포다. '아는 사람이 있으니까.', '아는 형님이 재료를 싸게 준다니까.', '월 1,000개만 팔아도 본전은 하니까.' 한번 해보지 뭐!

대부분 이런 식이다. 이런 생각으로는 당연히 안 된다. 처음부터 안 되는 시작이었다.

작은 규모의 장사를 하더라도 진정한 사업가의 마음가짐! 그런 마음으로 해야 한다. 장사든 사업이든 모든 일에는 '기승전결'이 있다. 단계별 계획을 짜고 매끄럽게 진행될 수 있는 나름의 사업 스토리가 머릿속에 정리되어 있어야 한다는 말이다.

1) 어떻게 일으킬 것인가(계획과 열정---준비)
2) 어떻게 이어갈 것인가(성실함과 인내---유지)
3) 어떻게 전환할 것인가(영리한 판단과 행동---확장)
4) 어떻게 마무리할 것인가(목표 달성과 `성취감---멈춤)

인내가 반란을 일으키며 움직일 때는 이미 중심점에서 기울기 시작한 것이다. 하루 일을 마치고 잠자리에 들기 전 자신에게 질문해 보라! '오늘은 어땠는가?', '작업의 불편함은 뭐였을까?', '어떻게 바꿔야 할까?' 이런 질문에, 오늘의 문제점은 그리 어렵지 않게 찾을 수 있다. 오늘 하루만을 반성하고 수정하는 시간이기 때문이다.

만일, 6개월에 한 번씩 이런 질문을 한다면 반성과 수정이 수월하겠는가? 사람은 반복되는 일상에 익숙해지는 법이다. 그래서 매일매일 해야 한다는 거다. 즉시 수정하고 기록하라! 그래야 나를 성숙하게 하는 습관을 만든다.

어제보다는 오늘의 내가 더 빛나야 한다.

인간의 고귀함은
어제보다는 오늘이
더 나은 내가 되는 데 있다.
-헤밍웨이-

필자의 친구는 최소한의 비용으로 그의 회사를 획기적으로 바꾸는

데 성공했다. 다른 생각으로 과감한 개선을 실천한 좋은 사례다. 그는 대형 김장통 제조업을 하고 있다.

그의 공장은 늘 정리가 되지 않은 채 부산했으며, 직원들은 쌓인 제품을 이리저리 피해 다녀야만 했다. 김장통은 부피가 크기에 넓지 않은 현장에 적재하기란 쉽지 않다. 창고에 적재 시, 한 개씩을 이동할 수 없으니 여러 개를 포개어 움직이는 것이 통례다.

이동 후 다시 하나씩 꺼내어 손잡이를 끼우고 라벨을 붙인 후 다시 포개어 적재한다. 두세 번을 일하는 거다. 친구는 이를 획기적으로 개선한 것이다. 천장에 회전 로프를 설치하여 사출기에서 김장통이 나오면 천장 로프에 걸어 바로바로 하나씩 이동하는 거다.

이동된 김장통은 로프에 걸린 채로 정지하고 작업자는 이 틈에 손잡이를 끼우고 라벨을 붙인 후 바로 창고로 이동시킨다.

말 그대로 원스톱이다. 개선된 후 생산량은 크게 변함이 없었으나 김장통의 품질면에서는 단연 돋보였다. 흠집을 최소화한 것이다. 또한, 천장으로 제품이 이동되다 보니 공장 바닥이 훨씬 깨끗해졌으며 더 넓어졌다. 작은 생각이 큰 성과를 보인 좋은 예이다. 이처럼 사업을 시작하고 유지해가는 과정은 한동안 고달플 수밖에 없다. 생각지 못한 일들을 맞이하게 되기 때문이다.

그래서 늘 생각하고 개선해 나가야 하기에 꾸준한 인내를 필요로 한다. 그런 인내는 당신의 엉덩이와 친구이고 싶어한다.

얼마나 더! 추운 겨울을 경험해야 할지.
익어야 떨어진다. 바람에 기대지 마라!
결국은 인내가 답이다.
-필자 토막-

내 이름은 '열정'이요,
내 특기는 '인내'이다

열정의 유효 기간을 정하라!

이를 지키겠다는 자신과의 약속을 굳게 해라!

누구나 처음 시작할 때는 태산도 무너트릴 만큼의 의욕과 열정을 보인다. 그래서 '작심삼일(作心三日)'이란 말이 있는 걸까?

대부분은 이루지 못한다. 지혜로운 자는 미래를 믿는다. 훗날, 인내가 가져다줄 열매를 상상하며 즐겁게 일하기 때문이다. 사실, 열정과 인내는 모든 성공의 씨앗이다. 반드시 필요한 요소이다. 싹이 틀 때까지 기다려야 한다. 모진 비바람도, 태풍도, 의연하게 맞서야 한다. 그렇게 할 수 있는 당신이었으면 좋겠다.

'토끼와 거북이의 경주 이야기' 다들 알지 않는가?

토끼는 자신의 홈그라운드인 산에서 경기를 할 수 있었으나, 거북이의 홈그라운드는 '바다'다. 그럼에도 거북이가 이겼다. 토끼는 연신 뒤를 돌아다본다. 상대가 어디까지 왔는지 궁금한 거다. 그러나 거북이는 묵묵히 자신의 길을 갈 뿐이다. 토끼가 자신을 이겼다 한들 상관하지 않는다. 거북이는 자신과의 싸움이었기 때문이다. 거북이 입장에서는 기울어진 운동장에서 승리했으니 얼마나 기뻤겠는가?

이런 말을 하면 혹자는 '지금 세상은 예전과 달라! 그렇게는 성공할 수 없어!'라며 포기해 버린다. 필자가 생각하건데 예전이나 지금이나 기울어진 운동장은 그대로다. 빌 게이츠가 말하지 않던가! "세상은 공평하지 않다!" 라고….

그럼에도 불구하고 작든 크든 나름 성공하는 케이스는 매년 나오고 있다. 당신은 이를 어떻게 설명할 것인가? 그럼 또 이런 말을 한다. '그들은 그 당시 운이 좋았던 거지.'라고 말이다. 미안하지만 그런 운 또한 열정과 인내가 유지될 때 다가오는 거다. 분명한 건 '입 벌리고 있었더니 감이 입으로 떨어지더라!' 이런 일은 없다는 거다. 그러니 '뭐든 해라!' 뭐든 하는 사이에 운도 쓸려오는 거다.

당신은 지혜로우니 필자의 의도를 알았으리라 믿는다.

모든 사람은 천재다.
하지만 물고기들을
나무 타기 실력으로 평가한다면
물고기는 평생
자신이 형편없다고
믿으며 살아갈 것이다.
-아인슈타인-

누구나 처음은 백지상태다.
어떤 그림을 그릴지는 온전히 당신 몫이다.
그렸다 지우기를 수십 차례, 도화지는 너덜너덜해졌다.
분명 새 도화지에 다시 그리고 싶은 마음 간절할 거다.
그리고 지우기를 반복하다 결국엔 찢어지고 너덜너덜해졌으니 말이다. 그러나 잘 그려진 순간, 너덜너덜해지고 귀퉁이가 찢어진 그 도화지마저도 잘 그린 그림의 일부가 됨을 알아야 한다. 인내로 버티면 결국에는 도달할 수밖에 없다.

이는 필자가 자신 있게 말할 수 있다. 우리네 인생도 별반 다르지 않다. 잘 그리고 싶은 인생 그림! 누구나 원한다. 하고픈 말의 핵심은 당신의 인생 그림 또한 나쁘지 않다는 거다. 자책하지 마라! 괜찮다!

필자 또한 인생 굴곡이 꽤 많다. 20대 때, 부모님은 교대를 원하셨다. 그러나 참으로 속을 많이 썩인 큰아들이다. 친구들과 쓸려 다니며 나름의 온갖 경험들을 했다. 나도 참 어지간한 놈이다. 10대 중반쯤, 운 좋게도 좋아하는 취미를 갖게 된 것이 직업으로 연결되어 지금까지 그 길을 걸어왔다.

가진 것 없이 사업을 시작하여 3번의 사기와 2번의 부도에 사업은 엉망진창 망가진 상태로, 쌓인 빚을 갚아가며 하루하루를 허덕이는 삶이었다. 물론 부모님과의 사이도 몹시 안 좋았다.

상황은 최악으로 치달아 모든 걸 잃고 오갈 때 없는 난 공동묘지에서 텐트를 치고 8개월을 살았다. 그때가 IMF가 시작될 때, 그즈음으로 기억된다. 그 당시 공동묘지 중턱에 폐버스를 개조하여 라면과 김밥을 파는 분이 계셨다.

그 사장님께서 나에게 아침저녁을 라면과 김밥으로 연명하게 해주셨다. 자그마치 8개월을 말이다, 그것도 공짜로…. 지금도 그분을 잊을 수가 없다, 공짜 밥이 너무 미안해서…. 더 이상은 내 발로 찾아갈 수가 없어 텐트 안에서 잠으로 시간을 때울 때면 라면과 김밥을 직접 들고 오신다.

'다른 생각 말고 때 되면 넘어와 식사하시게…' 하시는 거다. 그 공동묘지에서의 삶에서 평생 흘려야 할 눈물을 다 쏟은 것 같다. 그때 참 많이 울었다. 그분은 하늘에서 보내주신 고마운 천사님이시다. 새벽녘에 내려다보이는 무덤들은 아침 햇살에 파르스름한 이슬로 반짝인다. 사람들은 이를 인분이 올라오는 거라 말하는데 필자는 잘 모르겠다.

어쨌든 정말이지 무아지경에 빠질 만큼 아름답다. 마치 여기가 고요한 천국인 듯싶을 정도로 말이다. 그냥 뛰어내리고 싶은 충동! 필자는 이를 경험했다. 밤에는 도시의 불빛들이 마음을 뒤흔든다. 산 정상에 걸터앉아, 도시의 불빛들을 보노라면 어느새 눈물이 맺힌다. 맺힌 눈물은 불빛들을 퍼트려 더더욱이 쓸쓸함과 서러움을 안겨준다. 한동안 고요 속의 침묵이다.

그렇게 흘려보낸 눈물은 내 볼을 지나 곧바로 가슴으로 파고들어 적신다. 참으로 힘든 세월이었다. 말 그대로 인고의 시간을 보낸 거다. 앞 장에서 언급했던 턱밑까지 차오른 '숨 가쁨' 말이다. 요즘 말로 인생 등산을 빡세게 한 것이다.

그렇게 시간은 흘러 어느 햇살 좋은 날 공동묘지에서 내려와 반지하 사무실을 얻었고, 한쪽 벽에 부도 난 어음을 액자에 걸어두고는 매일 아침 출근 때마다 부도 어음을 보며 다짐했다.

'다시는 단 1원도 부도 맞지 않겠다.'라며 11년을 그 부도 어음 앞에서 마음을 다졌던 거다. 일을 하는 것도 중요하지만 어떤 돈을, 어떤 방식으로, 어떻게 받아야 하는지가 더 중요함을 내게 각인시켰고, 이를 실천했다. 이전에는 정성껏 만든 제품을 먼저 주고는 5개월 후에나 현금으로 전환 가능한 어음을 받았다.

한마디로 5개월간을 외상으로 준 거다. 파트너라 생각했다. 믿었던 거다. '신뢰' 말이다. 함께 공존한다고 생각한 거다. 결과는 보기 좋게 패망했다. 쓰레기 같은 형편없는 신뢰로 인해 폭삭 망했다. 자신의 이익만이 전부인 음흉한 얼굴을 보지 못했던 것이다.

난 그렇게 무너졌다.

패배의 눈물 너머로 보이는 흐릿한 불빛에서 세상을 알았다. 사람을 알았다. 극단적으로 치닫는 인간의 사악한 욕심을 보았다. 난 그렇게 눈을 떴다. 그제야 돈이란 게 뭔지를 안 거다. 돈의 힘을 안 거다. 그 이후로, 나 같은 성향의 사람이 화가 나면 정말로 무섭다는 걸 보여줄 거라 깊게 깊게 다짐했다.

서서히, 그리고 천천히, 스며들 듯…. 내가 이기는 방향으로 움직이는…. 난 시간의 힘을 믿었다. 이빨 꽉 깨물고 다시 시작한 것이다. 그들에게 복수하겠다는 건 하수들의 생각이다. 굳이 내 손을 더럽혀가며 쓰레기까지 치워야 할 필요는 없기 때문이다. 아마도 세상이 치워줄 거다. 몇 번의 계절만이 필요할 뿐이다.

그게 세상의 이치다! 나의 온전한 성공만이 진정한 복수라 생각한 거다. 시간은 그렇게 내 차례를 만들어준 것이다!

이제부터는 내 기술이 필요하다면 내 규칙에 그들이 맞춰야 한다. 난 아주 특별한 경우가 아니라면 일을 시작할 때 물품 대금 100%를 모두 현금으로 선결제 받았다. 약간의 조정은 있었지만 예외는 없었다. 내 조건에 합의하지 않으면 난 굶어 죽는다 해도 일을 하지 않았다. 이제부터는 그들이 나를 믿어야 한다. 진정한 신뢰가 뭔지를 세상에 알리고 싶었다.

이런 마음과 실천으로 천천히 아주 조금씩 비탈길을 오르고 있었다. 그러다 보니 돈을 밝힌다는 얘기를 참 많이도 들었고, 보이지 않는 시기와 질투가 맴돌고 있었다. 사람들은 상대가 자신에게 쥐어준 큰 가치는 평가절하하고 자신이 지불해야 할 크기에 관해서만 이야기한다.

한마디로 소인배들의 행태인 거다. 더 작게 지불하고 싶은 거다. 이 또한 인간의 본성이다. 가슴 밑바닥에 숨겨진 공짜 마인드 말이다. 이제는 그들을 보는 내 눈이 달라졌다.

그들을 향해 내 입은 침묵하지만, 내 마음은 이런 말을 해준다.

당신이 공짜만을 원한다면
세상도 당신에게 공짜만을 원한다.
세상이 당신에게 공짜만을 원하는데
당신이 어떻게 부자가 될 수 있을까?
-필자 토막-

나를 두고 '욕심이 많다!', '돈을 너무 밝힌다!' 이런 말을 하는 이들에게 나는 반박하지 않았다. 그냥 묵묵하게 내 길을 갈 뿐이었다. 거북이처럼 말이다. 초창기에는 나와 잠시 거래하다 떠나는 이들도 많았다. 현금 선결제가 부담스러웠던 거다.

난 그들에게 선택의 자유를 줬다. 또 다른 한편에서는 여러 업체를 떠돌다 소개로 나를 찾는 이들도 많아졌다. 이전 업체들과의 거래에서 만족하지 못한 것이다. 그들은 오랜 시간을 나와 함께했다. 반갑게도 나를 떠났던 이들의 대부분도 다시 돌아왔다.

사업이 안정될 때쯤 40여 개가 넘는 업체들이 나와 함께했다. 나는 변함없이 어제와 같은 성실함과 좀 더 꼼꼼한 기술을 무기로 그들이 원하는 품질로 승부를 걸었다.

안 풀리는 난제가 닥치면 밤을 새워 공부했고, 밤을 새워 실험하고 테스트했다. 그래도 안 풀리면 한밤중이라도 낚싯대를 싣고 조용하고 고요한 곳을 찾았다. 밤을 새우는 일은 그냥 일상이 된 거다. 이는 내가 만든 제품에 대한 예의이기도 했다.

정성껏 잘 만들어야 한다는 마음으로 더 단단한 기초를 쌓았으며, 기술의 무기는 나날이 일취월장(日就月將), 주마가편(走馬加鞭)했다. '난 다른 분야는 모른다. 그러나 이 분야에서만큼은 나를 찾을 수밖에 없는 상황, 외통수를 만들겠다!' 그렇게 무장해가며 그 빚을 다 갚았다. 11년의 세월이 필요했음이다.

이제서야 가벼운 마음과 함께 새 출발을 하는 시간이 내 앞에 다가온 거다. 말 그대로 의지의 한국인이다. 정신 바짝 차리고 다른 모습, 다른 무기로 또다시 나의 외길을 향했다.

정말 정말 착각하지 마라!
내가 돈을 갖는 것이 아니라
돈이 나를 갖는 것이다.
그러니, 당신의 성실함으로
돈에게 잘 보여야 할 것이다.
-필자 토막-

'우보만리!' 내가 좋아하는 말이다. 소의 걸음으로 천천히 다시 시작하는 거다. 마찬가지로 시간의 힘을 믿는 거다. 인내의 열매는 있다는 '믿음' 때문이다.

그렇게 그렇게 세월이 많이 지난 지금, 난 모친을 모시고 산다. 그것만으로도 행복하다. 아주 많이 행복하다. 부모님이 원하는 삶은 아니었으나, 굽이굽이 돌아 돌아 내 모친을 모시고 산다. 그 옛날, 내가 당신을 모시고 살 것이라 상상이나 하셨을까? 아마도 그냥 철없는 망나니라 생각하셨을 거다.

세상은 그런 거다. 분명 어느 시점에서 다시 만난다. 성공 또한 어느 시점에서 당신과 만난다. 어느 정도 확신할 수 있다. 필자의 인생 얘기가 도움이 될까 싶어 지난 세월을 구구절절 쓰게 됐다. 당신의 인생 그림 또한 나쁘지 않음을 강조하다 보니 말이 길어졌다.

중요한 건 당신이 무엇을 하든 열정과 인내를 겸비하는 조건을 만족했을 때다. 열정과 인내는 세상만사의 공통과목이다. 단 한 번만이라도 기다림의 열매를 맛보는 순간 성공과 인생을 알게 될 거다. 훨씬 성숙한 삶을 선물로 받을 거다. 그 성취 경험을 맛보라! 지금 이 순간, 애꿎은 담배만 괴롭히며 한숨 쉬는 이들이 많은 것으로 안다. 그러지 말자! 세상이 공평하진 않지만 다행스러운 건 누구에게나 같은 시간과 같은 기회의 밑천을 주셨다는 거다.

문제는 '누가 더 오래달리기를 할 수 있느냐.' 하는 거다.

시간은, 신께서 우리에게 주신 가장 큰 재화(才華)이다.

필자는 어음부도 후 지하상가 분식집에서 겪었던 '깍두기와 눈물'을 잊을 수가 없다. 깍두기를 씹는 순간, 밥그릇에 쏟아져 내리는 내 눈물의 의미를 지금도 생생하게 기억한다. 그땐 정말 내 삶이 처절하게 서러웠다. 그땐 그랬다. 애써 나 자신을 위로하기에 바빴다. 오래달리기를 하다 보면 겪을 수 있는 일이라 다독이며 한참을 어루만졌다. 마치 등산할 때 함께할 수밖에 없는 '숨 가쁨'과 같은 거라며 나 자신을 위로하고 보듬었다. 정말로 그렇게 생각했다. 그리고 버텼다.

물론 그 속엔 슬픔과 서러움, 처절함이 있었다. 당신들 또한 그렇게 한두 가지 서러움이 있을 거다. 나를 생각하며 위안을 삼았으면 한다. 잊지 말고 늘 되뇌어라! '분명 나는 성공할 수밖에 없다.'라고 말이다. 필자도 매일 아침 눈을 뜰 때면 이 말을 습관처럼 중얼대며 일어났다. 당신도 이와 같은 마음을 가슴에 새겼으면 한다.

그리고 각자 가슴이 따뜻해지는 곳을 자주 찾아라.

성공은 따뜻한 곳을 좋아한다.

　행복한 사람은
　가진 것을 사랑하고

불행한 사람은
가지지 않은 것을 사랑한다.
-필자 토막-

요즘 물가는 정말이지 미친 물가다. 돈 10만 원을 들고 나간들 살 것이 없다. 너무 비싸다. 그럼에도 우리 동네 골목식당 한 곳은 가격이 고정이다. 음식 맛도 그대로고 반찬도 그대로다.

노부부가 하는 작은 식당인데 하도 궁금해서 여쭤봤다. "사장님! 남기는 남는 건가요?"라고 말이다. 사장님은 그냥 웃으시며 "우리만 힘든가요? 다들 힘들어요." 하시며 "여기서라도 작은 기쁨을 얻었으면 좋겠어요! 맛있게, 저렴하게…." 이러시는 거다. 필자는 대박 감동을 받았다.

'역시나 인생을, 그리고 장사를, 아시는 분이구나.' 하는 생각과 함께 가슴이 뜨거워짐을 느꼈다. 정말 따뜻한 분이시다.

물론 내게도 참 따뜻한 곳이다. 그래서 난 회사에서 조금 멀긴 하지만 점심에는 될 수 있는 한 그 집을 찾는다. 늘 북적거리는 그 집이 난 좋다. 배도 부르고 마음도 부르게 한다. 다만 혼자 가는 것이 늘 미안할 따름이다. 그래도 반갑게 맞아주신다.

어쩌면 음식보다는 내 마음을 묶어놨다는 표현이 맞을듯싶다. 역시나 손님의 마음을 묶어놓는 사업은 망할 수가 없다. 그러니 너무 높이 보지 마라. 세상일은 눈높이다.

자신의 그릇을 키우는 일은 언제나 불편하고 낮은 곳에서부터 시작됨을 명심하기 바란다. 성경에도 있지 않은가? "네 시작은 미약하였으나 네 나중은 창대하리라!" 이는 명언이다. 불교에서는 "네 밟는 발자국이 훗날 네 곳간이다!" 이 또한 명언이다.

용기를 잃지 않길 바라는 마음에 구구절절 쓰고 있다. 그러니 '뭐든 해라.' 정말이지 '뭐든 해라.', '묻지도 따지지도 말고 그냥 뭐든 해라.' 이게 답이다. '뭐든 시켜만 주십시오! 열심히 해보겠습니다! 다른 조건은 없습니다!' 이 말은 모두를 무장해제시킨다. 그렇게 시작하는 거다. 당신의 능력을 검증받아라! 그들은 당신을 지켜볼 거다.

필자의 두 딸은 간호사다. 딸아이 친구들에게서 들리는 이야기로는 "월급이 얼만데…", "일은 어때?", "힘든 거 아냐?", "그거 받고는 일 못 하지!" 등 천차만별이다. 요즘 젊은이들 이것저것 참 많이도 따진다. 영리한 건지 아니면 계산적인 건지는 잘 모르겠으나, 어찌 됐든 가장 중요한 한 가지를 모르는 듯하다. 그건 바로 '하다 보면'이다.

요즘 젊은 친구들은 하나만 보는 거 아닌가 하는 생각이다. 너무 한 곳만 보는 듯하다. 필자가 보기에는 시야가 좁은 거다. '하다 보면' 월급보다 훨씬 더 큰 평생을 좌우할 사건도 만들어질 수 있다는 것을 모르는 듯하다. 하다 보면 일생일대의 귀인을 만날 수도 있다는 말이다. 이런 기회가 또 어디에 있겠는가?

그래서 '뭐든 하라!' 잔소리하는 거다. 귀가 따갑도록 말이다. 뭐든 해야 당신을 검증할 수 있다. 검증이 되어야 선물 받을 차례를 기다릴 수 있는 거다. 미안하지만 세상은 그런 거다. 아무에게나 덥석덥석 주는 그런 일은 없다.

> 세상에서 가장 멀고도 힘든 여행은
> 머리에서 마음으로 가는 여행이다.
> -김수환 추기경-

'생각지도 못했던 기회!' 필자 또한 비슷한 경험이 있다. 필자는 낚시를 좋아한다. 20여 년 전, 어느 춥지 않은 계절! 사업도 부진하고 따분하기도 하여 아침 일찍 채비하여 낚시를 갔다.

아침 일찍 도착한지라 낚싯대를 드리우고는 꾸벅꾸벅 졸고 있는데 웬 남자 둘이 옆에서 낚시채비를 하고 있었다. 난 졸음을 멈추지 않았고 입질도 없었다. 잠시 후, 한 남자가 다가오더니 혹시 떡밥 남은 것 있으면 조금만 달라는 거다. 깜박하고 못 챙겼다는 거다.

난 졸린 가운데 낚시 가방을 뒤적여 글루텐 한 봉지를 건네주고는 다시 맛있는 졸음을 이어갔다. 한참을 졸았을까 주변이 시끄러워 눈을 떠보니 옆에 한 사람이 전화통화를 하는가 본데 몹시도 급한 상황임을 직감으로 알 수 있었다.

잠시 후, 두 사람은 내게로 다가와 쪽지 하나를 건네주며, 이 주소로 와주시면 사례하겠다 하고는 펼쳐놓은 낚시 장비를 그대로 둔 채 바삐 가버리는 것이 아닌가? 내 연락처는 묻지도 않은 채 말이다. 참나, 급하기는 급했나 보다. 생각하며 분명 무슨 일이 생긴 거라 짐작했다.

그나저나 갑자기 발생한 어이없는 상황에 한참을 멍하니 있다 보니 잠이 깨버렸다. 시계를 보니 10시가 조금 넘어섰다. 낚시를 왔으니 본격적으로 낚시를 시작하게 되었고, 나쁘지 않은 성과를 거두었다.

오후 시간, 이른 아침 낚시 장비를 모두 놓고 간 두 사람이 생각나 쪽지를 자세히 보니 김포의 ○○○○ 회사라 적혀 있었고, 그 아래 큰 글씨로 주소와 전화번호가 있었다.

어느덧 해는 기울어져 어둠과 교대할 준비를 하고 있을 즈음, 나는 낚시 도구를 주섬주섬 챙기기 시작했다. 내 것을 먼저 챙겨 차에 싣고는 먼저 간 두 사람의 짐을 챙겨 구분되게 실었다.

다음 날, 쪽지의 전화번호로 연락하여 11시까지 방문하기로 약속하였다. 알고 보니 ○○○○ 회사 사장님과 전무님이셨다.

갑자기 수출선적에 문제가 생겨 급하게 돌아와야 했다며 고맙다는 것이었다. 그렇게 세 사람은 차를 마시며 이런저런 각자의 사업에 관한 이야기를 하였고, 나와는 다른 분야의 사업을 하였기에 공통점은 찾을 수가 없었다.

그런데 사장과 전무는 뭐라도 보답하고 싶어 함을 감추지 않았다. 여기저기 통화를 하며 내 앞에서 바쁘게 움직였다.

찻잔이 어느 정도 식어갈 즈음, 전무는 내게 전화번호와 주소를 주며 찾아가 보라 했다. 도움이 됐으면 좋겠다는 말도 잊지 않았다. 그렇게 우리는 따뜻한 차 한 잔을 같이했고, 더불어 늦은 점심까지 같이했다. 식사를 마친 후 전무가 알려준 그곳으로 향했다.

공장 입구에 들어서자 직감으로 알 수 있었다. 내가 하고 있는 일과 연결되는 가전업인 것이었다. 그곳에서 나는 적지 않은 오더를 받았으며, 자연스레 서로를 신뢰하였기에 지금도 끈끈한 사이로 거래하고 있다. 그곳은 전무님 사촌 동생이 경영하는 ○○○○ 회사였던 거다. 작은 행운이 나를 부른 거다. 이는 내 사업에 한 획을 긋는 인생 일대의 행운을 안았던 지난날의 얘기다.

이처럼 행운은 때와 장소를 가리지 않는다. 당신이 알아야 할 것은 '믿음'이다. 행운은 늘 당신을 지켜보고 있다는 것과 어느 날, 어느 때, 어느 순간, 다른 옷을 입고 슬그머니 내 앞에 나타날 것이라는 확실한 '믿음' 말이다. 앞 장에서 '세상에 저축하라!' 이런 말을 했다. 당신의 그런 저축이 어느 좋은 날, 다른 방법, 다른 형식으로 내게 올 거라 믿어라! 정말로 그런 일이 내게 일어난 거다.

세상은 그런 거다. 잊지 말기를 바란다.

누구나 때로는 열정에 휩싸인다.

그 열정의 핵심은

누가 더 오래도록 지루할 수 있느냐에 달려있다.

-필자 토막-

인내는 동정심을 부르고,
성공은 시기와 질투를 부를 수 있다

인간의 마음은 참으로 오묘하다. 그러니 사람에 관해서도 공부해야 한다. '사람을 어떻게 이해할 것인가?'라는 질문에 자신만의 독특한 능력을 개발해야 한다.

사람은 다양하게 이루어진 참으로 복잡한 존재다. 사람의 행동에 대한 안개 같은 복잡성을 꿰뚫고 그 안을 볼 수 있는 혜안이 있어야 한다. 동기를 파악하는 명석함과 표정과 행동에서 무엇에 의해 움직이는지 알 수 있어야 한다.

당신은 늘 차분해야 하며, 이성적으로 깨어 있어야 한다. 물론 지나치지 않은 겸손은 필수다. 늘 낮은 자세로 임하며, 나보다는 상대를 중심으로 이해하고, 배려하는 기본기가 갖춰져 있어야 한다. 사람이란 근본적으로 자기 자신이 최우선이다. 이는 인간의 본성이다.

그러나 당신만은 달라야 한다. 나 자신이 힘든 상황일지라도 두루두루 주변을 돌아봐야 하며, 진심으로 함께한다는 마음으로 늘 상대를 먼저 생각해야 한다는 거다. 역설적이기는 하나 이는 곧 나를 위한 길임을 알게 될 것이다. 돌고 돌아 어느 때, 어느 순간 내게로 다시 온다는 말이다.

늘 낮은 자세로 당신의 진정성이 담긴 마음을 전할 수만 있다면 아마도 상대는 '감동' 그 자체일 것이다. 이는 동정심과 시기, 그리고 질투를 한 번에 소멸시킬 수 있는 유일한 길이다.

우리는 성공을 목표로 가고 있다. 중요한 건 성공으로 가는 오늘을 잘 만들어야 한다는 거다.

가끔은 성공의 문턱에서 망가지는 사례를 종종 볼 수 있다. 성공으로 가는 과정에서 오류를 남겼기 때문이다. 협박, 갈취, 욕심, 오만함 등을 포함한 성공은 반드시 탈이 난다.

"작은 구름 조각 하나가 태양 빛을 가릴 수 있다."

실패한 거다. 안타깝지만 그렇게 넘어진 것, 당신 책임은 아니다. 잘 해보려다 그랬으니 말이다. 충분히 이해한다. 실패는 실패하지 않는 방법을 우리에게 귀띔해 준다. 그러나 이로 인해 다시 일어서려 하지 않는다면 그건 분명 당신 잘못이다.

다시 말하지만, '자책하지 마라!' 실패의 경험은 나를 성숙하게 한다. 온전한 내 돈을 만들려면 어떻게 해야 하는지를 알게 되며, 그 과정 또한 온전에 가까워야 한다는 것을 알게 해준다.

앞 장에서 '세상에 저축하라!'라는 말을 했다. 같은 맥락이다. 변하지 않는 불변의 법칙 'Give and Take!'다.

이유를 불문하고 먼저 베풀어라! 마음을 담아 진심으로 행하라! 그 게 답이다.

세상을 향해 베푸는 마음가짐이 성공의 필수 조건이다. 그래서 성공으로 가는 인간관계는 '상대 중심'이 되는 거다. 내 욕심이 앞서면 시작부터 다리를 하나 잃은 채 뛰는 것과 같다. 당신이 이길 수 있겠는가?

모든 일은 결과로 평가받는다. 지금은 10등으로 달리고 있다 해도 마지막 순간 일등으로 테이프를 끊었다면 일등이 되는 거다. 이에 따른 과정은 위안을 선물받는 거다. 확대해석해 보면 초한지에서 유방은 항우에게 99전 99패 했다. 매번 쫓겨 다녔다. 결전 때마다 패배했단 말이다.

홍문연에서는 목숨을 담보로 한 아슬아슬한 칼춤도 있었다. 그러나 마지막 전쟁에서 단 한 번을 이겼다. 이로 인해 자존심 강한 항우는 자결을 했고…. 결국은 유방이 이긴 거다.

'사면초가'란 말도 이때 만들어진 거다. 냉정하지만 그런 거다. 매번 패배한 유방이, 마지막 단 한 번의 승리로 최후의 승자가 되는… 세상은 그런 거다. 그게 다다.

당신의 무한한 선물들이 내게로 오지만,
받는 제 손은 아주 작을 뿐입니다.
많은 세월이 흘러도
여전히 당신은 부어 주시며
채울 공간은
여전히 남아 있습니다.
-타고르 『기딴잘리』 중에서-

감사한 마음으로 부끄러운 작은 손을 내밉니다.
당신이 작은 제 손을 기다려 주심은
해야 할 선함이 아직 남아 있음을 의미합니다.
받는 제 손은 열정을 세상에 보냅니다.
세상을 안아주는 당신의 마음처럼.
-필자의 답글-

우리는 무엇을 위해 살고 있는가? 세상을 등지는 순간 돈을 잔뜩 모아 났다고 편안한 마음으로 눈을 감을 수 있는 걸까? 내 생명을 다하는 날, 그것들(돈)이 후회 없는 삶이었다고 나를 위로해 줄 수 있을까? 당신 생각은 어떤가?

인간은 참 오류 덩어리다. 그래서 사람 공부를 많이 해야 한다. 인문학의 중요함이 여기에 있는 거다. 삶의 중턱에서는 오로지 자신의 욕구와 자신의 이익 충족에서 오는 행복을 최고로 여기며, 그 길을 향해 매진한다. 그게 맞다고 생각한 거다. 그렇다면 생을 다하는 날, 만족과 성취감으로 후회 없는 삶으로 정리되어야 할 텐데, 대부분 그렇지 못한 것은 왜일까?

참 역설적인 것이 '난 무엇을 위해 살아왔나?' 하는 자신의 질문에 선뜻 답하지 못한다는 거다. 아마도 하늘이 원하는 질문은 '넌 세상을 위해 무엇을 남겼는가?'일 거다. 이렇다 보니 세상을 떠나는 순간 '다 부질없는 일이다.' '일장춘몽(一場春夢)' 이런 말들을 남기는 듯하다.

그렇다면, 후회 없이 산다는 것! 그렇게 어려운 일일까?

중요한 건, 인생은 속도가 아닌 방향이라는 거다.

사람들은 빨리 성공하고 싶다는 마음에 모든 게 급하다.

그것(돈)만 생각한다. 다른 생각은 없다.

한마디로 말해, 이는 이룰 수 없음이다. 차분한 마음으로 내 마음의 키를 어느 방향에 고정할 것인가를 결정해야 한다.

요즘 젊은 친구들은 '돈이 최고다.', '내 생각대로 산다.', '성공해야 한다.' 등을 이야기한다. 물론, 이들의 방향이 틀린 건 아니다. 어쩌면 합리적인 방향일 수도 있다. 지금 이 순간은 우리가 살아가는 인생길의 한 점에 불과하다. 그 점들이 모여 이어지는 것을 우리는 인생이라 말하고, 삶의 연속이란 표현을 한다.

그렇다면 인생의 끝점, 아니 삶의 끝점에 후회를 남기지 않으려면 내 마음은 어떤 방향이어야 할까? 한 번쯤 생각해 보기 바란다. 나는 지금 산을 오르고 있는데 여기서 물고기를 잡겠다고 한다면 어떻겠는가? 나는 지금 물놀이를 하고 있는데 여기서 매미를 잡겠다고 뛰어다닌다면 어떻겠는가? 주변에서는 아마도 제정신이 아니라고 할 것이 틀림없다. 성공하고 싶은데 당신이 있는 자리가 어디인가를 묻는 것이다.

넓은 평야를 걷고 있다면 뭐든 할 수 있다. 뛸 수도 있고 구덩이를 파서 연못을 만들 수도 있다. 물론 축구도 할 수 있다. 그러나 당신이 있는 자리가 넓지 않은 진흙탕 길이라면 공을 찰 수 있겠는가?

뛸 수 있겠는가? 그래도 하겠다면 온몸이 흙투성이가 될 거다. 내 마음이 선택한 방향은 나를 바꾼다. 선택은 나를 움직이게 하기 때문이다.

필자가 생각하는 후회 없는 삶은 세상을 이롭게 하는 거다. 뭘 하더라도 내가 아닌 그들이 편안하게, 그들을 행복하게 하는 거다. 누군가가 아파한다면 최선을 다해 도와줘야 한다. 나만이라도 옆에 있어 줘야 한다. 사업 또한 마찬가지다. 모든 세상만사의 근원이기 때문이다.

'당신이 입고 있는 예쁜 그 옷!' 당신이 만든 건가? 분명 누군가의 도움을 받은 거다. 당신이 최고로 아끼는 옷이다. 분명 당신에게 행복감을 주었을 거다. '당신이 느끼는 그 행복감' 바로 그거다.

누군가가 내게 준 행복감 말이다. 반대로 '당신이 누군가에게 그런 행복감을 줄 수 있다면?' 이런 삶이 최고로 값진 삶이다. 그런 거다. 성공도 크게 다르지 않다. '세상에 이롭고 사람에게 이로운 방향으로 사는 것! 넓은 평야를 얻는 것이다!'

이 말을 받아들인다면 당신이 뭘 하든 준비가 된 거다. 성공하든 못하든 분명 후회 없는 삶이 될 거다.

우연인지 필연인지 잘은 모르겠으나 성공은 그런 사람에게 더 가깝게 다가서더라는 거다. 이는 필자가 두 눈으로 목격했으며, 굳이 나열하지 않아도 그렇게 성공한 증인들이 세상에 수두룩하다. 그들에게서 배워라, 당신의 성공과 인생 방향을….

힘들고 괴로울 때 최고의 위안은
나보다 더 고통받는 존재를
마음을 다해 바라보는 일이다.
입으로만 하는 사랑은 향기가 없다.
-필자 토막-

제4장

담을 수 없는 상처

사랑과 번뇌

　　　　요즘 세상, 우리 젊은 친구들은 참으로 힘든 시기를 겪고 있다.

이 모든 것들이 우리 기성세대가 나름의 역할을 못 했기에 발생한 문제이니 반성을 해야 한다고 말한다면 참으로 부끄러운 어른이 될 수밖에 없다. 굳이 필자에게 변명이라도 해보라 한다면 이렇게 말해주고 싶다.

'기울어진 운동장은 예전이나 지금이나 변함이 없다.'

다만 달라진 게 있다면 우리 세대는 여름날에 잡초가 무성했던 운동장이고 지금 세대는 겨울날에 허허벌판이 된 운동장이다! 계절만 다를 뿐 힘든 시기는 똑같다는 말을 해주고 싶은 거다.

어찌 생각하는가 당신들은? 한여름에 무성한 숲을 헤쳐나가는 것보다 한겨울 허허벌판에 집을 짓는 것이 더 힘들다고 말할 수도 있다. 하지만 그렇지 않다. 각각의 환경마다 나름의 고통은 가지고 있다.

약간의 차이만 있을 뿐이다. 필자는 젊은 시절에 사업을 시작했다. 그 당시 우리 세대 또한 경쟁이 치열했다. 산업이 활발하게 움직이던 시절이었기에 누군가가 취업을 원한다면 언제든 가능했다. 이는 지금 과는 반대되는 상황이다.

다른 면에서의 이 말은 산업전선에 뛰어든 사람이 그만큼 많았기에 경쟁은 더 치열할 수밖에 없다는 말과도 같다. 이렇다 보니 웬만한 업체라면 모두가 어음 결제를 기본으로 하였고, 통상 4~5개월짜리 어음이었다. 이는 물품을 납품하고 4~5개월 후에나 현금으로 전환할 수 있다는 말이다. 어음이 싫다면 대부분 거래 자체를 할 수 없는 시절이었다. 따라서 어음 부도율 또한 높을 수밖에 없었다.

부끄럽지만, 필자 또한 2번이나 부도를 맞았다. 얼마나 힘들었겠는가? 예를 들어, 5개월짜리 어음을 받았다면 5개월 동안 납품한 물품 대금이 모두 부도처리 되는 거다. 매달 1억의 물품을 5개월간 납품했다면 5억을 부도 맞는다는 말이다. 필자는 7억 2천과 2억 3천, 이렇게 두 번을 맞았다.

2억 3천을 맞았을 때는 이렇게 저렇게 하여 해결할 수 있었지만 7억 2천을 맞았을 때는 그냥 무너져 내렸다. 하루아침에 거지가 된 거다. 부도를 맞으니 정말로 하늘이 노랗게 보인다는 말을 실제 내 두 눈으로 경험했다. 이때부터 고통의 세월이 시작된 거다.

비로소 사람의 마음을 알게 되고, 세상의 흐름을 알게 되었다. 사업가로서 철이 들기 시작하고 눈을 뜨기 시작한 거다. 정말이지 인고의 세월을 보냈다. '숨 가쁨' 말이다. 어쨌든 그 시대에 취업을 한 사람들은 아침에 출근하여 밤늦게까지 일하는 것을 기본으로 생각한 시대였다. 저녁 9시에 일을 마쳤다면 조기퇴근인 셈이다. 필자 또한 마찬가지다.

그럼에도 군말 없이 일을 했고, 지금과는 달리 일 또한 많았다. 산업의 팽창 시대였기 때문이다. 자신들의 노후 준비 따위는 생각도 할 수 없는 시절이기도 했다.

이분들이 바로 젊은 독자분들 아버님과 어머님들이시다. 정말 힘들게 살아오신 분들이시다. 필자가 산 증인이다. 정말 정말 정성껏 잘해 드렸으면 좋겠다.

당신들이 건강하고 무탈하게 성장할 수 있었던 바탕에는 부모님의 희생과 사랑이 있었음을 잊지 말길 바란다. 부모님이 나를 건강하게 성장하도록 하기 위한 보살핌의 방식은 그 시대, 그 환경에서 그분들의 몫이었다. 조금 부족하고 아쉽고 모자라더라도 불평하지 마라! 이를 평가한다는 것 자체가 모순이다.

분명한 건 소중하고 성스러운 내 부모라는 것이고, 당신이 여기서 건강하게 숨 쉬고 있다는 것, 그것만으로도 감사함이 넘치고도 넘쳐야 한다. 그렇기에 효도(孝道)는 선택이 아니라 필수가 되는 거다. 공자님은 이를 '천명(天命)'이라 말씀하셨다.

계절은 절대 혼자 오지 않는다.
여름은 더위를 데려와 힘들게 하고
겨울은 추위를 데려와 힘들게 한다.
그럼에도 우리는 변함없이 그들을 반긴다.
-필자 토막-

때로는 '돈'이 사람을
굴복시키기도 한다

"때로는, 돈이 사람을 굴복시키기도 한다."

당신들은 이 말에 공감하는가? 필자는 100% 공감한다.

당신들이 아침 일찍 출근을 해야 한다면 이 또한 여기에 해당할 거다. 문제는 '어떻게 굴복할 것이냐?'이다.

질문한다! 당신은 어떻게 굴복할 것인가?

1) 어쩔 수 없이
2) 해도 그만, 안 해도 그만
3) 조건하에
4) 모르겠다

여기서 굴복이란 내 소중한 시간을 내어주고 그 대가로 전혀 미치지 못하는 뭔가를 얻는 것을 말한다. 잠시나마 공평하다 생각했거나 어쩔 수 없기에 합의가 이루어졌을 거다. 이는 아마도 상대적일 거다.

비슷한 업무라면 누군가의 급여가 내 급여의 기준을 정했을지도 모른다. 그러나 이는 모순이다. 거래라는 것은 분명, 더 많은 이익이 있기에 작은 손실을 감내하는 것이기 때문이다.

한마디로 '사소취대'다. 기업은 '사소취대'를 기반으로 움직인다. 그러나 대부분의 개인은 '소탐대실(小貪大失)'이다. 돈은 무한하고 당신의 시간은 유한하다는 걸 잊고 있는 거다.

세상을 움직이는 세력들은 대다수의 사람들이 이렇게 할 수밖에 없게끔 시스템을 만들어 놓았다. 우리는 그 시스템 안에서 움직이고 있는 거다. 그렇다면 우리는 어떻게 해야 할까?

필자의 답은 '어떻게 굴복할 것인가?'가 아닌 '어떻게 굴복시킬 것인가?'이다. 여기에 초점을 둬야 한다. 당신이 월등한 능력을 소유한 사람이라면 급여는 다른 방식이 적용됐을 거다. 당신이 월등한 능력을 소유한 사업가라면 다른 방식의 부를 창출할 수도 있을 거다. 이것이 자본주의의 기본 틀이다.

그렇다면 우리가 돈을 굴복시키면 자유로워진다는 결론에 도달한다. 흔히들 말하는 '경제적 자유' 말이다. 무작정 아무 생각 없이 '돈 벌어야 하는데 어떻게 벌지?' 이런, 막연한 생각으로는 경제적 자유가 불가능하다.

좀 더 구체적이고 좀 더 디테일하게 계획해야 한다. 문제는 내가 이끌던가, 아니면 따르던가, 그것도 아니면 이탈하던가 셋 중 하나다. 이쯤 되면 우리는 이끌어야 하지 않겠는가? 지금부터는 그 얘기를 해보겠다.

병법에서는 "모든 산천초목이 나의 병사다."라는 말이 있다. '차도살인' 말이다. 나의 병사들을 잘 이용해야 한다. 이기기 위해서는 그에 맞는 무기를 찾고 고도의 지혜와 인내로 맞서야 한다는 말이다.

무기와 지혜를 얻었다면 도쿠가와 이에야스의 말처럼 준비된 자는 새가 울 때까지 기다려야 한다! 인고의 세월이 될 수도 있다. 성실함을 무기로 두고 때를 기다려야 한다는 거다.

그 정도는 각오해야 하지 않겠는가?

경제적 자유는 그냥 얻어지는 것이 아니다.

세상에 공짜는 없다는 거 다들 알지 않는가?

얻는 것과 잃을 수밖에 없는 것, 나름의 저울질이 필요할 거다.

여기에 소중한 것들은 순서를 정하지 마라!

그 자체가 모두 모두 일 번이다.

돈은 최상의 노예이자

최악의 주인이다.

-파스칼-

큰 꿈 안에
작은 방을 여러 개 만들어라

　　이미 실패를 경험하고 힘들어하는 사람도 있을 것이고, 큰
꿈을 안고 시작에 들어선 사람들도 있을 것이고, 이미 작든 크든 사업
장을 운영하고 있는 이들도 있을 거다.

　　이 모든 이들에게 하나의 핵심을 먼저 얘기하겠다.

　　'큰 꿈 안에 작은 방을 여러 개 만들어라!'

　　누구나 큰 꿈을 꾸며 여기에 있을 거다. 아마도 이 책을 읽고 있다
면 말할 수 없는 간절함 때문일 수도 있겠다. 분명한 건 지금 이 책을
읽었다고 해서 내일 아침, 마술처럼 당신의 삶이 달라지진 않는다. 하
지만 확실한 선물은 하나 있다. 이 책은 당신이 놓친 부분을 부각해
주는 역할을 해줄 수도 있다는 거다.

　　당신들이 가지고 있는 큰 꿈, 생각만 해도 가슴이 뛰는…. 그 마음
안다. '꼭 이루길 바란다.' 당신들 개개인의 소중한 바람을 이루고자
하는 소망이기에 그저 잘 이루기를 바랄 뿐이다.

　　필자는 당신의 큰 꿈 안에 있는 여러 개의 작은 방에 대해 말해보려
한다. 잘 꾸며진 여러 개의 방이 모이면 당신들의 꿈을 성취하는 데
더 가까워지기 때문이다. 한 예로 설명하겠다.

　　소박한 당신의 큰 꿈은 몇 개의 체인점을 소유한 장사가 잘되는 분
식집이 꿈이라고 가정해 보겠다. 그런 분식집은 당신이 이루고픈 간절
한 큰 꿈이다. 그 시작은 나름의 사업계획서를 준비해 보는 거다. 이

는 분식점의 여러 구성을 세분화하여 계획해야 한다.

방1은 '홀', 방2는 '주방', 방3은 '카운터', 방4는 '외부, 내부 간판' 등 큰 그룹으로 분류하여 노트에 나열해라! 그리고는 명사로 이루어진 품목과 형용사로 이루어진 부분들을 세밀하게 나열하라! 예를 들어보 겠다.

- 홀-(명사): 식탁, 의자, 수저, 냅킨, 벽지, 인테리어 등
- 홀-(형용사): 색상, 크기, 느낌, 편안함, 아늑함 등 손님이 또 찾고 싶은 정서를 파악해 아주아주 세밀하게 적어야 한다.
- 주방-(명사)
- 주방-(형용사)
- 카운터-(명사)
- 카운터-(형용사)
- 외부 간판-(명사)
- 외부 간판-(형용사)
- 내부 간판-(명사)
- 내부 간판-(형용사)

모두 나열했다면 개개 품목에 대한 세부사항을 다시 분류하여 디테일하게 만들어라. 아마도 A4용지 수십 장은 나올 거다. 잘 정리가 됐다면 그다음은 내 인생을 바꿔줄 매장과의 대화이다. 아주아주 중요한 부분이다. 먼저, 매장에게 질문할 사항을 잘 정리하여 마찬가지로 A4용지에 기록하라. 자, 여기까지 왔다면 어느 정도는 준비된 거다. 늦은 저녁 고요한 시간을 찾아 매장과 단둘이 마주해라! 그리고는 기록된 A4용지를 들고 대화를 시작해라. 작은 소리로 중얼중얼하면 더

좋다, 대화하듯 말이다.

1) 매장아? 우리가 제일 잘하는 게 뭘까?
2) 매장아? 네가 보기에 내가 예의 바른 사람으로 보이니?
3) 매장아? 네가 보기에 내가 도덕성이 있다고 생각하니?
4) 매장아? 네가 보기에 내 성품이 좀 그렇지?

네 성품과 좀 다르지?

5) 매장아? 난 성질이 불같아! 고쳐야 하는데 잘 안 돼. '네가 좀 도와주렴!'
6) 매장아? 난 정말 초심을 잘 지킬 수 있을까? 조금은 두려워!
7) 매장아? 넌 정말 끝까지 나와 함께할 수 있는 거지? 네가 있어 든든해!
8) 매장아? 넌 하루 중 어느 시간대를 좋아하니? 궁금해!
9) 매장아? 넌 어느 연령대의 손님이 왔으면 좋겠니? 난 30, 40대가 좋은데!
10) 매장아? 우리 주메뉴는 뭐로 할까? 넌 뭘 좋아하니?
11) 매장아? 이제부터 우리는 친구다! 잘해보자 친구!
12) 매장아? 다른 건 몰라도 간판과 인테리어는 내가 잘 챙길게! 예쁜 네 얼굴이고 옷이니까 각별히 신경 쓸게.

등등 A4용지에 아주 세밀하게 정리하라! 그리고는 질문하고 답해라! 당신의 매장과 진솔하게 대화하기 바란다.

홀에서는 홀에 관한 질문을, 주방에서는 주방에 관한 질문. 모든 것을 기록하라! 그리고는 홀이 원하는, 주방이 원하는, 카운터가 원하는 말을 들을 수 있어야 한다. 마치 집에서 함께하는 애완견처럼 말이다.

우리는 애완견의 눈빛만 봐도 이 녀석이 뭘 원하는지를 안다. 반대로 애완견도 주인의 기분 상태를 알며, 때로는 주인이 뭘 원하는지 알아채기도 한다. 당신의 매장을 애완견이라 생각하고 대화하면 틀림없다. 한번 해봐라, 차분한 마음으로 말이다.

분명 많은 것을 배울 거다. 같은 얘기지만 매장과의 대화는 성공으로 가는 아주 중요한 부분이다. 매장과 당신, 둘만의 공간, 주변을 낮은 조명으로 조절하고 대화를 시작해 보라. 매장은 자기의 생각을 전달해 줄 것이 분명하다. 필자의 경험이다. 필자와 업종은 다르지만 맥락은 같다.

지금 생각하면 성공으로 가는 아주 중요한 길목이었다.

또 다른 예를 들어보자!

왜? 좁은 식탁에 수저통과 냅킨이 자리 잡고 있는 걸까? 하나로 만들면 안 되는 걸까? 폴더폰처럼.

왜? 식탁에는 거울이 없는 걸까? 난 예쁜 내 얼굴을 자주 보고 싶은데.

왜? 카운터 앞은 늘 복잡할까? 식사 중 불쾌하지 않은 계산은 안 되는 걸까?

왜? 수저는 모두 똑같을까? 난 분홍색 수저로 먹고 싶은데.

왜? 냅킨은 감정이 메마른 창백한 하얀 얼굴에 사각 턱을 고집할까? 조금은 촉촉하고 따뜻한 색에 온화한 모습이면 더 좋을 텐데. 난 분홍색에 물방울 모양이 좋던데.

왜? 식탁은 다들 네모나고 둥글까? 난 하트 모양이 좋은데.

왜? 의자는 네발일까? 등받이가 있는 작은 그네는 안 되는 걸까?

왜? 밥 먹다 말고 정수기를 찾아가야 하는 걸까? 정수기가 내게로 오면 안 되는 걸까?

왜? 식사를 마친 손님들은 자리에서 바로 일어날까? 더 있고 싶은 마음이 없어서일까? 더 있고 싶다는 마음은 눈과 귀, 그리고 코가 원하는 추가 주문을 허락할 수도 있을 텐데, 디저트나 포장 주문으로 말이다.

그렇다면 어떤 분위기가 마음을 사로잡을 수 있을까? 그 맛, 그 모습, 그 소리, 그 냄새, 그 느낌, 그 안정감, 그 평온함, 다른 생각이 필요해!

등등 끊임없이 생각하고 질문하고 대화하라! 매일매일 해야 한다. 그러면 어느 순간 매장 세상이 달라질 것이다. 성공도, 작은 꿈도, 그렇게 만들어지는 거다.

분식업을 예로 들었지만, 어떤 분야든, 어떤 상황이든 응용하여 대입하면 될 것이다. 여기에 인내는 필수다. 그리고는 '진인사대천명(盡人事待天命)'이다. 세상의 이치를 따르는 거다. '편안함을 포기한 만큼 성공의 크기는 크다.' 명심하기 바란다.

나는 물이요, 내 매장은 소금이다. 소금이 물에 섞여 하나가 되는 거다. 더 이상은 소금도 아니요, 물도 아니다. 이제부터는 소금물이다. 매장과 나는 하나가 된 거다. 그렇게 하는 거다. 잘 섞일 때까지는 인고의 세월이 필요하다. '즐거운 숨 가쁨' 말이다. 기쁜 마음으로 해라! 때로는 스스로의 눈물을 보기도 할 것이다. 참아내기 바란다. 열매는 이미 당신의 눈앞에 와있다.

'세상에 나쁜 날씨는 없다!' 다만 그에 맞는 옷을 입지 않았을 뿐이다. 다르게 말하면 '나쁜 매장은 없다. 주변 환경에 맞는 옷을 입혀라!' 디테일하고 돋보이게 말이다! 시작은 언제나 작고 비좁다. 그것을 인정해라!

　당신을 응원한다. '희망'은 당신의 전 재산이다.

　마땅히 꿈을 이루는 데 써야 한다.

　여기에 다른 생각은 필수다.

　친구란

　하나의 영혼이

　둘로 나눠진 것이다.

　-필자 토막-

보랏빛
소가 온다

남들과 달라야 한다. 그게 뭐가 됐든 말이다. 눈이 가는 모든 곳에 혁신이 있어야 한다. 소비자들은 금방 알아차린다. 매장을 들어선 순간 오감으로 모든 것을 느낀다. 머물지, 안 머물지, 또 찾고 싶은지 아닌지. 순간적으로 3초 이내에 마음의 결정이 끝나버린다.

사람은 간사한 동물이다. 혀끝만 간사한 게 아니다. 그게 사람이다. 나쁜 말이 아니다. 참 까다롭다는 말이다. 따라서 당신은 늘 신선함을 제공해야 한다. 손님은 손님을 몰고 온다. 왜냐하면, 보여주고 싶기 때문이다. 자기들의 매장이 아님에도 자기들이 자랑하고 싶은 거다. 이렇다 보니 인간의 행동 방식은 참으로 오묘하고 아이러니하다.

그래서 사람 공부를 해야 한다는 거다. 앞 장에서 언급했지만, 아주 중요한 부분이 아닐 수 없다. 이 모든 것들이 눈에 보이는 매출로 이어지기 때문이다. 시대가 바뀌었다. 음식만 잘해서는 안 된다. 그것은 입만 즐겁게 할 뿐이다.

인간의 내면 깊숙이 자리 잡은 정서적 동요를 끌어내야 한다. 두루두루 좋아야 한다는 거다. 그럼 성공한다. 모든 일은 사람이 하는 것이기에 사람 공부를 해야 한다는 말이다. 인간의 행동 방식과 본성 말이다. 결국엔 또다시 인문학으로 종결된다.

따라서, 인문학 관련 책을 최소 20여 권 정도는 읽기를 권장한다. 아니 읽어주길 부탁한다. 『보랏빛 소가 온다』(세스고딘 저) 인간은 늘 보랏빛 소를 원한다. 멀리서도 금방 알아차릴 수 있는 보랏빛 소 말이다. 허허벌판에 모두가 누런 소들뿐이다. 눈에 띄는 소를 찾기란 어렵다. 무슨 뜻인지 알았으리라 믿는다.

당신들은 나보다 현명하다. 그래서 참 다행이다.

이 책에서
당신을 움직여 줄
눈에 띄는 한마디 글을 얻었다면
이 또한 당신에겐 '보랏빛 소'다.
-필자 토막-

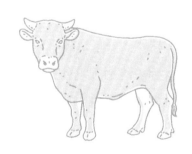

말 잘하는 것과
잘 말하는 것

우리는 지금 분식업을 예로 들고 있으니 그대로 유지해 보겠다. 누구나 입만 가지고 있지 않다. 귀도 있고 눈도 있고 코도 있다. 음식이 맛있다는 것은 보기도 좋았고, 냄새도 좋았으며, 그 소리 또한 먹고 싶었음을 의미한다. 아주 중요한 포인트다.

별로 먹고픈 생각이 없었는데 그 냄새에 취해, 맛있는 소리에 취해 찾게 된다. 그만큼 중요하다. 입맛, 코맛, 눈맛은 이미 다 알려진 사실이다. 그러나 귀맛은 쉽게 얻을 수가 없다. 많이 노력하고 연습해야 가능해진다.

이 부분도 상당히 중요한지라 잠깐 얘기해 보겠다. 말을 잘하는 사람보다는 잘 말하는 사람이 되어야 한다. 말을 잘하는 사람의 특징은 말이 길다. 그래서 사기꾼들의 말은 '청산유수(靑山流水)'다. 막힘이 없다. 현혹된다. 그런데 잠시 돌아서서 생각해 보면 무슨 말을 들었는지 알 수가 없다. 핵심을 파악하기 어렵다. 여기에 잘 말한다는 것은 짧고 간결하다.

예를 들어, "그래, 고생해." 이 말 한마디는 모든 것을 쓸어담는다. 더 이상 무슨 말이 필요하던가? 그냥 가슴에 와 닿는다.

또 다른 예를 들어보자. 매장 주인은 음식을 손님 앞에 내려놓으며 말을 시작한다. 이 음식의 재료는 뭘 쓰고 우리는 이렇게 해서 뭐도 들어가고 뭐도 들어가고 그렇게 해서 건강하게 만들었다.

이런 얘기를 했다고 치자! 손님은 이를 진심으로 받아들일까? 오히려 식사해야 하는데 옆에서 자꾸 말을 하니 불편한 내색을 보이기 십상이다. 아마도 다시는 안 올 거다. 왜냐하면, 귀맛이 떨어졌기 때문이다. 이렇게 말했다면 어땠을까?

"어서 드세요! 몹시 시장해 보이네요."

손님은 아마도 좋은 느낌으로 숟가락을 들었을 것이다. 카운터 앞에서는 환한 미소로 "맛있게 드셨어요?"라고 했다면 손님의 귀맛도 100점이었을 거다. 이렇게 우리는 섬세하고 세심함이 필요하다. 손님을 어린아이라 생각한다면 그 응석도 충분히 받아줄 수 있을 거다. 어린아이에게 필요한 건 사랑과 보살핌이다. 좋은 재료를 운운하는 것 자체가 모순이 아닐까? 그냥 맛있고 편안하고 좋은 느낌이면 그것으로 된 거다.

그렇게 생각하면 된다. 여기에 웃는 얼굴, 따뜻한 미소는 당연히 필수다. 이와 다르게 아무 말 없이 음식만 내려놓고 간다면 어떨까? 말 그대로 정나미 떨어진다. 그러니 이런 귀맛도 당신의 매출에 지대한 영향을 미칠 수 있다는 것이다. 곰곰이 생각해 보기 바란다.

당신들의 경험이 답이 될 수도 있다.

좋은 말
맞는 말

성공으로 가는 길목에 우리는 위험한 대화를 빼놓을 수 없다. 자신과의 대화는 물론 타인과의 대화에서도 의도를 파악하기란 쉽지 않기 때문이다. 앞 장에서도 잠시 언급했듯이 의도가 아니라 행동이다. 좋은 말은 귀를 기절시킨다. 상상하게 하기 때문이다. 아마도 비몽사몽을 경험할 확률이 높다. 말하는 이는 뭔가 얻어갈 것이 있는 거다. 보이지 않는 칼끝이 나를 향하고 있음을 안다면 빠져나올 수 있겠으나, 어리석은 사람들은 그 달콤함에 취해버린다. 핵심은 감정이 아니라 이성이다. 감정이 앞서면 의지하게 되고, 그와 같이하고 싶어지며, 그가 옆에 있어야만 마음의 평화를 얻을 것 같은 노예 근성을 보이기 시작한다.

여기에 온갖 아부와 묻지도 않은 자신의 과거 행적을 들먹거리며 '나와 함께'라는 메시지를 간절한 눈빛으로 상대에게 쏟아낸다. 시작부터 서서히 망해가는 거다.

그러나 이성이 앞서면 상대를 리드하게 된다. 전후 사정을 살피게 되며, 상대의 능력이 어디까지인가를 파악하고자 애쓰게 되며, 과거 경력, 평판 등, 신중하게 관찰하는 역량을 품게 되며, 대화 중에 어느 정도는 감지하고, 파악할 수 있는 냉철함을 갖게 한다.

따라서 늘 이성적으로 깨어 있어야 하며, 자신만의 경계선을 만들어야 한다. 좋은 말에는 맞는 말이 설득을 하고, 맞는 말에는 좋은 말이 쐐기를 박는다!

과거의 역사를 보더라도 이는 만고의 불변이다.

내 마음속에는 나를 지키는 기준선이 있다.
매 순간 그 선 위에서 살 것이다.
절대로 내려오지 않을 것이다.
-필자 토막-

나만의 기준선이 필요하다. 말에 현혹되어 실패한 사례는 너무나도 많다. 과거 역사는 물론 현시대를 살아가는 우리 곁에도 늘 꿈틀거리고 있다.

함께 사는 세상이니 굳이 나열하지 않아도 알 것이며, 지금 세상은 혼탁의 절정판이라 해도 과언이 아닐 정도다. 하지만 세상의 모든 만사는 상대성이다. 바른 생각과 갖춰진 냉철한 이성만 있다면 충분히 극복할 수 있기 때문이다.

필자는 십여 년 전 임대차기간 만료가 안 됐음에도 어쩔 수 없이 사업장을 이전해야 할 사정에 놓인 적이 있었다. 바쁜 시간을 쪼개어 여기저기 이전할 사업장을 알아보며 다니느라 몇 날 며칠을 고생했던 기억이 있다.

다행히도 층수도 좋고 공간도 넓은 데다 임대료도 나름 저렴한 사업장이 있어, 마음의 결정을 하고 부동산을 찾아 계약하고 싶다 말했더니, 사실인즉 건물주가 임대하는 것이 아니라 전대(현 임차인이 일부 공간을 재임대하는 방식)라고 하는 것이었다. 처음 제시한 조건들이 너무도 좋았기에 잠깐 의심이 들긴 했지만, 대수롭지 않게 생각했던 건 사실이다.

부동산 중개 사장님께서도 큰 문제 없으며 물건이 많지 않아 다들 그렇게들 한다 말하였고, 나 또한 부동산중개소를 통해 진행하니 책임져 줄 것이라는 막연한 생각과 함께, 무엇보다도 사업장의 크기와 임대 조건이 너무 좋아 포기하기엔 못내 아쉬워 다음날 현 임차인을 만나 건물주의 합의를 첨부하자 요구하였다.

그러나 건물주는 일언지하에 거절해 버리는 거다. 참으로 난감한 상황에 이르게 됐다. 이렇게 포기하기에는 정말이지 '너무 아깝다.' 이 생각만 머리에서 맴돌았다. 이튿날 현 임차인에게 "그럼 전대로 임차를 하는 것이니 둘이서 계약서를 작성하고 공증을 해달라. 공증비는 내가 부담하겠다."라고 정중하게 말하였지만 돌아온 대답은 이 또한 '거절'이었다.

집으로 돌아온 나는 결정을 해야 했다. 좀 더 냉철함이 필요했던 거다. 일주일쯤 후, 난 과감하게 포기하기로 결정하고 백여 미터 떨어진 곳에 이보다는 조금 못한 공장을 얻게 되었고, 보증금은 그곳과 같으나 월세는 6만 원이 더 비싼 공장이었으나, 건물주와 직접 계약을 할 수 있었다.

'그래도 내가 잘한 거야.' 하며 마음을 다독였고, 그렇게 사업을 해오던 어느 날, 그때 그 부동산 중개 사장님을 내 사업장 근처에서 우연히 만났다. 손님에게 공장을 보여주러 온 것 같았다.

어언 2년이 훌쩍 넘었음에도 나를 알아보는 사장님이 무척이나 고마웠다. 우리는 전봇대를 그늘 삼아 이런저런 이야기 중, 그때 그 임차인은 망해서 연락도 안 되고 전대 받아 들어온 다른 임차인은 원임차인을 상대로 법원에 소송했으나 잘 안 됐는지 보증금 삼천만 원을 모두 떼였다며 내가 그때 참 잘한 결정이었다며 칭찬 섞인 말을 해주었다.

그 후로는 손님들에게 전대를 권하지 않는다는 말도 덧붙였다. 이런 얘기를 듣고 나니 그때 그 순간 '내가 이성적 판단을 참 잘했구나.' 하는 생각에 나름 뿌듯해하던 생각이 난다. 선택은 그런 거다. 안 좋은 건 언제나 달콤한 꿀단지 속에 있다. 당신의 기준선만이 현명한 선택을 할 수 있다.

살다 보면 이 같은 상황도 있을 수 있다는 걸 말해주는 거다. 당신의 기준선은 정해져 있는가? 내심 궁금하지만, 당신은 나보다 현명할 거라 믿기에 더 이상 묻지 않겠다.

갑자기 당신이 든든해진다. 예측하건대, 현명한 당신이 꾸는 꿈은 현실이 될 가능성이 매우 크다.

좋은 말이 포장되면
속 알맹이가 의심스러워진다.
맞는 말이 포장되면
속 알맹이가 없을 수도 있다.
-필자 토막-

때로는 주메뉴보다
부메뉴에 끌린다

　참 설명할 수 없는 아이러니한 일이다. 필자 또한 이런 생각으로 찾는 단골집이 있으니 말이다.

　필자가 자주 찾는 매장의 주메뉴는 생삼겹살인데 아주 맛있다. 여기에 몇 가지 부메뉴 중 계란찜이 있다. 필자는 계란으로 한 요리는 뭐든 좋아한다. 이 집의 계란찜은 정말 일품이다.

　멸치를 우려낸 엷은 국물에 건새우를 넣고 계란찜을 한다. 양념은 잘 모르겠다, 어쨌든 정말 맛있다. 필자는 밥 한 그릇을 이 계란찜 하나만으로 뚝딱 비운 적도 많다. 계란찜 국물 또한 일품이기 때문이다. 중요한 건, 이런 생각이 필자뿐만이 아니라는 거다. 그 집에 오는 손님들의 대부분은 계란찜을 함께하니 말이다.

　근데 정말이지 진짜 맛있다. 매장 사장님도 아마 알 거다, 계란찜이 부메뉴가 됐다는 것을. 이처럼 정성이 들어간 장사를 하다 보면 생각지 못한 부수입의 행복이 찾아온다. 어느 순간 모든 메뉴에서 '일품' 소리를 듣게 되는 거다.

　필자의 기준으로 그 사장님은 계란찜 박사다. 박사 학위를 받아야만 박사가 되는 건 아니다. 라면을 잘 끓인다면 라면 박사다.

　우리 사회에서 뭔가의 탁월함을 인정하면 박사라는 칭호를 붙여 준다. 아주 정감 있고 훈훈한 표현이다. "그 사람은 그 방면에 있어서는 박사야." 이런 말을 들어봤을 거다. 이는 최고의 칭찬이다. '일품'을 만들어낼 때만 들을 수 있는 특권이다.

　필자가 어렸을 적 숟가락마저도 맛있던 기억이 있다. 그렇게 맛있는 음식은 늘 아쉬움을 남긴다. 다 비우고 난 아쉬움에 숟가락만 빨던 시절 말이다. 손님들은 정성이 담긴 맛을 금방 알아차린다. 이런 귀신도 따로 없다. 다르게 말하면 그 집은 귀신들을 상대로 장사하고 있는 것이다. 혼신을 다해야 하는 이유가 여기에 있는 거다. 늘 생각해라! '다른 생각'이 답이다.

　　꿈이 있으면 노력이고
　　꿈이 없으면 노동에 불과하다.
　　-필자 토막-

나의 슬픔을 등에 진 자,
그가 진정한 내 친구다

　　당신은 지금까지 당신의 매장과 대화를 하며 여기까지 왔다. 많은 얘기를 주고받았다. 당신의 매장은 당신의 진정한 친구다. 늘 함께하며 서로를 위해 최선을 다했으니 말이다. 사람 친구라도, 온종일, 그것도 일 년 365일을 함께 하기란 쉽지 않은 일인데 말이다. 필자 또한 내 회사와 함께한 세월에 좋은 일만 있었겠는가? 서로의 눈물을 참 많이도 보았음이다. 글로 쓰려니 창피하지만 정말 그랬다.

　　"당신의 매장도 당신의 슬픔을 등에 진 친구다." 많은 서글픔과 서러움을 함께한 세월이 있었기에 서로를 잘 아는 가슴으로 맺어진 친구일 것이다.

　　필자 또한, 어느 날 누렇게 변해있는 회사의 벽 상태를 보고는 한참을 미안하다고 어루만지며 사과했던 기억이 있다. 그렇게나 미안할 수가 없었다. 매일 아침 출근할 때면 잘 다려진 와이셔츠에 폼 나는 양복을 입고 출근하는 내 모습! 그런 나를 맞이하는 회사는 거지 같은 옷을 걸친 채 마중을 나온다.

　　그는 다가오는 나를 어떤 눈으로 바라봤을까? "네가 진정 내 친구 맞냐? 이 ××야!" 이랬을 거다. 틀림없다. 난 그날로 회사에게 새 옷을 입혀줬다. 생동감 있는 밝은 페인트로 골랐다. 누렇게 변한 그의 얼굴을 정성껏 닦아준 것이다.

　　다음 날, 조금은 설레는 마음으로 회사에 들어선 순간 그는 환하게 웃으며 나를 반겨주었다. 난 '좋은 아침' 하며 그가 숨 쉬는 공간을 달래줬다. 마음이 편해져서일까? 왠지 일도 잘되고 기분도 UP 되는 것이 참 잘한 결정이라 생각했다. 어느 날은 전등을 끄지 말고 퇴근하라는 거다. 난 그 소리를 들었다. 다른 누군가가 봤다면 미친놈이라 했을 거다.

내 생각에는 그도 어둠을 밝혀야 할 만큼의 고민이 있어 보였다. 그후로, 3년에 한 번씩 정기적으로 새 옷을 입혀주었고, 우리는 그렇게 서로를 보듬으며 성공을 향해 가고 있었다.

언젠가 TV에서 꽃에게 음악을 들려주는 꽃집 사장님의 일상을 본적이 있다. 꽃을 어린아이 다루듯 한다. 필자는 100% 동감하는 얘기다. 현대 과학에서는 이를 양자물리학에 근거한다.

중첩과 얽힘 말이다. '본질은 같다. 다만 모양이 다를 뿐이다!' 이게 핵심이다. 그는 꽃으로, 나는 사람으로. 똑같은 쇠로 만들기를 어느 것은 칼로, 어느 것은 망치로. 모양과 쓰임새만 다를 뿐 그 본질은 같다. 어떤가? 터무니없는 얘기 같은가?

자연스레 머리를 숙이게 되며 깊이 들어갈수록 심오할 뿐이다.

이렇다 보니 말 그대로 '모든 것을 사랑하라!'가 답인 것이다. 성공 또한 마찬가지다. 성공을 진심으로 사랑해야 당신 옆에 살포시 자리를 잡는다. 그렇게 나는 서서히 일어섰다. 당신도 진정한 성공을 원한다면 이 길을 지나칠 거다. 어느 정도는 확신한다.

온전한 돈이 아니면 그 돈은 머지않아 발톱을 드러낸다. 당신을 무너뜨릴 수도 있는 막강한 힘도 있다. 사자를 품에 안고 있음이다. 그래서 온전한 돈을 위해서는 천천히 주변을 돌아보며 가야 한다는 거다. 내 눈에 보이는 모든 것들과 대화를 해라! 당신의 정성으로 싹이 터서 꽃이 피게 만들어라!

필자의 고향은 강화다. 과거 어느 날, 바쁜 하루임에도 불구하고 고민 많은 친구를 위로하고자 둘이서 드라이브를 갔다. 고향이기도 하고 필자 또한 그곳은 정서적 안정을 주는 최고의 장소이기에 우리는 즉시 출발했다. 물론 낚시 도구는 필수다.

도착하니 바람이 꽤 불어댔다. 낚시는 안 될 것 같았다. 수로 옆 들판 길을 둘이서 걸으며 이런저런 이야기를 하던 중 어디선가 음산한 소리가 들려옴을 느꼈다. 친구에게 "무슨 소리 안 들리나?"라고 말하니 그는 모르겠다는 거다. 주변을 두리번거리며 소리 나는 곳을 찾았다. 논길 대각선 저쪽 비닐하우스에서 들리는 소리 같았다.

우리는 그곳으로 빠르게 발길을 옮겼고, 도착해 보니 사용하지 않는 폐비닐하우스인 듯했다. 비닐은 여기저기 찢겨 있었으며, 내부는 농사에 쓰였던 잡동사니들과 이름 모를 벌레들이 날아다니고 있었다. 바람은 찢긴 비닐을 흔들어댔고, 그 소리가 음흉하게 들렸음이다.

그제야 친구도 기분 나쁜 뭔가를 느꼈는지 그만 가자고 하는 거다. 그때 나는 비닐하우스가 하는 말을 들었다. "가지 마세요. 무서워요!"라고 말하는 거다. 이상한 일이다. 무서운 건 우린데 그가 우리에게 무섭다는 거다. 이게 무슨 소린지 한참을 그곳에서 서성거렸다. 그러다 문득 떠오른 것이 '함께하면 어떨까?' 하는 생각이었다. 나는 친구에게 '너 여기서 카페 한번 해보지 않을래?'라고 물었더니 말이 끝나기가 무섭게 난색을 보이며 싫다고 하는 거다. 성공은 그런 곳에 있다는 걸 모르는 거다. 참나!

나는 그를 설득하기 시작했다. "여기 비닐하우스가 혼자 있기 무섭다고 말한다. 그러니 네가 같이 있어 주면 네 사업도 잘되게 해줄 것 같은데. 네가 망하면 또 혼자 있어야 하니 분명 너를 잘되게 해줄 것 같은데 어떠니?"라고 말이다.

우리는 그 자리에서 옥신각신하며 한참을 얘기했지만, 결국엔 그가 수용하지 않았다. 사실 조금은 아쉬웠다. 분명 대박 날 자리라는 생각을 떨칠 수가 없었기 때문이다.

그렇게 무산됐지만 나는 혹시라도 내가 할 수도 있겠다는 생각에 다음 날 비닐하우스 카페의 사업예정계획서를 만들기 시작했다. '나와 인연이 될 수도 있지 않을까?' 하는 막연한 생각에서였다.

1) 비닐하우스 외관은 그대로 사용한다.
2) 카페 이름은 '허접 카페', 닉네임은 '불편하면 네가 고쳐 써!'
3) 알림 문구(입구 왼쪽 큰 칠판에)
   "우리 집 커피는 내가 봐도 맛이 없음. 한마디로 허접함! 다시 는 오지 마시겨! 돈만 아깝시다!"(강화 사투리로)
4) 테이블 및 의자는 포장마차 콘셉트로
5) 커피는 찌그러진 막걸리용 소형 주전자에!
6) 커피잔은 찌그러진 양은그릇!
7) 디저트빵은 찌그러진 양은쟁반에 수북하게!
8) 비닐하우스 내부 바닥은 밭 상태 그대로! 입구에서 장화로 바꿔 신을 수 있음. 주변 산책 시에도 좋음! (선택 사항)
10) 주메뉴는 커피 종류. 부메뉴는 직접 농사를 지은 유기농 재료를 기본으로 한 대충 말은 김밥, 찐고구마+튀김, 찐감자+튀김 등)
   (며칠 후, 나름 테스트해본 결과 커피와 함께하는 부메뉴는 의외로 입안이 달지 않아 텁텁함이 없었으며, 담백한 커피 향과 함께 어우러져 예상외로 괜찮았음.)

초안은 대충 이렇다. 어떤가? 정말 허접하지 않은가? 그 허접함이 포인트다. 손님은 색다른 경험을, 비닐하우스는 자신의 모습을 그대로 간직한 채 사람들이 북적이니 외롭지 않고. 말 그대로 일석이조(一石二鳥)가 아니던가? 물질이든 사람이든 늘 '함께'해 준다는 것! 그것만으로도 아주 큰 행운을 줍는 일이 아닐까?

하찮게 보이는 것을 하찮지 않게 보는 이가 가치를 부여한…. 이 또한 멀리서도 눈에 띄는 '보랏빛 소'가 아닐까?

다른 생각 말이다.

'사람 친구'만 친구일까?
난 오감으로 대화하는
'세상 친구'이고 싶다!
그곳에 '보랏빛 소'가 있기 때문이다.
-필자 토막-

담을 수 없는 상처는
담을 수 있는 그릇을 만든다

누구나 작든 크든 몇 번의 인생 상처가 있을 거다. 또 누군가는 정말 잊을 수 없는 깊은 상처를 남긴 이들도 있을 거다. 당신들의 서러움과 슬픔을 굳이 말하지 않아도 필자는 잘 안다. 생각해 보면 세상은 참 씁쓸하다. 아니 몹시 쓰다.

그 누군가에게 상처를 주고는 얻은 것이 지금의 내 것이라는 생각을 한다면? 그것이 물질이든 정신이든 말이다. 우리는 많은 사람들에게 빚을 진 거다. 그래서 내가 가진 모두가 내 몫이 아니라는 말을 수없이 하고 있는 거다.

이쯤 되면 '우리는 무엇을 위해 살아온 걸까?'라는 질문을 할 수밖에 없다. 씻을 수 없는 내 슬픔은 누가 주었을까? 반대로, 나는 사람들에게 어떤 상처를 남겼는가? 이 질문들에 답할 수 있어야 한다.

우리는 우리가 받은 상처만을 이야기한다. 너무 이기적이지 않은가? 어떻게 생각하는가, 당신들은. '우리는 무엇을 위해 살아온 걸까?' 이 질문에 마땅히 떠오르는 답안지가 있는가? 우리는 그렇게 방향 없는 인생을 살며 서로가 서로에게 상처를 주며 지금까지 살아왔다.

이런 얘기를 하는 이유는 당신의 담을 수 없는 큰 상처를 희석하기 위함이다. 그 상처를 크게 담지 않았으면 하는 바람으로 말이다. '다 용서하자!' 이렇게 말해주고 싶다. 당신 또한 사람들에게 알게 모르게 많은 상처를 준 가해자일지도 모른다.

이렇게 생각한다면 당신의 상처를 조금은 덜어낼 수 있지 않을까? 당신이 진정으로 얻어야 하는 것은 '내가 받은 상처만큼 갚아줄 거야.' 가 아니라 자신의 마음을 돌아보고 상처가 남긴 나의 성장 발판을 돌아보기 위함이다.

어쩌면 당신의 깊은 상처가 뭔가를 담을 수 있는 큰 그릇으로 성장시켰을 수도 있다. 그 상처가 없었다면 당신은 지금 그 자리에 없을 수도 있다는 말이다. 그런 마음으로 감사하게 생각하면 어떨까? 필자는 이미 오래전부터 세상에 감사한 마음으로 살고 있다.

그러니까 감사하고,
그럼에도 감사하고,
그럴수록 감사하니,
나와 마주 앉아있어 주는 당신 또한
내게는 더없이 감사하고
고마운 사람이다.
-필자 토막-

필자는 어디 가서 얘기를 하더라도 내 과거 얘기는 될 수 있는 한 많이 자제하는 편이다. 다 부질없는 얘기란 뜻이다.

낡은 주춧돌을 말하면 오만함이 다가오니 차라리 그들이 가려워하는 곳을 긁어주고 그들의 얘기를 들어줘라! 그것이 오히려 '운'을 줍는 현명한 처사다. '모든 응어리를 내려놓자.' 그러다 보면 다른 세상에서 다른 생각에 이르게 된다. 더 성숙해진 자신을 발견하게 된다. 이는 100% 확신한다.

담을 수 있는 그릇이 된다는 것은 뭐든 할 수 있음을 의미한다. 성공 또한 마찬가지다. 여러 곳에서 성공으로 가는 길이라고 말을 하며 세세하게 방법을 얘기해주는 책들도 있다.

필자도 읽어봤다. 그러나 이는 이룰 수 없다. 김연아 선수가 스케이트를 이러이러하게 해서 이렇게 했더니 잘 타게 됐다고 세세하게 알려준들, 그렇게 따라 하면 잘 탈 수 있을까? 당신 생각은 어떤가? 이는 각자의 역량이 다르기 때문이다.

앞 장에서도 잠시 얘기했듯이 문제는 방향이다. 자신에게 가장 잘 맞는 방향 말이다. 그 점을 강조하고자 함이다. 그러니 출발점을 생각해라! 어느 방향으로 뛰어야 할지를.

토끼는 산에서!
거북이는 바다에서!
각자의 자리에서
그 꿈이 아직 간절하다면
더 잘 뛰고 더 빠르게 헤엄칠 가능성이
아주아주 높다.
-필자 토막-

제5장

휴업 중

그것만
중요한가?

당신의 휴가는 언제인가? 없다면 심각하게 생각해 봐야 한다. 당신의 육체와 정신은 풀가동 중이다. 고장이 난다 한들 조금도 이상하지 않다.

아니, 고장 신호를 보내오는데도 바쁘다는 핑계로 병원을 찾지 않는다. 망가져 가고 있는 거다. 이 모두는 온전히 당신이 선택한 거다.

혹, 타인이 내게 이런 혹독한 삶을 강요했다면 어땠을까? 당신은 아마도 난리를 쳤을 거다. 난리 정도가 아니라 아주아주 시끄러웠을 거다. 우리는 왜 자기 자신에 대해서는 이토록 관대한 것일까? 이는 자기 위로로 해결되는 문제가 아니다. 앞 장에서도 언급했듯이 세상의 모든 것들은 대화가 가능하다 말했다.

만약 당신의 육체와 정신을 누군가에게서 빌려 쓴다면 어땠을까? 지금처럼 할 수 있을까? 그렇게 혹독하게 해야 할 상황이라면 아마도 소유자와 대화를 시도했을 것이다. 합의를 보든가 거절을 당하든가 말이다. 근데 우리는 그런 절차가 아예 없다.

그냥 내거니까 내 맘대로라는 식이다. 참으로 기가 막힐 일이다. 그렇게 막 대하면서 목적을 이루라고 채찍질을 하고 목을 졸라댄다. 새벽부터 밤늦게까지 혹사하며 얻은 것이라고는 고작 돈 몇 푼이다. 하루 8시간 이상의 소중한 내 시간을 지불하고 손에 쥔 몇 푼이다. 만족하는가? 괜찮은가? 다시 묻는다. 흡족한가?

이번 장의 주제는 '휴업 중'이다. 잔소리부터 시작해서 좀 미안하긴 하다. 그만큼 중요한 장이기에 쓴소리가 필요했다.

오해 없길 바란다.

살짝 노는 듯이 일하는 친구들이
사실은 더 능률적으로 잘합니다.
죽어라 열심히 일만 하는 사람은
일의 즐거움 없이
스트레스로 일을 하는 것입니다.
-혜민 스님-

그가 옆에 있음은
큰 힘이 된다

앞 장에서 몇 차례 언급했었다. 두루두루 돌아보며 가라! 그러려면 언제든 대화가 가능해야 한다. 사람은 물론 세상의 모든 것들을 포함한다. 묻고 답하고 가끔은 농담도 하고 말이다. 아주아주 중요한 부분이다.

예를 들어보자. 어느 화창한 봄날, 꽃 박람회를 찾은 한 여인! 눈에 띈 예쁜 꽃을 보며 이렇게 말한다. "어머! 너무 예쁘다. 어쩜 이렇게 예쁘니! 너 이름은 뭐니? 정말 예쁘다. 집에 가져가고 싶어! 밤에는 추울 텐데 애들은 그냥 여기에 있는 건가! 추워서 어떡해! 금방 시드는 거 아니겠지?" 하며 걱정까지 해준다.

짤막한 한 여인의 대화에 어떤 생각이 드는가? 꽃을 '너'와 '애'로 표현하며 대화를 한다. 마치 애완견과 대화하듯 말이다. 이처럼 우리는 알게 모르게 모든 것들과 대화하고 독백을 한다. "어! 여기 옷가게였는데 분식집으로 바뀌었네! 잘됐네! 근처에 분식집이 없어 아쉬웠는데 아주 잘 됐어! 주인이 누군지 참 잘했는걸!" 바뀐 분식집을 바라보며 친구와 대화하듯 말한다. 이렇듯이 사람 또한 마찬가지라는 거다.

나 자신과도 대화할 수 있어야 한다. '내가 오늘 급하게 이걸 좀 해야 하는데 같이 해줄 수 있겠니?' 하며 자신에게 물어봐야 한다. 그게 내 몸을 대하는 최소한의 예의다. 그래서 서로 합의점을 찾는 거다.

필자가 등산 갈 채비를 하면 내 종아리 근육은 벌써 힘을 모아 준비를 한다. 등산 때마다 얘기했더니 이제는 알아서 척척 준비한다. 참 신기한 일이다. 발걸음이 다르다. 당신들도 한번 경험해 보라. 아마도 다들 놀랄 거다. 처음에는 종아리를 만져주며 얘기해라. 그러면 신기하게도 잘 들어줄 거다.

뭐가 됐든 돌아보며 함께해야 한다는 말을 이해했는지 모르겠다. 당신 주변의 모든 것들이 당신의 따뜻한 말 한마디와 온정을 기다리며 목말라하고 있다. '모두에게 베풀어라!' 세상에는 돈만 있는 게 아니다. 부모, 형제, 자녀, 친구, 친척, 이웃 그리고 더 나아가 세상 모든 것들과 함께하는 거다. 하다못해 길가에 내버려진 작은 돌멩이까지도 따뜻한 마음으로 대해라!

우크라이나 전쟁을 보노라면 마음 아프지 않은가? 소말리아의 굶주린 어린아이들을 보면 마음 아프지 않은가? 누가 시키지도 않았는데 자연스레 그런 마음이 든다. 그런 거다.

그게 세상의 이치다. 지금의 나와는 아무런 상관이 없는데도 마음이 아픈 거다. 그런데 하물며 내 소중한 몸과 마음을 아프게 하고 함부로 대한다면 이는 정말 불행이지 않겠는가?

당신의 몸과 마음도 따뜻한 말 한마디와 온정을 기다리고 있을 거다. 내 몸과 마음에게도 휴가를 줘보라!

일 년 365일 중 최소한 30일은 나를 위해 휴업해야 한다. 1년 중 10%도 안 되는 날이다. 어떤가? 그 정도 배려는 괜찮지 않은가? 얼추 3개월에 7일 정도는 휴가가 필요하다.

필자 또한 처음부터 대화를 한 건 아니다. 당신들과 마찬가지로 말 없이 많이도 혹사시켰다. 지금은 뇌졸중에 관상동맥 협착증에 허리 수술, 어깨 수술, 당뇨병 등 내 몸을 많이도 괴롭혔다. 그래서 얻은 게 대화일지도 모른다. 아니 따뜻한 대화로 인해 속죄할 수 있었다. 늘 내 몸에게 미안하다는 말을 입에 달고 살았다.

　무릎을 만져주며 미안해! 마음을 어루만지며 미안해! 고마워! 어깨와 허리를 어루만지며 미안해! 고마워! 하루가 미안함으로 시작해 미안함으로 끝날 정도로 사과하고 참회하며 살았다. 그런데 이 모든 생각과 행위가 역으로 내게 좋은 운으로 돌아오는 것을 어떻게 설명해야 할까? 이는 필자도 잘 모르겠다.

　확실하게 알 수 있는 건 크고 작은 좋은 일이 자주 생긴다는 거다. 참 알 수 없는 일이다. 뭐라 설명할 방법이 없다. 난 반성하고 참회하며 사는데 행운의 여신은 내 주위를 맴돈다. '파랑새' 말이다. 당신도 경험해 보라! 정말 신기하다.

　이쯤에서 왜 이번 장이 '휴업 중'인가를 눈치챘을 것이다. 돌아보며 쉬엄쉬엄 가라는 필자의 메시지다. 그렇게 하루하루 뒹굴뒹굴 쉬다 보면 발상의 전환이 생긴다. 빅 아이디어 말이다. 설명할 길이 없지만 분명 그렇다.

　하나 더 얘기해 볼까 한다. 우리 주변에서 가끔은 이런 말들을 한다. "그렇게 고생하더니만 살만하니까 떠나네!" 이 말의 의미는 뭐겠는가? 대부분의 사람들이 오로지 그 길(돈 버는 일)만을 향해 돌진했다는 얘기일 거다.

　돈! 참으로 묘한 거다. 당신과 나, 우리 모두는 돈 벌려고 태어난 게 아닌데 말이다. 그저 살아가는 데 조금 필요할 뿐 인생을 통째로 써야 할 만큼의 가치 있는 일은 아닐 텐데 말이다. 필자만 이렇게 생각하는 건가? 세상에 완벽한 사람이 있겠는가? 뭔가 많이 모자라고 실수도 많고, 허점도 많고, 나름 빈틈도 많은 게 사람이다. 그런 실수와 허점들은 모두 다 용서하는데 조금 부족한 돈에는 왜 그리도 너그럽지 못한 걸까?

참, 모를 일이다. 이런 생각을 하면 인생 자체가 씁쓸해진다. 어쩌면 '충족'을 넘어 '비축'을 위해 뛰는 사람들일까? 부족함이 오히려 나를 건강하게 한다는 사실을 왜들 모르는 걸까? 우유를 받아먹는 이보다 배달을 해주는 이가 더 건강해진다는 얘기를 들어봤을 거다. 작은 결핍이 선물한 건강함이다.

필자 주변에 "죽으면 영원히 잘 몸뚱이인데 뭔 잠을 그리 자냐!" 라며 핀잔을 주는 친구가 있다. 이 친구는 자기는 잘 거 다 자면서 이런 말을 한다. 한번은 여행을 함께한 적이 있었는데, 4일 내내 아침밥을 내가 했다. 깨워도 깨워도 안 일어나니 어쩔 수 없이 내가 했다.

이처럼, 사람은 모두가 자기중심적이다. 좋은 일이든 나쁜 일이든 자기가 하고픈 대로 맘 내키는 대로 한다. 말과 행동이 다른 거다. 완전 자기중심이다. 한마디로 말해, 마음 다스림이 안 되는 거다. 그렇기에 현인들의 마음절제와 중용이 추대받는 것일 게다.

성공으로 가는 길은 챙길 것이 많다. 뭘 챙겨야 하는지 현명한 우리 독자들은 이미 간파했을 거다. 그래, 바로 그거다. 역시 당신은 최고다. 이제 성공할 일만 남았다.

'이런 것을 만들었어요!
참 편하죠! 내가 만든 거예요!'
라고 말하기보다는
'무엇을 원하나요?'라고 질문해 보라!
-필자 토막-

잠은 내일을
담을 그릇이다

　　잠은 반드시 필요하다.

　필자는 조금만 잠이 부족해도 하루가 멍하다. 얼굴도 푸석푸석해진다. 여성들은 화장도 안 먹는다는 얘기를 들은 적이 있다. 우리 젊은 친구들을 생각하면 안쓰럽다. 이 시대의 어두운 그림자다.

　더구나 요즘은 가만히 앉아서 머리만 굴려대는 시대다. 일의 가치가 바뀐 거다. 우리 때는 '아날로그' 시대였다.

　밖에 나가 일하다 보면 금방 점심 시간이다. 배가 고파 온다. 육체적 일을 했으니 밥맛도 좋다. 저녁이면 그냥 곯아떨어진다. 요즘 젊은 친구들은 의자에다 몸을 묶어놓은 듯하다. 한번 앉으면 몇 시간이 지나도 꿈쩍도 하지 않는다. 머리만 움직일 뿐이다. 안타깝지만 시대가 변했으니 어쩔 도리가 없는 게 현실이다.

　자신의 건강을 위해 잠깐잠깐 쉬는 시간을 정해두고 휴식을 취하는 습관을 들이는 건 어떨까? 미안하지만 훨씬 더 자기관리에 힘써야 할 세대인 거다.

　자신의 건강을 위해서 일부러라도 시간을 투자해야 한다는 거다. 휴식은 삶의 방향을 결정하는 데도 지대한 영향을 미친다. 최소 7시간은 자야 한다. 이 또한 두루두루 챙겨야 할 대목이다.

나 자신을 잘 보호하자!

내일도 내가 필요하니까!

죽는 날까지 나와 함께할 사람은

바로 나이기 때문이다!

-필자 토막-

매장 친구의 생각이
내 생각이다

　　다시 당신의 분식업 매장으로 가보겠다.

　'당신은 지금 휴업 중이다.' 휴업으로 인한 매출 손실은 없다고 가정한다. 왜냐하면, 그동안 벌어들인 매출의 합산 값으로 휴업 기간을 정상매출로 가정하여 평균으로 나누면 될 것이다.

　그러니, 편한 마음으로 집에서 뒹굴뒹굴하자. 필자는 휴업 중에 이것저것 군것질을 많이 했다. 좋다. 그렇게 하면 된다. 한마디로 '멍 때려라.' 그러다 보면 어느 순간 뭔가를 떠올리게 될 것이다.

　필자의 경우엔 블루투스 벽시계를 생각했다. '블루투스는 왜 이어폰으로만 무선전송이 되어야 하는가?'라는 의문에서부터 시작됐다. 휴대폰에서 시계 데이터를 전송받을 수도 있지 않나? 그리된다면 시계 데이터를 받아 벽시계로 전송할 수도 있을 거다. 그렇게 된다면 거의 틀리지 않는 시간을 벽시계에서 실현할 수 있다. 오래전 생각한 건데 얼마 전 어느 중소기업에서 제품으로 나왔다.

　또 하나는 매장의 식탁마다 모니터를 설치하여 손님들이 바로바로 주문하게 하는 거다. 그리고 식탁 옆면에 고기 저장고를 만들어 손님들이 별도로 고기를 주문하지 않아도 식탁의 고기 저장고에서 고기를 꺼내면 즉시 카운터에 주문 완료로 기록되는 방식이다.

　식탁에 설치된 고기 저장고는 손님 입장에서는 신선한 고기를 바로 눈앞에서 확인 가능하고 편하게 꺼내 먹을 수 있다. 물론 저온냉장 저장 방식이다. 펠티어소자를 쓴다면 심플하게 충분히 가능하다. 여기에 고기 저장고 케이스의 상단이나 옆면 세로로 수저와 냅킨 함을 일체형으로 만든다.

손님은 식탁 모서리에 붙어 있는 작동 버튼을 누르면 식탁과 같은 면으로 평평했던 고기 저장고가 식탁 위로 올라오는 방식이다. 물론 수저와 냅킨 함도 함께 올라온다. 대략 이런 제품이다.

이 또한 아주 예전에 생각한 건데 근래 들어 모니터 주문 방식만을 구비한 제품이 나왔다. 터치식으로 말이다. 여기저기 매장에서 많이 눈에 띈다. 그런데 식탁에 설치된 고기 저장고는 아직 못 봤다. 이 또한 가까운 시일 내에 나오지 않을까 생각된다. 이 밖에도 필자는 200여 개의 아이디어를 메모해 두었다. 물론 황당한 생각을 메모한 것도 많이 있다.

자, 그럼 당신은 어떤가? 뭔가가 떠올랐는가? 아니어도 괜찮다. 부담 갖지 마라. 천천히 하면 된다. 쥐어짠다고 나오는 게 아니다. 아직 없다면 좀 더 뒹굴뒹굴하며 군것질도 하고 그러다 한 번씩 천장을 뚫어지게 바라보며 멀거니 멍 때리기도 하고, 그리 지내라. 그러다 보면 어느 순간 뭔가가 스치게 될 거다.

물론 없을 수도 있다. 정말이지 부담 갖지 마라! 이도 저도 괜찮다. 집에서 뒹굴뒹굴 지루하고 따분하다는 생각이 들 때쯤 그때 움직여라. 마음 가는 곳으로 말이다. 하지만 언제든 반짝 떠오르는 아이디어가 있다면 즉시 메모해라! 반짝하고 잠시 떠오른 생각은 머릿속에 절대로 오래 머물지 않는다. 약 2초쯤 되는 것 같다. 즉시 적어야 한다, 바로 즉시!

당신은 천천히 걸어서 매장으로 향하고 있다. 일명 '매장 친구'라 말하겠다. 매장 친구에게 도착하면 여기저기 먹을 것도 놔주고 환기도

시켜주고 잠시 대화도 나누며 너무 컴컴하지 않은 분위를 만들어 줘라. 그 어떤 매장도 답답함을 싫어한다. 사람 대하듯 하면 틀림없다. 그리고는 차분하게 앉아서 매장 친구와 교감해라!

휴업을 종료하면 새로 오픈한다는 마음으로 여기에 맞춰 신메뉴를 출시할 계획이라 말해라! 물론 매장 입구도 새로이 페인트 공사를 할 거다. 이런 계획들을 매장 친구에게 알리고 협의해라. 필자의 경험에 의하면 먼저 당신의 계획을 브리핑하듯 얘기한 다음 그의 말을 들어보는 순서로 진행하는 것이 좋다. 그다음에 몇 가지 짧은 질문과 답변을 해 나가면 된다.

아주 근사한 소통이 될 거다. 오는 손님마다 주인이 바뀌었냐고 물어본다. 난 기분이 좋다. 휴업 전보다 훨씬 더 바쁘다. 매장 입구의 페인트 공사가 손님들도 새롭게 느껴진 모양이다.

이참에 간판도 새롭게 바꿀 참이다. 매장 입구와 같은 톤으로 말이다. 사람들은 언제나 새로운 걸 좋아한다. 장사 또한 사람을 상대로 하는 것이니 마찬가질 거다. 매년 새롭게 출시되는 휴대폰을 보라. 기능은 거기서 거기다. 하지만 디자인은 날마다 업그레이드된다. 정말이지 혁신이다.

당신 매장도 판매하는 품목은 거기서 거기다. 품목이 많아지면 장사가 버거워진다. 문제는 신선함이다, 디자인 말이다.

필자는 낚시를 좋아한다고 말했다. 요즘 낚시터에서는 짜장면도 배달을 해준다. 참 좋은 세상이다. 낚시터에서 먹는 짜장면과 고급 중식집에서 먹는 짜장면의 맛이 같을까? 이는 분명히 다르다. 나름의 운치가 한몫하기 때문이다. 넓은 들판을 바라보며 한 젓가락 입에 넣는 것과 무릎치마를 하고는 점잖게 앉아 먹는 것과의 차이다. 당신의 매장도 마찬가지다. 분위기 또한 메뉴에 포함됨을 잊어서는 안 된다. 섬세한 부분들을 체크하고 늘 생각해라!

　당신의 매장 친구와 많은 대화를 해야 한다. 이는 아무리 얘기해도 지나치지 않다. 생각만 하는 것과 이를 실천하는 것은 천지 차이다. 속는 셈 치고 한번 해봐라. 뭔가 다른 면을 느낄 거다.

　아마도 또 다른 아이디어가 떠오를 거다.

　그렇게 실천에 옮겨준다면 뭐가 됐든 간에 손님들의 다른 반응을 보게 될 거다. 이 모든 생각과 매장의 변화는 당신의 휴식 중에 만들어졌음을 잊지 말길 바란다. 변화가 일어나 휴식한 게 아니라 휴식했기에 변화가 일어난 거다. 혼돈하지 말길 바란다. 언제나 의문점을 가지고 질문하는 습관을 가져라!

　'왜'를 넣으면 생각이 들어가는 거다. '왜? 사람들은 이 꽃이 예쁘다고 말할까?'라고 묻는다면 꽃잎이 많아서? 줄기가 가늘어서? 곡선이 예뻐서? 등의 여러 이유를 들겠지만, 정답은 그냥 예쁜 거다. 그게 다다. 꽃의 여러 구성이 조화를 이룬 거다.

　꽃잎을 일일이 새어보고는 '잎의 개수가 많아서 예쁜 거구나!'라고 말하지 않는다. '왜'라는 질문 하나에 많은 이유를 내놓았다. 정답은 그냥 예쁜 것인데 이유가 참 많아졌다.

　이처럼 엉뚱하고 말도 안 되는 이유들이 모여 어느 순간 다른 아이디어를 만들어내는 거다. 당신의 매장도 그런 것들이 어우러져 뭔지 모르지만 그냥 좋아! 괜찮아! 거기 가고 싶어! 이런 마음이 들게 되는 거다. 한마디로 조화를 이룬 거다. 그게 아이디어 비법이다.

　어떤 환경이든 '왜?'를 넣어보라! 이를 습관처럼 해보라! 다른 모습이 보일 거다. 잠시 옆길로 샌 듯하다. 다시 돌아와 이어가겠다. "맛있어서 장사가 잘되는구나!" 이것만으로는 안 된다는 말을 했다. 대한민국에서 맛집은 수두룩하다. 상황이 이런데 입맛만으로 이길 수 있겠는가?

문제는 여러 구성이 조화를 이뤄야 한다는 거다. 당신은 친절한 태도와 상냥함으로 손님을 대하겠지만, 당신의 매장은 분위기로! 느낌으로! 안정감으로! 평온함으로! 말없이 손님을 대하고 있음을 알아야 한다.

어쩌면 그런 매장 친구가 당신보다 훨씬 더 나을 수도 있다.

> 씹을 수 있고, 삼킬 수 있는 너의 능력보다
> 네 입까지 가져다주는
> 젓가락의 능력이 더할 수도 있다.
> -필자 토막-

당신의 친절함과 상냥함이 전부가 아니라는 말이다. 잊지 말길 바란다. 당신과 당신의 매장 친구가 함께 조화를 이뤄야 한다는 거다. 그래야 완벽한 화음이 만들어지는 거다. 이 모두는 당신의 생각에서 오는 거다. 섬세함에서 오는 감각들을 잘 표현해 봐라! 그럼 대박 날 것이 분명하다. 사람의 깊은 내면을 볼 수 있다면 말이다.

그들의 마음을 읽어라! 그래서 또 인문학인 거다. 성공으로 가는 당신의 노력과 인내에 박수를 보낸다.

휴식은 당신에게 많은 변화를 주지만, 무엇보다 중요한 것은 당신의 몸과 마음의 충전이다. 휴식은 당신의 지나간 행적을 돌아보게 함으로써 미래를 수정할 수 있는 중요한 시간을 제공해 준다. 휴식은 분명 당신의 좋은 친구다. 성공으로 가는 길에 '휴식 친구'와 '매장 친구' 그리고 당신! 그렇게 셋이 함께하면 어떨까? 분명 당신을 기다리고 있을 거다. 함께해 봐라! 어느 순간 아주아주 감미로운 화음을 만들어 낼 수도 있다.

한가로운 시간은

그 무엇과도 바꿀 수 없는

어마어마한 재산이다.

-소크라테스-

제6장

다른 생각

두려움과
기대

현대를 살아가는 우리들에게, 세상은 더 이상 몸으로 익힌 장인의 기술을 원치 않는다. 극단적으로 가고 있는 거다.

뭔가 다르고 뭔가 혁신적인 것들을 원한다는 말이다. 분야를 막론하고 이 같은 추세는 더욱더 강요되는 방향으로 요구될 것임이 틀림없다. 구글에서 출시된 OPEN AI, Chat GPT를 알 것이다. 뭐를 질문하든 답을 준다.

문제는 그 답이 생각 이상으로 훌륭하다는 거다. 필자가 생각하건데 중상급 이상이다. 소설 쓰기부터 시작해 그림, 논문 등 자신만의 캐릭터를 만드는 데도 활용성이 훌륭하다. 사실 이런 일들은 기초적인 일에 불과할 정도다. 몇 년 후면 우리는 로봇과 손잡고 쇼핑을 하는 시대를 맞이할 거다.

2016년, 이세돌 9단과 알파고의 바둑 대전! 필자도 보았다. 4:1로 패했지만 크게 염려는 안 했다. '질 수도 있지!'라고 생각했다. 엄밀히 말하면 택시도 기계다. 나와 달리기를 하면 내가 무조건 진다. 기계가 이긴 거다. 이게 놀랄 일인가? 내가 계산기와 겨루면 내가 무조건 진다. 마찬가지다. 이 정도는 일도 아니다.

그러나 달라진 게 있다. 기계가 생각이란 걸 하기 시작했다는 거다. 빅데이터를 기반으로 한 알고리즘의 다양성과 복잡성을 세밀하게 풀어낸 거다. 몇 년 전까지만 해도 고양이의 얼굴을 인식하는 데 실패했었다. 이 문제를 해결하는 데 학자들은 최소 20년 이상 소요될 거라 말한 것 같다.

그러나 몇 년이 지난 지금, 이 정도는 일도 아니다. 중국에서는 마스크를 쓴 사람의 얼굴도 정확히 식별이 가능하다 하니 말이다. 한편으로는 두려운 마음이 들기도 할 거다. 행여나 '인간의 적이 인간의 손으로 잉태되는 것 아닌가!' 하고 말이다. 마치 터미네이터를 떠오르게 함이다.

근데 필자의 개인적 생각으론, 그런 일은 없을 거라 본다. 예를 든다면 그는 강남의 A급 수학 강사와 다름없다. 연산을 기본으로 하기 때문이다. 통계, 행렬, 함수, 방정식, 집합, 분포도 등 이 모두는 인간의 종속관계일 수밖에 없다.

인간 세상에 연산만이 전부일까? 전부인 듯 보일 뿐이다. 인간의 오감과 지혜, 도덕성, 예의, 과연 연산으로 이뤄진 걸까? 이는 인문학에 가깝다.

그냥 그 방면에 독보적으로 잘할 뿐이다. 따라서, 인간이 아니면 스스로 독립될 수 없다는 게 필자의 개인적 생각이다. 행여나 있다 한들 인간을 뛰어넘을 수는 없다고 본다. 인간의 섬세한 오감과 직감(촉) 그리고 응용력과 지혜는 신께서 주신 유일한 선물이기에 그런 생각이 드는 거다.

너무 두려워하지 말자! 이제 다른 얘기를 좀 해보자! 이런 세상을 나와 연관시켜 본다면 이 시대가 나에게는 더없이 좋은 기회가 될 수도 있지 않을까? 우리 모두는 이미 과학 기술의 혜택을 받고 있다. 변해가는 시대 흐름에 어느 정도 젖어있기에 못 느끼는 것뿐이다. 오히려 당연하다고 생각하는 거다.

한 예를 들어보자. 필자가 젊었을 때는 영업이 회사의 꽃이었다. 제품을 잘 만들어도 홍보할 방법이 그리 많지 않았으니 말이다. 그 시절에 대기업들은 대체로 TV 광고를 주된 홍보로 이용했다. 말 그대로 대기업의 시대였던 거다. 돈이 돈을 벌어주는 시대 말이다. 하지만 필자 같은 소기업의 개미들은 제품 홍보의 어려움이 이만저만이 아니었다.

회사 직원의 1/4을 영업 직원으로 배치했고, 그것도 모자라 방판 직원(집집이 방문하여 제품 설명을 하며 홍보하고 판매하는 사원)을 추가하기도 했으니 말이다. 지금은 어떠한가? 그 힘들던 제품의 홍보 일을 인터넷을 기반으로 하는 여러 매체들이 대신한다. 유튜브, 구글, 인스타, 네이버, SNS, 블로그 등 많은 통로가 만들어졌다.

말 그대로 제품만 반듯하게 잘 만든다면 홍보는 인터넷을 기반으로 움직이는 매체들이 알아서 한다. 회사의 꽃이 인터넷이 된 것이다. '띵동!' 하고 주문 오면 잘 포장해서 택배로 보내면 끝이다. 필자는 엔지니어다. 이제는 만들고 판매하고 혼자서도 충분히 가능해졌다. 말 그대로 '진정한 1인 기업가'가 된 거다.

전혀 불편하지 않다. 지출이 적으니 상대적으로 수익도 괜찮다. 아주 좋다. 이런 세상이 온 거다. 자신의 재능과 역량만 충분하다면 기회는 무한정 열려있다. 반면 일자리 문제는 현재로써는 좀 심각하긴 하다. 앞으로 10년 후를 생각하면 과연 원하는 일자리가 충분할까 하는 의문이다. 솔직히 걱정이 앞서긴 한다.

그러나 이 또한 시대의 흐름이다. 30여 년 전! 필자가 30대 초반일 무렵 휴대폰이 출시됐다. 그 당시 백만 원이 넘는 금액이었던 것으로 기억한다. 일명 도끼폰이라고 하는 것인데, 말 그대로 벽돌 크기 정도다. 요금 또한 상당히 비쌌던 휴대폰 초기 때이다. 이때도 다가온 생각이 '큰일이다' 하는 생각이었다.

그 후로 휴대폰 안에 음악, 만보기, 시계, 알람, 타이머 등 일상생활에 필요한 대부분이 모두 들어앉아 있었다. 아니나 다를까, 몇 년 후 전축이 사라지고 만보기는 물론 산업 전체가 흔들거리는 것이 느껴졌다. 변화의 바람이 일고 있던 것이다.

이후로 문자 메시지를 보내는 데 건당 50원인가 했던 것 같다. 그 후에 무료 카톡이 나온 걸로 기억한다. 아무튼, 이런 변화를 지나며 우리는 현재 여기에 있다. 그럼 향후 10년은 어떻게 변할까? 지금부터라도 각자 나름의 예측을 하고 대비해 가는 것이 다가올 변화에 대응하는 것일 게다.

다행스러운 건 자신이 어느 정도 능력만 된다면 1인 기업으로 충분히 일어설 수 있다는 거다. 여기에 초점을 두고 자신의 역량을 높여나가야 하지 않을까?

지난 세기! 산업 시대로 진입하던 그 무렵, 그러니까 마차에서 자동차로 바뀔 무렵 말이다. 어쩌면 그들도 지금의 우리와 같은 생각을 하지 않았을까? 마부들의 일자리 감소는 물론, 말 먹이업, 말 관리업, 말 배설물 처리업 등 관련 업계 전반의 붕괴로 인한 사회적 혼란 말이다.

오죽했으면 영국 정부가 자동차 주행 속도는 마차 속도를 초과할 수 없다는 법을 만들었겠는가? 그만큼 위기 위식을 느꼈던 거다. 하지만 지금 세상 어떤가? 그 당시 그런 생각들이 전혀 무색하다. 분명한 건 밀물과 썰물이 교체되는 그 정점이 가장 혼란스러운 시기라는 거다. 이 또한 자연스러운 세상의 이치다. 그리고는 평온해진다. 지금 세상 또한 얼마 후 평온해질 거다.

우리 젊은 친구들의 일자리도 그렇게 천천히 자리를 잡아갈 듯싶다. 하지만 이를 다른 시각으로 재해석해 본다면 기회의 문이 활짝 열리는 일생일대의 전환점이 될 수도 있음을 암시하는 것이기도 하다. 지금 시대! 이 흐름을 잘 타고 넘어보기 바란다. 당신의 인생이 바뀔 수도 있다. 이는 온전히 '다른 생각'에서만 가능한 일이다. 당신만의 '다른 생각'을 현실로 만들어 보라!

'하늘 아래 더 이상 새로운 것은 없다.' 이 말은 대부분이 응용이라는 거다. 그러니 뭔가를 찾아내라! 이 업계의 이런 일과 저 업계의 저런 일! 이 부분의 이런 기능과 저 부분의 저런 기능! 이들을 하나로 묶어 새로운 걸 만들어 내라! AI 또한 그렇게 탄생한 거다.

다른 생각 말이다.

이기려 하지 말고 그들과 일원이 돼라!
지배는 상하관계다. (누가 위에 있는가?)
연대는 좌우관계다. (누가 옆에 있는가?)
연대할 수 없다면 지배당하라!
그리고는 혁신적인 '다른 생각'을 세상에 내놓아라!
여기에 답이 있다.
-필자 토막-

앉은 자리를 바꾸지 않으면
다른 풍경을 볼 수 없다

이제부터 우리는 과감해야 할 것이다. 모든 틀을 바꿔야 한다. '내 전공은 이거니까 이 길로 가야 해!' 이런 식으로는 안 된다. 보는 눈을 넓혀야 한다. 필자가 그 옛날 영업부의 직원을 많이 채용한 이유는 내가 못하는 분야기에 다른 이들의 도움을 받았다. 언제나 변하지 않는 건 '상부상조'다.

세상에 '독불장군'은 없다. 함께해야 한다는 거다. 다른 눈으로 다른 생각을 해야 한다. 이 시대는 우리를 궁지로 몰아넣고 있다. 지금까지 그렇게 살아오지 않았는데 자꾸만 다른 새로운 것을 요구하고 줄을 세우려 한다.

어쩌겠는가? 살아남으려면 시대의 흐름을 따를 수밖에…. 밀물이 싫다고 버틸 수 있겠는가? 오는 밤을 막을 수 있겠는가? 흐름에 순응하고 변화에 적응해 가는 것이 현명한 선택이다.

필자의 경험으로는 생존을 위한 길은 '다른 생각'뿐인 듯싶다. 이는 체계적이어야 한다. 떠오른 발상은 세부사항으로 나열해 서로의 공통점을 찾는 거다. 그러면 생각지 못한 새로운 방법을 찾아내게 된다. 필자의 경험이다. 검증한 내용이다. 물론 개인적인 검증이지만 말이다.

예를 들어, 모두가 알고 있는 우산을 생각해 보자. 어디에 쓰이는가? 비 올 때 쓴다. 더 나아가 햇빛을 가리는 양산으로 쓰인다. 이처럼 쓰이는 모든 것을 기록한다. 말도 안 되는 허무맹랑한 생각도 괜찮다. 그 또한 많은 도움이 된다.

다음은 우산의 종류를 나열한다. 막대 우산, 접는 우산, 2단 접는 우산, 컬러 우산, 투명 우산, 소비자의 모습을 담아주는 주문형 우산, 남성용 우산, 여성용 우산 등 생각나는 모든 것을 기록해라!

다음은 종류별로 세부사항을 나열하라. 막대 우산이라 함은 말 그대로 접을 수 없는 긴 우산을 말한다. 여기에 더하기, 빼기, 합하기 붙이기 나누기 등을 통해 생각나는 대로 소제목 아래 그에 맞는 자신의 생각을 써내려가면 된다.

예를 들어, 막대 우산은 기본적으로 비 올 때 쓰인다. 평소에는 지팡이로도 가능할 것이며 + 사용 후에는 어디에 기대지 않고 스스로 서 있게 할 수도 있고 + 야광 재질로 만들어 밤에도 안전을 확보할 수도 있고 + 위급 상황에서는 호신용 무기로도 쓸 수 있고 등 더하기를 이용해 그렇게 만들겠다고 생각하는 거다.

그다음엔 빼기를 사용하고 다음은 합하기, 다음은 덧붙이기, 쪼개기, 나누기 등의 기록을 마쳤다면 종류별 사항들이 중복되는 것을 따로 기록하고 마지막에 교집합을 찾아낸다.

이렇게 하다 보면 생각지 못한 아이디어 상품이 나온다. 어렵지 않다. 단지 차분한 마음이 필요할 뿐이다. 세상을 이기기 위한 첫걸음이다. 필자는 이렇게 해서 실용 가능한 약 200여 개의 아이디어를 갖고 있다. 당신들도 충분히 할 수 있다.

필자는 가끔 버스를 탄다. 무조건 종점까지 가는 거다. 창밖으로 스치는 모든 간판을 메모해 간다. 물론 놓치는 부분도 많지만, 신경 쓰지 않는다. 그냥 메모할 수 있는 것만 한다.

집에 와서 분석해 보면 사람들이 가장 많이 하고 있는 업종과 그 종류들을 세분화할 수 있다. 그리고는 이것들을 피해 가면 새로운 사업이 되는 거다. 서로서로 합치고, 나누고, 빼고, 쪼개고…. 마지막에 교집합을 찾아내라. 분명 남들이 하지 않는 다른 뭔가가 만들어질 거다. 그걸 찾아내는 거다.

이처럼 꾸준한 관심만 가지고 있다면 기회는 늘 당신 편이 된다. 가끔 버스나 전철을 이용하다 보면 열에 아홉은 핸드폰을 들여다보며 게임을 하고 문자를 주고받으며 시간을 보내고 있다. 필자가 보기에는 내심 안타까운 마음뿐이다. 소중한 시간인데 말이다. 마치 구멍 뚫린 주머니에서 돈이 새어나가는 기분이다.

이렇게 소중한 시간을 낭비하면서 '할 게 없다!', '뭘 해야 돈을 버나!' 이런 말을 한다면 앞뒤가 안 맞는 얘기다. 노력 없이 되는 건 아무것도 없다. 세상에 공짜는 없는 법이다.

현재 환경에서 벗어나야 한다. 바다를 싫어한다면 바다로 가보라! 산을 싫어한다면 산으로 가보라! 당신이 싫어하는 곳에 당신의 미래 먹거리가 있을 수 있다. 당신이 싫어하는 그곳! 다른 누군가는 좋아하는 곳이기도 하다.

누구나 같은 환경을 매일 접하다 보면 다른 생각이 떠오르지 않는다. 젖어있고 익숙하기 때문이다. 하지만 새로운 환경을 처음 만나게 되면 장점과 단점이 금방 눈에 들어오기 마련이다. 내가 싫어하는 환경! 이는 당신이 훨씬 유리한 게임을 시작하는 것이기도 하다. 잘 생각해 보라!

매일 만나는 사람의 얼굴에서 특징을 찾기란 쉽지 않다. 하지만 처음 보는 사람의 얼굴에서는 첫인상만으로 장단점을 추측해낸다. 같은 얘기다. 그렇게 하는 거다.

천천히! 천천히! 서두르지 마라!

돈은 그렇게 천천히 버는 거다.

낯선 곳으로 가라!
그곳에서 다르게 만들어라!
그들 눈에는 당신이 다르게 보일 것이다.
'인간은 언제나 새로운 것을 갈망한다.'
그들은 분명
당신과 함께하고 싶어 할 것이다.
-필자 토막-

나는 어느 계절에
피는 꽃일까?

　　　　다들 한 번쯤은 이런 생각을 해봤을 거다. '난 언제쯤이나 풀리려나!' 하고 말이다. 답답한 마음에 점집을 찾기도 하고 종교 활동을 통해 마음을 다스리기도 한다. 물론 당신이 언제 필지는 필자도 모른다.

　하지만 한 가지 확실한 건 '때'가 되어야 한다는 것과 살아있는 한 언젠가는 반드시 핀다는 거다. 당신과 나! 우리 모두! 이 또한 자연의 일부이기 때문이다.

　　자연은 추운 겨울을 온몸으로 버텨낸다.
　　자연은 '때'가 되기 전까지는
　　절대로 자신의 꽃망울을 보여주지 않는다.
　　-필자 토막-

　신은 우리에게 꽃망울이 필 때까지의 시간을 선물해 주셨다. 그 시간은 추운 겨울이다. 인고(忍苦)의 시간들이다. 다르게 말하면, 뭔가를 품고 유지하고 잉태할 수 있는 소중한 시간이란 말이다. 우리는 그 시간 동안 뭘 해야 할까? 이 황금 같은 시간을 말이다.

　흔히들 인생에 있어 3번의 기회가 온다고 말한다. 대부분은 놓치거나 오는 것조차 모르고 지나쳤을 거다.

선물해 주신 시간을 잘 쓰지 못했음이다. 왜 이런 일이 생긴 걸까? 난 열심히 살았는데 말이다. 이는 아마도 주변을 돌아보지 않아서일 수도 있다. 두루두루 돌라보며 살아가란 말을 참 많이도 하고 있다. 당신 주변을 두루두루 돌아보며 따뜻하게 하는 것이 당신의 성공과 무슨 연관성이 있는 걸까?

이는 분명히 연관성이 아주 많다. 필자의 지식이 짧아 이를 설명할 방법은 없다. 부디 당신의 오감이 늘 깨어있길 바랄 뿐이다.

당신에게 일어나는 일들에서 '무엇이 내게로 오고 있는가?'를 감으로 촉으로 인지할 수 있다면 힌트가 될 수 있다.

안 좋은 기운이 오고 있다면 좀 더 조심하며 자숙하게 될 것이고, 좋은 기운이 오고 있다면 겸허하게 맞이할 준비를 하게 될 거다. 자신이 소유한 능력만으로 승부를 건다면 아마도 작고 미미한 성공에 그칠 거다. 당신이 원하는 기대치의 성공을 이루려면 당신의 능력+α가 성립되어야 한다.

제갈량이 상방곡에서 사마의 군대를 화공전법으로 완벽하게 제압해 승리를 눈앞에 두고 있을 무렵, 때마침 내리는 소나기로 실패할 수밖에 없었다. 당신의 성공이 당신의 능력만으로 되는 것이 아니라는 말을 하고 싶은 거다. 그 찰나에 내리는 소나기는 내 능력과는 다른 얘기다.

이쯤 되면 '진인사대천명'이란 말이 떠오를 거다. 준비됐다면 당신의 시간을 기다려라! '얼마나 기다려야 하는 건데?' 하며 조급해하는 당신의 긴 한숨 소리가 필자의 귀에까지 들린다면 실망이다. 인생 대부분은 기다림이란 걸 잊지 마라!

시간의 힘을 믿어보라! 당신의 시간 또한 강력한 힘이 있다. 때로는 머리를 내려놓고 엉덩이의 힘을 믿어보면 어떨까?

끝까지 버티는 거다. 성실함을 무기로.

물질이 아니라
시간을 얻어야 한다

필자는 낚시를 좋아한다 했다. 낚시를 하다 보면 종일 입질 한 번을 못 받는 날도 있다. 지루함으로 지쳐가는 시간들이다. 어떤 이는 지루함을 못 참고 저쪽에서 첨벙 소리를 내며 물고기가 뛰는 소리가 나면 그 즉시 낚싯대를 들고 그쪽으로 옮긴다.

이렇게 해서는 아무것도 얻을 수 없다. 돈을 좇는 우리네와 다를 바 없는 것이다. 최소한 조삼모사(朝三暮四)는 되지 말자! 당장 눈앞의 작은 것들을 유유히 흘려보낼 수 있는 여유로운 마음으로 살아보자. 못 잡을 수도 있다. 못 얻을 수도 있다. 그런대로 흘려보내라. 그러면 욕심 또한 어느 정도 내려놓게 된다. 늘 마음의 평온함을 유지하라!

애써 얻으려 하지 말고 자연스레 내게로 오게 하면 어떨까? 세상은 순환한다 말했다. 그 흐름에 순응하면 어떨까? 그리되면 금쪽같은 내 시간을 얻게 된다. 그렇게 여유로워진 시간은 자연스레 다른 생각으로 이어져 사뭇 다른 자유를 선물받게 될 거라 확신한다.

필자가 사업을 시작한 후로 10여 년 동안은 정말이지 밤낮을 모른 채 일했다. 오로지 돈만 보고 직진했다. 그러던 어느 날! 뒤를 돌아다 보니 내 곳간은 텅 비어 있었고, 내 몸은 지쳐있었다. 그 허탈함과 허무함은 뭐라 말할 수가 없었다. 비어 있는 곳간은 둘째 치고 내 영혼을 팔아야 할 정도의 부도 금액은 나를 주저앉히기에 충분했다.

그때는 나 자신에게 참 많은 질문을 해댔고, 짜증도 많이 냈던 것 같다. 괜히 화가 나고 다 필요 없다는 생각도 들고.

　뭐 그랬다. 밀려오는 스트레스를 풀 길이 없어 잘하지도 못하는 술로 하루를 망가트렸으며, 닥치는 대로 무작정 먹어대고 또 먹어댔다. 체중이 20kg이나 불어나는 스트레스로 휩싸인 힘들었던 시절이 있었다. 아마도 그쯤에 당뇨병도 시작된 듯싶다. 그렇게 저렇게 해서 결론에 도달한 생각이 둘 중 하나를 선택하는 거였다.

　첫째, 물질을 먼저 얻어야 시간적 자유를 얻을 수 있다.
　둘째, 시간적 자유를 먼저 얻어야 물질을 얻을 수 있다.

　이 선택에 몇 날 며칠을 씨름했다. '어느 쪽이 성공으로 가는 길일까?' 하고 말이다. 이제부터는 다른 길을 선택해야 했다. 고심 끝에 후자를 선택했다. 그리고는 사업 방식과 삶의 방향을 대폭 수정했다. 이때가 공동묘지에서 라면과 김밥으로 하루를 때우던 시절이었다. 지금도 많은 사람들이 필자가 그 옛날에 해왔던 첫째 방식의 삶을 살고 있다. 물론 그 방법도 틀린 건 아니다. 나름의 장점도 많으니 말이다.

　하지만 둘째 방식은 장점과 더불어 아주 중요한 마음의 고요함을 보너스로 준다는 거다. 한 예로 부동산을 매수할 때 일이다. 중개인은 "이 집은 조건이 너무 좋아 지금 계약하지 않으면 후회하실 겁니다."라며 나를 조급하게 만들었다. 하지만 내 마음은 달랐다. '내 것이 될 거라면 고요함만으로도 내게로 올 거다.'라고 생각했다. 근데 정말 그렇게 됐다. 조급한 마음에 매수했더라면 아마도 많은 후회를 했을 거다. 난 그 집이 너무 맘에 들었다.

　집 안을 보면 집주인의 성품을 대충은 알 수 있다. 깨끗하고 온화한 느낌! 딱! 내 스타일이었다.

난 밤낮을 가리지 않고 수십 차례 그 집을 찾아갔다. 집 언저리를 서성거리며 이리도 보고 저리도 보며 '내 거 맞니?' 하고 묻고는 답이 올 때까지 서성이곤 했다.

꿋꿋하게 기다렸다. 결국은 내 것이 되더라는 거다. 더불어 가격도 저렴하게 말이다. 모두가 시간의 여유를 얻은 덕분이다. 시간의 자유로움을 얻은 후에 물질적 자유를 얻는 것에 힘을 쏟아보라! 분명 다른 기운을 느낄 거다. 여유로움이 주는 선택권을 부여받을 수 있다. 평온한 시간은 그렇게 그렇게 서서히, 천천히, 조용하게, 나를 성공의 문으로 데려가고 있었던 것이다.

알아야 할 것,
알았으면 하는 것

세상은 당신에게 어떤 길을 안내하고 있는 걸까?

당신은 무엇을 통해 당신의 길을 안내받고 있는가?

우리 모두는 똑똑한 내비게이션을 원한다.

지금 세상에서는 더 간절하다. 매일매일 내 귀에 들려오는 정보들을 분석해 보면 대부분 '알았으면 하는 것'들뿐이다. 마치 약삭빠른 친구가 바싹 붙어 내 귀를 즐겁게 해대는 꼴이다. 뭔가를 얻고자 함이다. TV 광고 또한 마찬가지다.

그 누구도 내가 '알아야 할 것'들은 얘기해 주지 않는다. 수많은 정보는 대중으로 하여금 '알았으면 하는 것'들로 채워져 있다. 이는 그들에게 이득이 되는 것들뿐이다. 내게는 전혀 도움이 되지 않는다. 당신도 자세히 들어보라 필자의 말이 맞을 거다. 현시대는 오감을 필요로 한다. 그만큼 복잡하고 다양해졌다는 말이다.

이런 세상에서 우리는 더 적극적으로 의심해야 하며 더 적극적으로 확인해야 한다. 모두의 몫이 늘어난 거다. '알았으면 하는 것'들은 대부분, 우리를 한쪽으로 몰고 간다. 우리가 '알아야 할 것'들을 숨긴 채 그들은 다른 세상에서 우리를 엿보고 있다. 쏟아내는 정보들로 우리의 눈과 귀는 혹사당하고 있으며 무관심함은 일상이 된 지 오래다.

누가 짓밟고 때리며 강제적으로 억압하는 것도 아닌데 우리는 우리 스스로가 '아휴! 이런 세상에서 내가 뭘할 수 있겠어!'라는 생각이

들게끔 의욕과 희망을 소리 없이 빼앗아 간다. 그래서 우리는 우리가 '알아야 할 것'들을 스스로 찾아 나설 수밖에 없다. 그 '알아야 할 것'들이 우리를 일으킬 수 있다. 한마디로 더 똑똑해져야 한다는 거다.

우리가 '알아야 할 것'들 중 대표적인 것이 있다. 그건 바로 '그럼에도 불구하고'이다. 모든 상황을 이겨낼 수 있는 원동력이다. 필자 또한 많은 정보를 접하고 있지만, 그 어디에서도 이 말을 들은 적이 없다. 그 누구도 용기를 주지 않는다.

오로지 자신들의 이익만을 위해 움직이고 서로를 불신한다. 참으로 안타까운 일이며, 세상이 험하고 각박해질 수밖에 없는 거다. 한마디로 흙탕물이 된 거다.

그러니 우리만이라도 맑은 물을 만들어보자는 게 필자의 생각이다. '알았으면 하는 것'들로 넘쳐나는 지금 세상에 '그럼에도 불구하고' 말이다. 필자는 작은 생각이든 큰 생각이든 당신과 함께하고 싶다. 이것저것 신경 쓰기 싫다면 당신만이라도 성공해라! 그게 진정한 복수다. 필자는 당신 편이다. 당신의 성공을 보고 싶다. 정말이지 간절하다는 표현을 쓰고 싶다.

'알아야 할 것'에 집중해라! 그럼에도 불구하고 말이다.

진실과 진심,
무엇이 더 중요한가?

믿을 수 없는 부정적 정보로 휩싸인 혼돈의 시대! 진짜 원조, 모태 원조 빅뱅 원조 등 그 표현도 참 다양하다. 대중 매체는 또 어떤가? 권력과 부를 등에 업은 이들은 과연 진심을 전달하고 있는 걸까? 눈에 보이는 세상일들이 진심만을 담은 채 돌아가고 있다고 생각한다면 참으로 순진한 사람이다.

이런 사람은 사업을 해서는 안 된다. 굳이 하고 싶다면 자선 사업을 해야 할 것이다. 우리는 사업의 성공을 얘기하고 있으니 사업을 기본으로 설명하겠다.

핵심은 진심이다. 얼마만큼의 진정성을 담았는가가 중요한 거다. 우리는 이 모든 것들에서 진실을 구별해야 하며 진심을 확인해야 한다. 성공한 사람처럼 행세하며 자신을 속이는 이들의 실체는 과연 진실일까? 그의 진심은 무엇일까? 궁금하지 않은가?

어떤 이익을 얻고자 그런 태도를 선택한 걸까? 저 안에 정말로 진심이란 게 있는 걸까? 의심해 봐야 한다. 아니, 똑똑한 대중들은 이미 의심하기 시작했다.

이런 기형적 산업으로 흘러가는 현시대에 우리가 어떻게 대처하며 살아가야 하는지가 관건이다. 필자의 생각은 단호하다. 무조건 진심을 담아야 하는 거다. 다행히도 진심이 아닌 것 같은 가면을 쓴 이들로부터 해방되는 좋은 처방 약이 있다.

그건 바로 '시간'이다. 시간만이 그들의 진정성이 담긴 진심을 확인해 준다. 그렇다면 답은 나왔다. 우리는 시간의 연속성을 유지할 수만 있다면 성공하는 거다.

그들이 원하는 품질과 서비스(물질, 제품, 성향, 태도, 예의, 신뢰 등을 포함한)를 그대로 유지할 수 있으면 되는 거다. 쉽지 않은가? 하지만 아쉽게도 사람들은 시간의 연속성을 유지하지 못한다. 이를 유지하지 못한다 함은 본모습은 따로 있다는 거다.

시간은 이 모든 것들을 알게 해준다. '초심' 말이다. 진심은 벌써 어디론가 사라졌다. 끝판에는 자기 자신에게까지도 진심이 아닌 것을 진실이라 말하며 주변과 환경 탓으로 돌린다. 시간을 왜곡하는 거다. 진실과 진심을 모두 수용한다면 금상첨화(錦上添花)겠으나 지금 세상에 쉽지 않은 일이다.

그래서, 둘 중 하나를 선택하라 한다면 필자는 단연코 진심을 선택할 거다. 누가 됐든 마음을 담은 식단을 보고 등을 보일 수 없다. 이 간단한 진리를 외면한 채 사람들은 빨리 돈 버는 것에만 집중한다. 세상이 모순을 포함한 채 움직이고 있다. 그래서 다양성이 존재하는가보다. 당신은 어느 부류에 속하는가? 갑자기 궁금해진다.

당신의 성공을 간절하게 바라는 마음, 이 또한 필자의 진심이다. 이 '진심'을 그리고 '알아야 할 것'을 이 책 한 권에 담아내는 작업을 하고 있는 거다. 이유는 하나다. 성공으로 가는 당신과 함께하고 싶어서다. 갑자기 '송백지청'이란 말이 생각난다.

이 또한 시간의 힘이다.

가끔은
삶을 살짝 비틀어보라!
그러면
어느 나무가 푸른지를 알게 된다.
-필자 토막-

빛은
그곳만 비추지 않는다

언제인지는 모르겠으나 우리에게 크나큰 슬픔을 줄 수밖에 없는 무서운 놈이 서서히 다가오고 있다. 그건 바로 시간이다.

언젠가는 우리의 모든 것을 뺏어갈 거다. 당신이 혼신을 다해 얻은 모든 것들과 당신마저도 말이다. 겸허해지지 않는가?

우리가 할 수 있는 일이라고는 항구에 도착한 배의 행적만을 알 수 있다는 것뿐 아무런 의미가 없다. 건강하다고 총알을 피할 수 없다. '생기사귀'다. 우리 모두 원래의 자리로 돌아가는 거다. 그제야 고요해지는 거다. 이 또한 자연의 이치다.

> 생로병사(生老病死)는
> 이미 드러난 필연이며,
> 길흉화복(吉凶禍福)은
> 모두에게 감춰진 질서다.
> -필자 토막-

그러니 선(善)함을 놓지 마라. 인생살이 별거 없다. 너무 애쓰지 말라는 거다! 각자의 그릇이 있는 거다. 더 가지고자 한다면 그만큼의 갖고 있는 뭔가를 내어줘야 한다, 저울의 평형을 유지하는. 이 또한 세상의 이치다.

가끔은 살기가 너무 힘들어 자살을 시도하는 안타까운 이들도 있다. 필자의 주변에도 많은 빚을 지고 자살을 얘기하는 이가 있다. 필자는 그에게 이렇게 묻는다. "당신 옆집을 당신이 팔 수 있나?" 한마디로 내 것이 아니란 얘기다. 하늘에서 볼 때는 생명손괴죄다. 아주아주 무거운 죄다. 당신에게 내려준 순수한 삶을 왜곡하거나 파괴하는 행위다. 혼백이란 말이 있다. 혼은 영혼이다. 이는 하늘이 관리한다. 백은 육신이다. 자연스레 땅과 함께한다. 땅의 신, 지신(地神)이 관리한다. 유일한 내 것은 그동안 쌓아놓은 무형 자산인 '덕(德)'만이 유효하다. 그 출발선은 선(善)이다.

그 외 아무것도 없다. 이렇다 보니 지금 이 순간을 포함해 정해진 시간만이 유효 기간이란 말이다. 우리는 여기를 떠날 때 모든 것을 두고 간다. 당신의 육체까지도 말이다. 유효 기간이 다 된 것이다.

당신이 성공을 이루었다면 모든 이들의 희망이 될 수 있어야 함이 여기에 있는 거다. 그러라고 당신에게 성공이란 힘을 빌려준 거다. 당신만을 향한 빛은 세상 그 어디에도 없다.

그럼에도 빌려준 것을 내 것이라 고집한다면 하늘은 당신을 무너트리기 전에 먼저 당신을 한없이 추켜세울 거다. 아마도 당신이 최고라며 띄워줄 거다.

그렇게 쏟아지는 칭찬의 말속에 오만함과 거만함의 씨앗을 품게 할거다. 싹이 트기 시작하면 서서히 망해가는 거다. 비참해질 정도로 말이다. 하늘은 당신의 그 마음이 변하지 않는 한 다시는 일으켜 세우지 않는다. 우리 주변에서도 심심찮게 보이지 않던가? 그러니, 어리석은 이들이 내 것만을 찾아다닐 때 당신만이라도 '나는 그들을 위해 어떤 행복을 줄 수 있을까?'를 고민해야 한다. 이것이 바로 진정한 '다른 생각'의 바탕이며, 성공으로 다가서게 하는 당신의 강력한 무기가 될 것을 필자는 확신한다. 이미 많은 증인이 있지 않은가? 그들의 삶을 살짝 엿보는 건 어떨까? 당장이라도 서점으로 가면 볼 수 있다.

구급대원은 물에 빠진 사람에게
말을 하지 않는다.
구명조끼를 들고 나타나면
그냥 알아차린다.
-필자 토막-

인생에도
사계절이 있다

필자가 살아온 인생을 돌이켜보면 스물까지는 봄날이었다. 부모라는 그늘이 세상에 전부라 생각했다. 서른까지는 여름날이다. 뭘 해도 상쾌한 마음이었으니 말이다.

마흔까지는 가을이다. 인생의 가을 녘에 부모라는 그늘 외에 또 다른 세상이 있다는 걸 알게 됐고, 살랑이는 선선한 바람과 눈에 보이는 높고 푸른 하늘이 전부가 아니란 걸 알게 되었다.

쉰까지는 겨울이다. 죽을 만큼 힘들었고 슬픔과 서러움이 함께한 몹시도 숨이 찼던 시절이다. 그렇게 마흔 이후의 10여 년간을 쉬지 않고 뛰어야만 했던…. 숨이 턱까지 차올라 몸과 마음이 짓눌리는 추운 겨울이었다. 아주아주 혹독한 시간 말이다.

회상해 보면 마흔 중반 전후가 고난의 정점을 찍는 절정의 시간으로, 심장을 도려내는 듯한 추위를 온몸으로 받을 때였다. 펭귄이 매서운 겨울을 이겨내듯 혹독한 추위와 마주한, 세상살이가 만만하게 볼 상대가 아님을 뼛속까지 각인시켜 주는 때이기도 했다. 그럼에도 한 가지 확실한 건, 이 모든 시련이 죽을 만큼이지 죽이지는 않는다는 것이다. 다르게 말하면 쓰임새 있는 그릇으로 만들기 위한 그분의 뜻이 아니었을까?

하늘이 장차 그 사람에게 큰 사명을 주려 할 때는
반드시 먼저, 그의 마음과 뜻을 흔들어 고통스럽게 하고
그 힘줄과 뼈를 굶주리게 하여 궁핍하게 만들고
그가 하고자 하는 것들을 흔들고 어지럽게 할 것이다.
이유는, 타고난 작고 못난 성품을
인내로 담금질을 시켜
하늘의 사명을 능히 감당할 만하도록
그 기국과 역량을 키워주기 위함이다.
-맹자-

그렇게 굽이굽이 오십을 넘어서니 그리도 혹독했던 겨울은 그제서야 추위를 거둬들였고, 난 지친 몸을 겨우겨우 일으켜 스미듯 흘러드는 봄을 마중 나갔다.

어느 만큼의 세월이 지난 지금, 내 얼굴에는 함박웃음이 가득하다. 필자는 또다시 새로운 봄의 문턱에 와있다. 흔들의자가 기다리고 있다는 소문도 들었다. 어찌 보면 완전한 대기만성형이다.

확실한 건 또 다른 시련이 내게로 온다 한들 그때만 하겠는가? 하는 준비된 생각과 이제 나는 살아있는 동안 받아야 할 시련을 모두 받았다는 나름의 경계선을 그었다는 것, 이것들이 나를 평온하게 하며, 안정감을 안겨준다.

옛말에, 젊어서 고생은 사서도 한다는 말이 있다. 지금 생각해 보면 참 다행이다 싶다. 젊어서 고생했으니 말이다. 나이가 들어보니 맞는 말 같기도 하다.

당신은 지금 어느 계절을 지나고 있는가? 누구보다 자신이 제일 잘 알 거다. 어떤 상황이든 어떤 문제가 가로막든 잘 버텨내고 있으리라

믿는다. 펭귄처럼 말이다. 걷는 건 우스꽝스럽지만 버텨내고 이겨내는 데는 펭귄이 최고다. 너무 좌절하지 마라! 누구나 자신만의 재능을 하나둘쯤은 가지고 있다. 단지 모르고 있을 뿐이다.

당신의 멋진 재능을 필자의 책을 통해 알아차렸으면 좋겠다. 당신이 참으로 선(善)한 사람이라면 그 또한 막강한 재능임을 알아야 한다. 당신이 참으로 예의 바른 사람이라면 그 또한 막강한 재능임을 알아야 한다. '모든 행위는 마음에서 출발한다!' 잘 기억해주길 바란다.

필자의 책은 인문학에 가깝다. 이 책을 통해 나름의 깨달음이 있길 바랄 뿐이다. 뭔가 '확' 다가오는 느낌이 있어야 한다. 어느 순간 머리가 '띵'해져야 한다.

필자는 당신의 재능을 존중한다. 그 재능이 만들어낼 성공이, 벌써부터 기대된다.

내가 하기 싫은 일이라면
그들도 같은 생각일 거야!
그럼 내가 해야지….
그럼 그들이 편해지겠지!
참 다행이야, 내가 할 수 있어서.
-필자 토막-

제7장

방향 전환

사랑보다
중요한 것은 예의(禮儀)다

      필자는 사업의 생각을 바꾸는 데까지 20년이 필요했다. 이 마저도 시련을 겪으며 떠밀리다시피 바뀐 거다. 지금 생각하면 인생 반전의, 절체절명의 선택이었다. 현명한 당신은 시련이 오기 전에 선택할 것이라 믿는다. 혹시나 필자처럼 때를 놓쳐 많은 시간과 재화(財貨)를 낭비하는 일이 없기를 바란다.

    무슨 일이든 처음 선택한 방향으로 줄곧 진행해 나가기란 쉽지 않은 일이다. 천천히 흐름을 봐가며 본질이 바뀌지 않는 범위 내에서 상황에 맞춰 궤도 수정을 해 나가는 것이 더 효율적이기 때문이다. 낚싯대 하나만으로 즐겨도 좋지만, 때를 만났다면 여러 개의 낚싯대를 펴는 것도 생각해 봐야 한다는 거다. 사업의 방향 자체를 확대해야 할 수도 있다.

    한 예로, 필자의 거래 업체 대표는 산업용 히터봉을 제조한다. 필자하고의 인연이 18년이니, 그는 아마도 30년은 훌쩍 넘게 사업을 해오지 않았나 싶다. 그는 히터봉만을 만드는 부품 제조에서 히터봉에 온도를 제어하는 온도 조절 세트를 장착하여 이를 단일 제품화하였다. 바야흐로 부품이 아닌 제품이 된 거다.

    필자의 끈질긴 설득 끝에 수용한 것이다. 결과는 대성공이었다. 히터봉만을 생산할 때는 연 매출 2억을 못 넘겼다. 이를 개선하여 제품으로 출시 후 현재는 연 매출 14억의 중견 기업으로 바뀌었다.

그는 생각 자체를 전환하고부터 사업의 방향이 바뀌었고, 이에 따른 제품의 변화가 이루어진 거다. 생각이 바뀌니 성장하게 되고, 열매를 얻은 거다. 참 쉽지 않은 일인데 말이다. 확고한 결단이 필요했을 거다.

다들 알다시피, 소기업들은 현재 상황을 벗어나기가 참으로 쉽지 않다. 다른 길을 돌아볼 겨를이 없다. 필자는 이를 너무나도 잘 안다. 강한 결단을 필요로 하며, 나름의 의지가 있어야 한다. 필자는 온도조절에 관련된 모든 업무에 참여했으며, 개발과 생산을 지원했다. 필자의 전공이니 나름 자신도 있었다.

그는 늘 고맙다는 말을 한다. 그런 말을 들을 때마다 필자는 좋은 결과를 얻어 내가 더 고맙다는 답례 인사를 한다. 그의 결단력을 존중했기 때문이다. 지금도 그와 거래를 하고 있으며, 친구처럼 좋은 관계다. 내게 발주한 일은 최선을 다해 제작해 주었으며, 납품을 하고 회사로 돌아오는 시간 사이에 그는 이미 결제를 마무리한다. 이런 패턴은 지금까지 단 한 번도 어김이 없었다. 이렇게 십수 년을 하다 보니 서로가 신뢰를 바탕으로 한 친구가 된 거다.

우리는 그렇게 상부상조하며 서로의 버팀목이 되고 있다. 이런 친구가 옆에 있음에 필자는 너무도 감사하고 자랑스럽다.

그는 3명의 정직원과 일용직으로 5명이 함께 일했다. 3명의 정직원은 정말 핵심 인원이다. 히터봉 제조에 아마도 창업 공신쯤 될 거다. 그는 모든 직원을 대할 때면 남다른 면이 있다.

오랫동안 함께 일했으니 가족 같을 텐데 절대로 반말을 하지 않는다. 회사 대표인 자신이 나이도 훨씬 많음에도 변함이 없다. 한참 후에야 대표의 사람 중심 생각을 알게 됐다. 그는 사람을 아주 소중하게 생각하는 사람이다. 하물며 그의 아내와의 대화에서도 존댓말을 한다. 참, 또 한 번 존경스럽다.

한국 사회에서 어찌 보면 낯설기도 하고 궁금하기도 하여 필자가 이유를 물어봤다. 그의 답은 아주 간단했다. "사랑보다 오래가는 것이 예의입니다."라는 거다.

그러고 보니 친구인 우리 둘 대화에서도 서로가 존댓말로 지금까지 해온 거다. 18년간을 말이다. 참으로 대단한 사람이다. 그의 말에 의하면 존댓말은 장점이 많다고 한다. 존댓말로 예의를 갖춰 싸우면 싸움이 안 된다는 것, 상대에 대한 존경심이 스스로 우러나온다는 것, 말을 막 하게 되지 않는다는 것 등이 그의 주장이다. 여러모로 맞는 말이다. 앞 장에서 언급했던 잘 말하는 방법이기도 하다. 역시나 성공하는 사람은 내면의 세계가 다르다는 생각을 하게 됐다.

내면이 충실하니 외면은 말할 것도 없다. 그의 성공 길에도 이러한 내면의 따뜻함이 분명하게 영향을 미쳤으리라 본다.

우리는 여기서 뭘 배워야 할까? 흔한 말로, "다 자기 하기 나름이다."라는 말이 떠오르지 않는가? 행운도 가슴이 따뜻한 사람을 좋아함이 확실하게 증명됐다. 그가 증명했으니 말이다. 검증된 사례다.

거래 업체로 만나 친구가 된 또 한 사람이 있다. 그와도 20년 가까이 지내온 친구다. 그는 밴드실러(비닐 포장 기계)를 전문으로 제조하는 친구다. 그의 특징 중 하나는 신제품을 계획할 때면 늘 건강검진부터 시작한다는 거다.

자신의 건강을 위해서이기도 하지만, 그보다는 혹시나 모를 자신의 건강 문제로 인해 거래 업체의 피해를 최소화하기 위한 배려라고 한다. 참 멋지지 않은가? 지금 생각해도 참 멋진 친구다.

그의 마인드는 '선택과 집중'이다. 아주 단출하고 심플하다. 직원들에게도 비슷한 요구를 했으리라 짐작된다. 이는 대표의 마인드가 명확하기에 가능한 거다.

20여 년 전, 그를 처음 만났을 때가 생각난다. 그는 개발 전문이란 필자의 명함을 받아들고는 신뢰하지 않는 듯한 행동을 보였다. 금방 알 수 있었다. 그의 눈빛과 표정에서 읽을 수 있었다. 이야기를 해보니 앞서 개발에 참여했던 업체들이 많은 실망을 안겨줬다는 거다. 상황이 이렇다 보니 어떤 개발자가 오더라도 시큰둥할 수밖에 없었을 것이다.

필자는 그에게 도움을 주고 싶었다. 비록 작은 재능이지만 그에게 힘이 되고 싶었다. 얼마나 실망을 했으면…. 또한, 자신의 사업에 얼마나 큰 손실을 보았겠는가…. 이런 생각이 앞섰기에 필자는 한 가지 제안을 했다.

"개발비는 안 받겠으니 만족할 만한 제품이 만들어진다면 생산 시에 1,000세트씩 발주해달라!" 그래야 나도 조금의 이익을 취할 수 있다며 제안했고, 그는 이를 수용했다.

그렇게 시작된 우리의 인연은 한 동안을 개발에 전념하였고, 어떤 날은 오전과 오후, 두 번을 방문하여 테스트하고 수정하고… 몇 달간을 거의 매일 방문하여 제품의 특성을 파악했으며, 내 나름 열정을 가지고 최선을 다해 일했다.

제품 특성상 쉽지 않은 일임을, 일하는 과정에서 하나씩 알게 되었고, 이론적 계산으로 부합되지 않는 부분 또한 아주 많았다. 어쨌든 서로가 그렇게 그렇게 고생한 결과 만족스러운 제품도 있었고 흡족하지 못한 제품도 있었다. 말 그대로 쉬운 일은 아니었다. 나는 늘 그를 고맙게 생각한다.

평범한 작은 재능 하나뿐인 나를 믿어주고 기다려 준 그의 내면은 참 따뜻한 사람이다. 그런 그에게 조금이나마 힘이 될 수 있어 이 또한 내게는 행복이다. 제품 개발에 어려움을 겪을 수밖에 없었던 난해한 부분들이 내게는 나름의 장벽이 있는 노하우로 남았다. 이 모두가 노력의 대가인 듯싶다.

나를 기다려 준 그의 덕분이다. 그렇게 우리의 인연은 시작됐다. 세월이 많이 지난 지금, 검은 머리로 만나 어느덧 흰머리가 수북한 노장의 모습으로 마주하고 있다.

오뉴월의 태양처럼 강해 보이는 그의 눈빛과 표정은 그가 자신의 일을 얼마나 사랑하고 있으며, 소중하게 생각하는지를 알려주는 강력한 신호임을 알고 있기에 그의 발주서는 나를 긴장시키기에 충분했고, 이를 알기에 일에 있어서만큼은 더 신중하게 최선을 다했다.

물론 그의 신뢰를 담은 결제는 단 한 번도 어김이 없었다. 20년이 훌쩍 지난 지금까지도 내 머릿속은 그의 일을 하고 있다. 그 당시 풀리지 않았던 몇몇 부분들이 문득문득 스치는 아이디어로 해결된다. 그렇게 메모한 내용을 정리하여, 틈날 때마다 나름의 테스트를 한다. 수정하고 보완하고 또 수정하고, 이런 과정을 거친 후, 다음 발주 시에 적용하여 기능을 향상시킨다.

나의 이익과는 아무런 관련이 없는 이런 행위는 내 작은 재능을 믿고 기다려 준 내 친구에 대한 예의이며, 더 나아가 내가 만든 제품에 대한 예의이다. 그런 세월이 있었기에 이제는 서로가 서로에게 마음을 열게 되고 사적인 대화까지도 주고받는 진정한 친구의 범주 안에 들어섰음을 서로는 잘 알고 있다.

이처럼 성공한 이들의 행동 방식은 뭔가가 다르다. 나름의 내공이 자리 잡고 있다. 그는 법대를 졸업했고 사법고시를 패스했음에도 불구하고 전혀 연관성이 없는 제조업을 선택했다.

추측하건대, 가족이나 친구, 지인들의 반대가 꽤나 심했을 법한데, 그럼에도 불구하고 전혀 다른 길을 선택하고 이를 성공시킨 사람이다. 정말 멋지지 않은가? 강한 의지력, 자신만의 신념, 참아내고 또 참아내는 인내력, 이 친구 또한 내공이 갖춰진 기업가가 틀림없다.

　그런 그가 내 친구다! 그를 볼 때면 참 자랑스럽고 감사하고 흐뭇하다. 그의 성공 길에 진심으로 박수를 보낸다.

　통달한 사람은
　다른 사람에게 자신을 낮춘다.
　-필자 토막-

제주도 돌담은
바람을 모두 막지 않는다

　살아온 세월이 있기에 어떤 사업장이든, 커피 한 잔의 시간 정도면 그곳의 기운을 알 수 있다. 어떤 에너지가 흐르는지 말이다. 가끔은 앉아있기가 왠지 불편한 곳들이 있다. 이런 곳은 대화 몇 마디를 나누고는 될 수 있는 한 빨리 그곳을 벗어나는 편이다. 함께 일하기 싫은 거다. 돈이 문제가 아니다. 내 좋은 기운도 함께 빠져나가기 때문이다.

　모든 인간관계는 소통이다. 소통의 흐름은 공간을 경유한다. 따라서 공간의 흐름을 감지할 수 있다면 전체의 흐름을 어느 정도는 파악할 수 있다. 이는 '열역학 법칙'으로도 설명할 수 있다. 근거 있는 이론이다.

　예를 들어, 막 출근한 회사 대표는 "오늘 분위기가 왜 이래? 무슨 일 있어?"라는 말을 한다. 뭔가의 기운이 안 좋음을 느낀 거다. 아무도 말하지 않지만 공간의 흐름을 파악한 거다. 성공 또한 마찬가지다. 성공으로 가는 좋은 기운을 머물게 해야 한다.

　한여름 밤, 마주 보는 문을 조금 열어 맞바람을 유도하면 훨씬 시원해진다. 경영자는 늘 맞바람을 유도해야 한다. 언쟁이 아닌 소통으로 말이다. 세상에 독불장군은 없다. 상대의 의사를 존중하고 그들이 생각하는 방향으로 먼저 실행해 볼 수 있도록 배려해야 한다. 이후에 장단점을 논의하고 새로운 제안을 모으는 방향으로 이끌어 가는 것이 최고의 소통이다. 그래야 의욕이 발동하기 때문이다.

그 옛날, 필자의 직원은 회사를 다니며 운전면허를 취득했다. 본인은 빨리 운전을 하고 싶었던 거다. 대중교통을 이용한 외근 업무는 너무도 소비되는 시간이 많다는 게 그의 주장이었다.

그는 면허를 취득하자마자 차를 사달라고 졸라댔다. 그런 그에게 무슨 얘기를 한들 소용이 없다는 걸 알기에 당시 프레지오라는 6인승 화물용 봉고차를 계약해 주었다.

차가 회사 앞에 도착한 날, 그는 즉시 차를 운전해 나갔고 반나절이 지난 즈음 회사로 전화가 왔다. 사고가 났다는 거다. 몸은 괜찮냐고 물었더니 우회전하다 전봇대에 긁혔다는 거다. 회사로 돌아온 차는 조수석 앞쪽부터 뒷바퀴 부분까지 전체 면적이 긁혀 있었다. 한마디로 쭉 긁고 지나간 거다. 참 황당했다. 오늘 가져온 차로 오늘 사고를 낸 거다.

다음 날 아침, 그는 대담해졌으며 용기도 충만해 보였다. 오늘부터는 새 차가 아니라 중고차란 생각이 들었나 보다. 마음의 부담이 없어졌으니 훨씬 편해진 거다.

그 이후로 그는 무사고 운전을 자부했다. 누구나 실수할 수 있다. 그 일로 인해 그는 새 차라는 마음의 부담스러운 짐을 내려놓을 수 있었던 거다. 난 그를 나무라지 않았다. 이 또한 소통이다. 이전보다 더 열심히 일하는 그의 모습이 생동감 있게 보였고, 그로 인해 회사가 살아있음을 보여줬다.

또 하루는 직원들끼리 싸움이 난 거다. 부서별 소통에 문제가 생긴 듯했다. 목에 핏대를 올리며 서로가 상대의 잘못을 쏟아내는 거다. 벼르고 있었다는 듯이 말이다. 대표인 내가 끼어들 상황은 아닌 듯했다. 잠시 후, 평일임에도 불구하고 난 그들에게 내일은 회사 휴무로 정한다는 말을 하고는 직원 모두를 퇴근시켰다. 그들 방식대로 풀어야 할 상황이라 생각해서다.

다음날, 조금 늦게 출근한 나는 깜짝 놀랐다. 모두가 전원 출근해 있는 거다. 박 부장에게 어떻게 된 일이냐 물으니 어제 조기퇴근 후 술 한잔 같이하며 풀었다는 거다. 난 다른 말 없이 회식비로 청구하라 하고는 회사를 나왔다. 나를 보는 그들도 멋쩍었을 것이기 때문이었다.

그 시절에 그렇게 그렇게 서로를 다독이며 한 걸음 한 걸음 성공으로 다가가고 있었다, 묵묵하게 말이다.

단단한 성벽에도 틈은 있다.
온통 부정적인 상황에서도
좋은 점은 반드시 있다.
그것에 집중하고 확대시켜라!
좋은 날의 시작은
그렇게 만들어지는 거다.
-필자 토막-

버려지기 전에
떠나라

뭔가를 이미 시작하여 작은 성공을 이루었다면 그 순간부터 우리는 껍질에 불과하다. 껍질 안에서 더 큰 열매로 성장하든 아니면 썩어 없어지든 껍질은 본연의 일을 했을 뿐이다.

방향이 제시되고 목표가 주어졌다면 도약을 하고 안 하고는 껍질의 문제가 아니다. 울타리가 제공됐다면 나머지는 그들의 몫이다. 절대로 나의 공을 자찬하지 마라.

밤송이가 익으면 스스로 벌어질 때를 알고 태양만 바라보던 해바라기도 알이 차면 스스로 고개를 숙이는 법이다. 오로지 나의 생각과 행동만으로 유지된다는 오만한 자기 합리화는 결국 파국을 몰고 올 수밖에 없음을 늘 경계해야 한다.

사업이 잘되어 성공에 다가섰다 싶으면 어리석은 자들은 멀쩡한 집을 바꾸고 자신이 잘하는 직종이 아님에도 불구하고 사업 확장을 시도한다. 초심은 어디론가 사라지고 오로지 자신이 잘나서 이뤘다는 오만함이 발동하기 시작하는 거다.

잘되어 가는 사업에서 창출된 수익을 확장 사업에 쏟아붓기 시작하고 엉뚱한 곳의 지출을 늘리며 자신의 어깨를 세운다. "나 이런 사업도 한다. 내가 하고 있는 사업이 4개야."라며 으스대기 시작한다. 공장을 매입하고 입구에 커다란 간판을 내걸고는 "내 공장이야!" 하며 흐뭇해한다.

참 슬프다! 노력 없이 행운을 맞이한 어리석은 이들은 '욕심'의 굴레를 벗어나지 못한다. 필자가 말하는 두루두루 돌아보며 살라는 말에 많이도 벗어난 거다.

여기서 잠깐! 필자가 한 가지 궁금한 게 있다. 행운의 신은 성공을 짊어질 그릇의 평가는 안 하시는 걸까? 아니면 누굴 성공시킬지 제비뽑기로 선택하시는 걸까? 그것도 아니면 처음부터 무너트릴 것을 확정하시고 그러기 전에 성공으로 추켜세우시는 걸까? 이 부분은 필자도 알 수 없고 궁금한 일이다. 그 심오한 뜻을 말이다. 이렇다 보니 우리가 할 일은 작은 마음으로 겸손해야 하며, 늘 깨어 있어야 한다는 거다. 다시 말해, 행운의 신으로부터 인정을 받아야 한다는 거다.

그는 낮은 자세와 따뜻한 마음 앞에서는 모든 것을 용서하신다. 이미 성공했고 그 성공을 유지하고 있는 증거자들을 보면 금방 알 수 있다. 그들은 낮은 자세와 겸손이 몸에 밴 사람들이다.

풍년을 맞았다면 모두가 농부의 노력으로 이뤄진 것일까? 분명한 건 내 노력이 전부가 아닐 거라는 거다.

마음에 새겨두기 바란다. '성공했다면 머리는 숙이고 마음을 내밀어라!' 모두가 내 몫이 아님을 잘 기억해주길 바란다.

필자는 행운의 신을 '파랑새'라 부른다. 파랑새는 멋진 날개가 있다. 누구에게나 다가올 수 있다. 반대로 얘기하면 언제든지 내게서 떠날 수도 있다는 말과 같다. 겸손을 잃지 말고 작은 것도 아끼고 절약하고 검소하게 살아라!

내가 가진 모든 것은 빌려온 거다. 빚(채무)이란 말이다. 언젠가는 어떤 방법으로든, 어떤 형태로든, 갚아야 할 것들이다. 이를 알고 행한다면 파랑새도 당신을 지킬 것이다. 성공이 당신을 부를 때, 겸손을 담은 작은 손이 먼저 마중 나와야 하는 이유가 여기에 있다.

땅과 이어져 있음을 느끼고
사랑하는 사람이 몇 있고
마음 편한 장소가
늘 거기에 있다는 걸 안다면
한 번 사는 인생은 이미 확실해진다.
아니, 어쩌면 그것으로 충분하다.
-알베르 카뮈-

제8장

나의 계절

살아 있는 순간만이
온전한 내 것이다

모든 만물에는 유효 기간이 있다.

사람 또한 예외가 아니다. 우리는 삶의 양초가 점점 줄어들고 있음을 의식하며 살아가야 한다. 그렇기에 지금 이 순간만이 나의 계절이다. '늘 깨어 있어야 한다.' 작은 촛불 하나가 어떻게 어둠을 몰아내는지를 보라! 참으로 대단한 능력이지 않은가?

좌절에서 벗어나 꿋꿋하게 일어선 이들을 우리는 심심찮게 보곤 한다. 그들은 그들의 계절을 어떻게 무너뜨리고 어떻게 일으켰을까? 그런 가운데 그들은 무엇을 잃고 무엇을 얻었을까? 우리 모두 언젠가는 죽는다. 시간의 잔고는 아무도 모른다.

이는 곧 미래의 확정된 슬픔이다. 지금 내가 아니더라도 부모, 형제, 친구, 지인 등 누가 먼저라도 결국엔 슬픔으로 종결된다.

그렇다면 성공이란 것이 무슨 의미를 부여하는 것일까? 한 번쯤은 생각해 봐야 하지 않을까? 봄날같이 좋은 나의 계절! 우리는 이 귀중한 재료로 무엇을 만들어야 할까?

지난날, 필자의 부친께서 하신 말씀 "아까운 사람! 이젠 옛날 사람 됐어! 꼭 가봐야 해!" 이 한마디에, 떠난 그가 어떤 삶을 살았는지 말해준다. 항구에 도착한 거다.

그러나 "그 돈들은 다 어떡한대?" 이런 말을 듣는다면 당신은 무슨 생각이 들겠는가? '어떻게 살 것인가?'보다는 좀 더 구체적으로 '무엇을 위해 살 것인가?'를 고민해야 하지 않을까?

돈은 피보다 진하다는 말! 요즘 들어 유행하는 말이다.

참으로 씁쓸하다. 시대가 시대인 만큼 황금 최고 시대로 가고 있는 거다. 필자의 주변에서도 비슷한 일들을 보곤 한다. 부모의 재산을 가지고 자식들이 소송하고 싸우고 서로 등지고 산다. 그들은 그들의 봄 같은 계절을 그렇게 허망하게 보내고 있는 거다. 누가 이기든, 누가 많이 가져가든, 무슨 의미가 있을까? 그들의 그릇 자체가 작은데 과연 얼마나 담을 수 있을까?

한마디로 '소탐대실'이다. 필자가 살아온 60여 년의 세월! 이만큼 살아보니 세상을 조금은 알 것 같다.

공자님의 가르침 또한 아주 조금 귀에 담을 수 있는 것 같다. '종심소욕불유구(從心所慾不踰矩)'란 말씀을 하셨다. 나름 해석해 보면 '일정한 질서의 기준선을 넘지 않는다.'라는 뜻으로, 내 마음이 원하는 대로 무엇을 한다 한들 전혀 법도에 어긋남이 없다는 뜻이다.

모름지기 그렇게 살다 가야 하는 거다. 당신이 눈감는 순간 돈이 보이겠는가? 아니면 쌓아놓은 재산이 보이겠는가? 그보다는 자신의 후회스러운 행적이 먼저 보이지 않을까 싶다.

두렵지 않겠는가? 그래서 돈의 성공 이전에 인생 성공이 우선인 거다. 따라서 어둠이 올 때까지 기다리지 말고 미리 촛불을 켜야 한다. 빛은 끝없이 나누어도 그 밝음이 줄어들지 않는다. 오히려 나눌수록 그 밝음이 더해간다. 좋은 날에는 촛불의 고마움을 알지 못한다. 하지만 의식적으로 늘 마음의 대비를 할 수 있다. 잠깐의 어둠이 찾아온들 치명적이지 않을 수 있다.

'준비'된 탓이다. 탐욕과 오만, 욕심에서 벗어날 수 있는 유일한 길이다. 여기서 '준비'란 많은 것을 포함한다. 필자가 자주 강조하는 '두루두루 돌아보며 가라!' 앞 장에서 많이 봤을 거다. 성공으로 가기 위해 오늘을 준비하는 거다. 두루두루 돌아보며 가느라 작은 어깨는 지쳤어도 가슴이 따뜻해지는 행복을 느껴보란 말이다. 당신의 삶이 그렇지 않다면 한 번쯤 깊이 생각해 보길 바란다.

언제까지 내 것만을 위해 살 것인가? 몸에 밴 이기적인 생각과 행동! 지금까지 그렇게 살아왔다면 무엇을 얻었는지 곰곰이 생각해 보라! 세상이 당신 뜻대로 움직여 주기를 바란다면 당신이 먼저 세상에게 선택되어야 할 거다. 이 또한 자연의 이치다.

신이 누구를 도울지는 신의 특권이다. 도움받을 이는 자신의 이력서를 제출해야 한다. 순간순간을 잘 만들어 가라! 지금 이 순간만이 당신이 사는 전부다. 그것들이 쌓여 당신의 이력서를 채우게 되니 말이다.

세상에 우연한 성공이 있을까? 필자가 단연컨대! 우연히 성공한 사람은 없다. 누군가가, 그 무엇인가가, 당신의 성공을 이끌었을 것이다. 이는 '영향력'이라 말할 수 있다. 누가 됐든 뭐가 됐든 당신의 성공에 영향을 미쳤다는 말이다. 과연 당신 스스로 잘나서 이루었을까? 필자는 전혀 아니라고 생각한다. 가장 중요하게 생각되는 부모의 도움 또한 무시할 수 없다. 사랑으로 보듬어 주고, 울타리가 되어줬으며, 정신적 안정과 건강 또한 지대한 영향을 미쳤을 것이다. 그런 안정된 삶속에서 당신의 미래를 만들어 갔을 것이다. 그래서 부모에게 잘해야 한다는 거다.

"부모에게 효도해야 함은 하늘의 천명(天命)이다." 공자님께서 이런 말씀을 하시는 이유를 어느 정도는 알았으리라 생각된다. 하고 싶어 하고 하기 싫어 안 하는 선택의 문제가 아니란 것도 알았을 거다. 낳아서 잘 길러주신 부모님의 은혜, 정말 고귀하고 성스럽지 않은가?

늘 감사해야 한다. 우리가 어떤 '효(孝)'를 행하든 다 갚을 수 없을 것이다.

마찬가지로 당신의 성공에 그 누군가가, 그 무엇인가가, 내가 알 수 없는 도움이 있었다. 그렇기에 성공하는 방향으로 흘러간 것이다. 이러한 이유로 성공한 자는 자연스레 그 성공만큼의 빚을 세상에 지게 되는 거다. 갚아야 할 부채가 생겼다는 말이다.

좋은 말로는 베푸는 것이요, 편하게 말하면 세상에 되돌려주는 거다. 이 또한 자연의 이치다. 그러나 대부분의 어리석은 자들은 이 모두를 자기 것이라 말한다. 오로지 자신의 능력으로 이루었다며 오만함을 드러낸다.

필자가 알기로는 성공을 이룬 후에 이를 잘 유지하는 이는 극히 드물다. 왜일까? 본인의 능력이 그리도 출중한데 말이다. 그들은 다 잃어야 후회하게 된다. 필자가 인생을 살아보니 성공을 유지하는 유일한 길은 겸손과 낮은 자세다.

10개를 얻었다면 최소한 3개는 돌려줘야 한다. 좋은 곳으로 보내줘야 한다는 말이다. 그래야 선순환이 이뤄지는 거다.

나로 인해 그 누군가가 희망을 품는다는 것! 가슴이 뜨거워지지 않는가? 복을 받을 수밖에 없다. 잘 생각해 보라! 그 몇 해간 성공으로 내달릴 때 세상이 당신을 중심으로 돌고 있음을 느꼈을 것이다. 필자도 안다. 그때 그 기분! 분명 뭔가 소중한 것들을 받았다. 물론 살면서 갚아야 할 것들도 포함되어 있다. 이를 안다면 당신은 진정으로 성공할 사람이 맞다.

잘 유지해라! 터널이 끝나가고 있다. 이제부터가 진짜다.

멋있게 죽는 것은
어렵게 사는 것만 못하다.
어깨를 세우지 말고
마음을 세워라!
-필자 토막-

아무도
가지 않은 길

'아무도 가지 않은 길!'

시작부터 고난이란 생각이 들 거다. 하지만, 그렇게 거창하게 생각하지 말자. 작은 것에 의미를 두고 실행하는 것도 나름의 성취감을 얻을 수 있으니 말이다. 각자의 상황에 맞춰 나만의 길을 가보도록 하자. 그럼 먼저 필자의 길을 잠시 얘기해 보겠다.

가끔은, 뭔가를 해보려 찾아오는 고객 중에 어렵게 사는 이들이 온다. 나름의 아이디어를 가지고 이를 제품화하고자 찾아온 거다. 대화를 해보면 정말 아이디어가 괜찮다. 대부분 각자의 생업에 종사하며 불편함을 개선하려 생각을 구체화한 것이다.

이것이 진정한 아이디어다. 문제는 돈이다. 살림살이가 넉넉지 않아 개발 비용에 샘플 제작 비용 등 금액이 만만치 않기 때문이다. 그들에겐 여간 부담스런 금액이 아닐 수 없다.

의뢰를 받으면 필자는 몇 날 며칠을 두고 고민한다. 제품이 될 수 있는지를 점검하는 거다. 물론 원가 및 판매 가격 예상은 필수다. 나름의 점검이 끝나면 의뢰인을 만나 예제와 같은 계약서를 제시한다. 그에게 성취감과 희망을 주는 순간이다.

물론 필자도 행복하다. 그로 인해 말이다.

(예제)

　　의뢰인을 '갑'이라 칭하고 개발자를 '을'이라 칭한다.

　　제1) 특허출원은 '갑'의 명의로 '갑'의 비용 부담으로 한다.

　　제2) 개발 및 샘플 제작에 관련된 모든 비용은 '을'이 부담한다.

　　제3) 개발이 완료되면 생산 수량에 관련된 제조 비용은 '갑'이 부담한다.

　　제4) 개발이 완료된 본 제품에 대한 모든 권한은 '갑'에게 귀속된다.

　　상기 예에서 알 수 있듯이 아이디어가 괜찮다면 개발 비용과 샘플 비용을 받지 않는다. 이렇게 함으로써 넉넉지 못한 의뢰인일지라도 제품의 가능성을 보게 되고 서로 협의하며 적극적인 의욕과 열정을 갖게 한다. 그의 열정이 느껴진다면 기꺼이 용기를 주는 쪽으로 일을 한다.

　　필자의 입장에서는 이 또한 남들이 가보지 않은 길을 가는 것이고, 필자의 작은 재능으로 세상에 진 빚을 조금씩 갚아나가는 소박한 실천일 거다.

　　어느 더운 여름날, 큼지막한 수박 한 통을 들고 문을 두드리는 의뢰인의 모습에서 우리는 같은 행복을 느끼고 있음을 알아차린다. 가슴이 따뜻해지는 순간이다. 삶은, 행복은, 기쁨은, 너그러움은, 베풂은, 우리가 살아있음을 의미 있게 만들고 내가 할 수 있어 다행이고 감사하고 고맙게 만든다. 따뜻한 작은 생각은 행복이 이런 것임을 몸으로 마음으로 스며들게 해준다. 의뢰인과 난 같은 마음이었다.

남이 잘됨을 진심으로 축복해라!
어느 날, 어느 때
그 축복이 메아리가 되어
나를 향해 되돌아온다.
-고(故) 이병철 회장-

나를
나누자

당신의 빛으로 그들의 어둠을 밝히려면 당신의 아우라를 나누어야 한다. 당신의 기운이 있어서 가능한 얘기다. 사람은 느낌이라는 게 있다. 에너지가 넘치는 사람이라는 확신이 중요하다. 그들은 자신을 이끌어 줄 수 있는 그릇인지 아닌지를 금방 알아차린다.

모든 인간은 본능적으로 가슴이 따뜻한 사람을 좋아하기 때문이다. 내가 지금 서 있는 이곳이 나의 뒷배경이다.

내가 없어 사라진다면 그 또한 사라진다. 어디에 어떻게 서 있는가를 알아야 한다. 깊은 내면의 문제다, 통찰력 말이다. 나를 중심으로 흐르는 에너지로 두 발 앞선 미래를 볼 줄 알아야 하며, 이는 고요함에서 얻을 수 있다. 늘 낮은 곳에 머물러 함께해라!

산책은 아주 좋은 고요함이다. 당신이 성공을 간절히 원한다면 학식과 지식을 포함한 모든 경험과 지혜가 당신을 돕게 될 것이다. 성공은 혼자 걷는 작은 오솔길을 좋아한다.

이는 어느 정도 확실하다. 그곳을 즐겨 찾으면 어떨까.

사람은 이름나는 것을 두려워해야 하고
돼지는 살찌는 것을 두려워해야 한다.
-필자 토막-

연륜과 경험을
무시할 수 없다

"나이 든 어르신 한 분이 돌아가시면 도서관의 한 모퉁이가 사라지는 것과 같다." 이런 말을 들어본 적이 있을 거다. 말 그대로 지식과 경험이 살아있는 보물 중의 보물이다. 우리가 역사를 알아야 하는 것도 같은 맥락이다. 먼저 살다간 이들이 남겨 놓은 경험과 지식 그리고 처한 환경에 어떻게 지혜롭게 대처했는가를 배우는 것은 매우 중요한 일이다. 마치 시험을 앞둔 수험생이 지난 몇 년간 출제되었던 문제집을 풀어보는 것과 같을 것이다.

나이 든 사람의 가장 큰 장점은
후회를 많이 해봤다는 것이다.
-필자 토막-

현시대는 점점 더 고도화되고 치밀해져 간다. 무한경쟁 시대인 거다. 여기서 살아남을 방법을 당신은 갖추고 있는가? 한 번쯤 자신을 돌아봐야 한다. 내 지식과 경험으로 답을 구할 수 없을 때 먼저 살아온 이들의 조언은 어떨까? 그런 마음 자세가 필요하다.

필자가 만나본 젊은이들의 한결같은 공통점은 '나약하다'란 말로 정리할 수 있을 것 같다. 그런데 정말 나약해서 그런 건지 아니면 더 이상 자신들의 몫이 없어 포기한 건지는 잘 모르겠다. 확실한 건 '도전'

자체를 꺼린다는 거다.

마치, 마라톤 경기에서 이미 질 것 같은 분위기를 파악한 선수가 전력질주를 하지 않는 것과 같다. 시작하기도 전에 미리 겁을 먹은 거다. 기성세대들이 너무 열심히 하다 보니 미래의 젊은 친구들이 해야 할 일들까지 모두 해치워 버린 건 아닌지. 별생각이 다 드는 요즘이다.

행여나 기성세대를 원망하고 있는 건 아닌지. 이 또한 조심스럽다. 어느 시대나 세대를 넘어가는 과정마다 삶의 난이도가 높아져 가는 건 사실이다. 그런 가운데 우리의 삶의 질이 높아지는 것 또한 부인할 수 없는 사실이다. 지금 세상은 부족한 것 없는 풍요로운 세상이다. 문제는 만족하지 못하는 데 있다는 거다. 늘 모자라다 생각하는 거다. 그럼 모자라다는 기준이 어디에 있는 걸까?

곳간에 가득 쌓여 있어야 한시름 놓을 수 있다는 말인 듯싶다. 미안하지만 세상이 풍요로워졌다고 당신도 풍요롭게 살아야 한다고 착각하지 마라. 말도 안 되는 얘기다.

세상은 절대로 당신을 풍요롭게 해주지 않는다. 오히려 당신의 노력으로 세상을 풍요롭게 해야 하는 거다. 선조들 또한 그리했기에 지금 세상이 이처럼 풍요로워진 거다. 그들은 자신의 몫에서 일부를 떼어 세상에 환원했을 뿐이다. 더 나은 세상을 위해서 말이다.

자신이 가진 것이 없다면 세상이 아무리 풍요롭다 한들 그 혜택을 누리기는 쉽지 않다. 이는 선순환이기 때문이다.

정리하자면, '세상이 나를 행복하게'가 아니라 '내가 세상을 행복하게'인 거다. 그런 실천이 있을 때 자연스레 내 몫도 만들어지는 거다. 이런 얘기를 하면 이런저런 핑계로 자신의 생각을 합리화하려는 이들도 분명히 나타난다. 무슨 뜻인지, 무슨 마음인지 안다. 하지만 어쩌겠는가? 그렇게 돌아가는 세상인 걸 말이다.

마음을 가라앉히고 차분하게 생각해 보자. 모든 출발선의 선택은 자신에게 있는 거다. 자신을 먼저 돌아봐야 한다. 그 출발선에서의 선택이 자신을 움직이게 하는 거다. 한마디로 방향이 결정된다는 말이다. 나는 잘못하고 실수한 게 없는가?

차분하게 노트에 적어보라! 아마도 엄청나게 많을 거다. 그런데도 괜찮다고 생각한다. 왜냐하면, 누구나 자기 자신에게는 무한 사랑이기 때문이다. 한마디로 모든 걸 용서한다. 혹시라도 일이 잘못되면 남 탓으로 돌리며 목에 핏대를 세운다.

자신은 잘못한 게 없는 거다. 이런 마음으로 과연 성공할 수 있을까? 지혜로운 자는 모두가 내 탓이라 말한다. 그렇게 해야 더 나은 방향으로 갈 수 있음을 알기 때문이다. 그리고는 연륜과 경험을 겸비한 이를 찾아 나선다. 한마디의 조언이 필요하기 때문이다.

그 스승이 바로 '책'이다. 내가 남을 바꾸기란 쉽지 않다. 어떤 상황에서는 불가능에 가깝다. 그렇기에 지혜로운 이들은 자신을 돌아보고 반성하고 바꾸고 수양해가는 것을 게을리하지 않는 것이다. '책'은 그들의 보물이나 다름없다. 물론 필자도 책을 사랑한다, 아주 많이.

가장 훌륭한 기술!
가장 배우기 어려운 기술은
세상을 살아가는 기술이다.
항아리를 보지 말고 그 안에 든 것을 보아라!
그 어디에도 없는
연륜과 경험이 그 안에 있다.
-필자 토막-

그가
그린 그림들

좀 더 나은 인생을 위해 다들 열심히 살아간다.

앞날은 누구도 예측할 수 없기에 지금의 선택이 최선이라 생각하며 살아가는 거다. 당신이 만나온 시간들은 어떤 색이었는가? 필자는 하얀 도화지에 뿌려졌던 검은색들을 꾸준히 희석하여 회색빛을 만들었으며, 지금은 파란색으로 옮겨가는 시점에 있다. 어느 좋은 날, 온통 파란 하늘로 보일 때 인생 후반을 시원한 그림으로 채워볼 생각이다.

필자는 인생 파도를 굴곡으로 생각하지 않고 여정이라 생각한다고 말했다. '숨 가쁨'이란 표현도 했다. 내가 가야만 했던 길 말이다. 당신도 당신이 가야만 하는 길이 있을 거다. 고난이라 생각하면 서글프다. 그냥 지나쳐야 할 여정 정도로 생각하자!

필자의 부친은 참 부지런한 분이셨다. 지금 생각해 보면 이 또한 그분의 여정이셨다. 그 시대에 일도 힘드셨을 텐데 쉬는 날만이라도 휴식을 취하겠건만 여전히 움직임이 바쁘다.

필자가 어릴 적 부친은 초등학교 2학년인 필자를 데리고 숭어 낚시를 갔다. 그 당시 숭어 낚시를 하기 위해서는 썰물 때를 기다렸다가 갯벌을 파서 갯지네를 잡아야 했다. 부친께서 삽으로 갯벌을 파주면 갯지네를 찾아 집게로 담는 게 필자의 역할이었다.

부친은 서너 곳의 갯벌을 파주고는 낚시 준비를 하셨고, 필자는 갯지네를 주워 담느라 바빴다. 얼마 후 물이 차오르기 시작했다. 밀물이 시작된 거다. 알다시피 밀물이 시작되면 빠르게 물이 차오른다. 부친께서 여기저기 파놓은 갯벌은 밀물로 덮여 알 수가 없었고, 필자는 빠르게 걸어 뭍으로 이동 중 파놓은 갯벌에 빠져 넘어지고 말았다.

그때 정신없이 뛰어들어 오시는 부친의 모습을 지금도 잊을 수가 없다. 놀란 얼굴과 우스꽝스럽게 천방지축 뛰어들어오는 부친의 모습 때문에 말이다. 어쨌든 정말 빨랐다. 부모란 그런 거다. 어떤 상황에서는 자신을 돌아보지 않는다.

그 이후 초등학교 4학년쯤부터는 매일매일 파리를 잡아 검사를 받아야 했다. 한 마리당 1원이다. 학교가 끝나고 집에 오면 파리채부터 잡아야 했다. 안 잡으면 꾸중을 들어야 했고, 잡으면 한 마리당 1원씩 받는 거다.

부친 자신도 집에 오면 파리채부터 잡았으니 딱히 거부할 수도 없었다. 잠시도 가만있지 못하는 성품으로 늘 움직이셨던 분이다. 필자는 그렇게 초등학교를 보냈다. 고2 어느 일요일 아침! 잠은 깼지만 일어나기 싫어 뒤치락거리고 있었다.

누운 채로 더듬더듬 베개를 찾았으나 손에 잡히지 않는 거다. 급기야는 양손으로 더듬어 댔지만 없었다. 어쩔 수 없이 몸을 일으켜 두리번거리며 찾았으나, 역시나 없는 거다. 할 수 없이 부스스하게 일어나 안방 문을 여니 부친께서는 빨래를 널고 계셨다.

베개가 없어졌다 하니 "네가 안 베길래 이불장에 넣어 놨다." 이러시는 거다. 필자의 입장에서는 황당한 일이다. 잠을 몹시 자는 편인 필자는 잠들 때까지만 베개가 필요하긴 했지만, 잠자는 사람에게 베개를 안 베고 잔다고 이불장에 넣어 버리는.

참, 참! 너무도 과한 부지런함! 베개가 아니라 이불을 안 덮고 잤더라면 이불도 넣어 놨을 거다. 참나! 이런 일로 짜증을 냈던 적이 많았음에도 부친의 행동은 전혀 고쳐지지 않았다. 그만큼 부지런한 분이셨다는 걸 말하고 싶은 거다. 일을 찾아서 다니셨고, 그래도 없으면 일을 만들어서 하신 분이다. 그랬던 분이, 지금은 여기에 안 계신다. 인생은 그런 거다.

'살아있는 순간만이 온전한 내 것이다.' 모두가 추억으로 묻힌 세월이다. 부친께서 가야만 했던 부지런함의 여정! '이 또한 그분의 길이 아니었을까?' 하는 생각이다. 살아생전 그분이 그린 그림 말이다. 늘 보고 싶다. 필자는 베개만 보면 부친 생각이 난다. 필자만의 그리움이 되어버린 거다.

일어나보니 베개가 없어진… 그런 날이 다시는 올 수 없게 되었다. 아버지가 보고 싶다. 어떤 때는 간절하기까지 하다.

저울의 한쪽 편에 지구를 올려놓고
다른 한쪽 편에 부모를 올려놓는다면
지구의 무게가 훨씬 가벼울 것이다.
목숨이 있는 동안은 자식의 몸을 대신하기 바라고
죽은 뒤에는 자식의 몸을 지키기를 바란다.
나는 오늘도
나의 부모 발에 입을 맞춘다.
-필자 토막-

제9장

파 도

진짜
싸움

　　　　자연은 지금까지 사계절과 함께 밀물과 썰물, 그리고 밤과 낮, 이 모든 일을 몇 번이나 경험했을까? 경건한 마음이 앞설 뿐이다. 필자는 인생 창밖으로 보이는 무수한 일들을 온몸으로 경험했다. 이를 다시 하라면 절대 못 할 거다. 속된말로, 지금 이 나이에 군대를 또 가라는 것과 같은 얘기다.

　본 주제목은 '파도'다. 파도의 특징은 쉬지 않고 움직인다는 것과 넘나든다는 거다. 다르게 말하면 변화의 연속이다. 사실 우리 모두는 변화를 두려워한다. 안정된 환경일수록 더 그렇다. 미래를 바꾸기 싫은 거다.

　특히나 인간은 안정된 것을 좋아한다. 그러나 아이러니하게도 변화는 기회를 만들어낸다. 정체된 물은 썩기 마련이며, 새 물이 밀려오는 거다. 두려움을 끌어안고 덤벼들어야 하는 용기를 필요로 한다.

　알아도 무너질 때가 있다.
　그래도, 그럼에도 불구하고
　삶을 포기할 수 없기에
　오늘도 부서진 나를
　하나씩 하나씩 차곡차곡 쌓아 올린다.
　-필자 토막-

필자는 산책을 좋아한다. 고향의 한적한 시골길에서 한밤중에 큰 개와 마주친 때가 있었다. 두려움 그 자체였다. 무서웠다. 죽은 듯이 꼼짝하지 않았다. 그랬더니 더 강렬한 기세로 내게 다가오는 거다. 순간 난 생각을 바꿨다. 살기 위해서는 맞설 수밖에 없는 용기가 필요했다.

주변을 둘러보았다. 지금 내 주변의 모든 것들이 나의 병사가 되는 거다. 손에든 핸드폰의 불빛은 물론 주변의 작은 돌멩이부터 널브러진 나무 조각까지도 말이다.

개는 연속으로 짖어대며 이빨을 드러냈고, 한 손에는 핸드폰의 불빛을, 다른 한 손에는 나뭇가지를 쥔 채 최대한 두 팔을 크게 벌려 몸집을 크게 하고는 개와 똑같이 소리를 지르며 한동안 그렇게 버텼다. 나 또한 개가 된 거다. 이 상황을 보는 이가 있었다면 내 모습이 참 가관이었을 거다.

살아남는다는 건 이처럼 처절한 거다. 결국, 큰 개와의 싸움에서 내가 이겼다. 그는 슬슬 꼬리를 내리기 시작했고, 그즈음 개 주인이 왔다. 한밤중 시골의 논길이다 보니 목줄을 풀고 산책을 시켰던 거다. 어찌 됐든 그 상황에서 내가 먼저 등을 보였거나 도망을 쳤거나 반대로 내가 먼저 달려들었다면 분명 심각한 사달이 벌어졌을 거다. 두려움에서 벗어난 내가 이긴 거다. 물론 다친 데도 없다.

인생도 똑같다. 절박한 상황에 마주쳤다면 최선을 다해야 한다. 그 언덕을 넘어서야만 한다는 거다. 그런 면에서 본다면 인생길이 훨씬 더 유리한 듯하다. 대화로 소통이 되기 때문이다.

큰 개와 마주쳤을 때처럼 눈싸움을 하지 않아도 되며, 몸을 크게 만들려 노력하지 않아도 된다. 그러니 훨씬 쉽지 않은가! 대화로 풀어갈 수 있으며, 서로 양보할 수 있다. 그래도 안 될 때는 굳은 각오로, 앞으로 닥쳐올 자신의 계절을 감수하고 이겨내야 하는 거다. 봄을 이기는 겨울은 없다는 것을 믿어야 한다.

인고의 세월이 될 거다. 필자의 세월처럼 말이다. 파도가 지나간 자리는 흔적을 남긴다. 아마도 아픈 상처를 남길 거다. 이 모든 것을 '여정'이라 생각하고 '숨 가쁨'이라 생각해라! 힘든 산행을 했다 생각해라! 앞 장에서 많이 얘기했다.

그 개에게 물렸다고 상상해 보라! 인생 또한 그런 거다. 처절해질 수 있다. 당신의 눈을 보니 무슨 뜻인지 안듯싶다. 그래, 바로 그거다.

파도에게 물었다.
"너는 왜 쉬지도 않고 잠도 자지 않고
하얗게 일어서느냐?" 하고 물으니
"내가 일어서지 않으면
내 이름은 없습니다."라고 답했다.
–필자 토막–

꽃이 떨어져야
열매를 맺는다

　　인생에도 봄날만 있지 않다. 꽃을 놔줘야 비로소 열매의 차례가 온다.

　뭐가 됐든 한 번에 이뤄지기는 쉽지 않다. 가지가 부러져 다시 아문 자리는 더 강해진다. 고난은 시련을 동반하지만, 더 강한 나를 만들어 준다. 태양 빛은 그대로다. 잠시 구름에 가려진 것뿐이다. 심지어 어둠이 찾아온들 태양 빛은 그대로다. 내 시간이 아직 안 왔을 뿐이다. 때가 되면 아침 태양이 당신을 비출 거다. 지금의 상황이 인생의 전부라 생각하지 마라!

　이는 아주아주 위험한 생각이다. 지금의 상황이 전부라 생각하는 순간, 매우 나쁘고, 엉뚱하고, 의미 없는 실수를 하게 되는 거다. 그냥 여정일 뿐이다. 당신이 지나쳐야만 하는 길 말이다. 고통이라 생각 마라! 이 또한 즐겁게 맞이하면 괴로움의 반은 이미 내 것이 아니다. 이런 심오함을 터득해야 한다.

　인생에도 총량의 법칙이 존재한다. 인생 전체로 볼 때 그 무게와 크기가 같다는 이론이다. 단지 먼저 쓰냐 나중에 쓰냐의 문제일 뿐 다른 건 존재하지 않는다. 단지 아쉬운 건 내가 정할 수 없다는 거다. 지금까지 살면서 불행한 일만 많았다면 앞으로의 내 인생은 행복할 일만 남았다고 생각하자!

　세상에 영원한 건 없다. 영원한 불행, 영원한 행복, 이런 건 존재하지 않는다는 말이다. 어느 것이 먼저 찾아오는가의 문제일 뿐, 이 또한 자연의 이치다.

이른봄에 일찍 피었다. 지는 개나리 진달래가 있는 반면, 늦가을에 찬 서리를 견디며 피어나는 국화꽃도 있다. 물론 한겨울에 피는 동백꽃도 있다. 이처럼 각자의 때가 있다는 말이다.

필자가 아주아주 아끼는 후배가 하나 있다. 그의 젊은 시절은 모든 면에서 긍정적이고 참으로 부지런하며 열정 또한 대단했었다. 그는 전자 부품 관련 사업을 시작해서 말 그대로 대성을 이룬 사람이다. 그 당시 그의 나이는 20대 후반이었다. 인천 계산동 요지에 전원주택을 구입했을 정도니 말이다. 주변에서는 부러움의 대상이었다.

그러나 30대 중반 즈음 그의 사업은 내리막길에 접어들었고, 급기야는 어음부도로 인한 압박으로 모든 것을 내려놓아야 했다. 한동안 다시 일어설 수 없었다. 그렇게 세월이 많이 지났다. 이제 그의 나이도 어언 60을 바라본다. 부도 이후로 그는 20여 년을 넘게 분식업을 하고 있다.

그런데 이제야 그의 목소리에서 행복이 보인다. 여전히 늘 긍정적이다. 어쩌면 지금의 삶이 진정으로 그의 것이었다는 생각이 들 정도다. 단지 먼 길을 돌아왔을 뿐이다. 그는 또 다른 희망과 열정을 품었다. 행복이 뭔지를 알았기 때문이다. 그의 얼굴은 참 편안해 보인다.

이와는 반대로, 지금까지 불행만 연속됐던 사람도 있을 거다. 필자도 여기에 해당하는 사람이다. 음, 이렇게 생각해 보면 어떨까? 작은 상자 안에 구슬이 10개 있다고 치자!

8개는 불행의 검은 구슬이고, 2개는 행운의 흰 구슬이다. 필자는 지금까지 네 번의 검은 구슬을 집어 들었다. 그래서 지독한 삶을 살았는지도 모르겠다. 다섯 번째 들어서야 흰 구슬을 집었다. 지금의 필자 인생은 나름 편안하다. 굳이 설명해 보자면 상자 안에는 흰 구슬이 2개였다. 필자는 죽는 날까지 또 한 번의 흰 구슬을 잡을 기회가 남아 있다.

물론 또 다른 시련 뒤에 찾아올 수도 있고, 그전에 세상을 등지게 될 수도 있을 거다. 하지만 흰 구슬이 하나 더 남아 있다는 자체만으로도 행복이 될 수 있다. 앞으로의 내 인생이 과거보다는 덜 힘들 거라는 희망, 필자는 그것만으로도 대만족이다. 아주 만족한다. 참으로 지독했던 힘든 세월이었기에 그렇다.

당신도 지금까지 검은 구슬만을 집었다면 감사하게 생각해야 한다. 젊은 시절에 이미 흰 구슬을 다 써버린 이들도 수두룩하니 말이다. 당신에겐 온전한 기회가 남아 있으니 건강 잘 챙기고 하는 일에 집중하며 내 시간, 내 때를 기다리면 되는 거다. 그러다 보면 어느 순간 당신의 시간이 온다. 반드시 온다, 꼭 온다!

가끔 TV에서 어린 친구들이 유명세를 타는 걸 보게 된다. 이를 볼 때면 필자는 왠지 불안해진다. 혹시라도 저 어린 나이에 흰 구슬을 모두 집어 들었는지 말이다. 그렇다면 앞으로 다가올 시련을 어찌하란 말인가? 100세 시대다. 생각만 해도 가슴이 먹먹해 온다.

그래서 선인들은 말했다. "젊어서 고생은 사서도 한다." 세상 살아 보니 정말 명언 중의 명언이다. 맞는 말 같다. 필자의 개인적인 생각이다. 그런데 참 이상한 게 있다. 내 시간이 찾아오면 성공으로 가는 기간이 불과 3~5년이라는 거다.

그 안에 평생 먹을 것을 어느 정도 확보하게 되고, 때로는 넘치게 받기도 한다는 거다. 그러니 "내 시간은 반드시 온다!" 이 말을 믿고 경험해 보라! 정말 찬란한 빛이 당신을 향해 비출 거다.

세상이 당신을 중심으로 돌아가는 듯한 착각이 들 정도로 말이다.

바로 이때 잘해야 한다. 겸손하지 못한 오만한 마음으로 '난 받을 만해! 벌써 전에 왔어야지!' 이런 생각이면 위험하다. 불행도 함께 오기 때문이다. 앞 장에서 계절은 절대로 혼자 오지 않는다고 말했다. 여름은 더위를 데려와 힘들게 하고 겨울은 추위를 데려와 힘들게 한다 했다. 성공을 맞이할 때 잊지 말고 두 가지만 챙기자! '왼쪽 주머니에는 겸손을! 오른쪽 주머니에는 낮은 자세를!' 그리고는 겸허한 마음으로 두 손으로 공손히 받으라!

또 하나, 잊지 말아야 할 것은 모두가 당신 몫은 아니라는 것, 절대로 잊지 말라! 겸손한 행복만이 당신 거다. 세상이 당신에게 10개의 행복을 주거든 7개만 받아라! 나머지 3개는 다시 세상으로 보내줘라! 세상에는 나보다 더 어려운 사람들이 있음을 절대로 잊어서는 안 된다. 그들의 희망이 될 수 있어야 한다. 이는 대자연의 이치고, 세상의 이치다. 선순환 말이다.

필자가 흐뭇한 건, 내면의 그릇이 큰 당신을 만났다는 거다. 이 또한 세상의 입장에서는 감사하고 고마울 따름이다.

사람은 재물 때문에 죽고
새는 먹이 때문에 죽는다.
-필자 토막-

맛집,
위치보다는 맛이다

　　뭘 해도 시큰둥하니 잘 안 됐다면 지금부터라도 '반듯'해 보자 '반듯'의 시작은 아무도 없는 장소에서부터 시작된다. '세상의 모든 것들이 내 마음을 다스리는 스승이다.' 이는 필자가 터득한 세상 이치다. 성공으로 가는 데 필요한 마음 다스림의 척도로 생각해주면 고맙겠다.

　아무도 없는 곳 또한 나의 스승이다. 아무도 없다고 담배꽁초, 휴지를 버리는 행위는 스승의 얼굴에 쓰레기를 버리는 것과 같다고 생각하면 틀림없다. 음침한 곳 또한 나의 스승이다.

　아무도 없다고 노상방뇨 하는 행위는 스승의 얼굴에 오물을 쏟아붓는 격이다. 이 모두가 마음 다스림의 실패 행위다. 다르게 말하면 당신이 만들어가는 성공 길에 당신 스스로 오물을 쏟아붓는 행위와 같다는 거다. 그만큼 성공으로 가는 시간이 길어질 수밖에 없다.

　당신이 '반듯'하고 '인격자'라면 쓰러져가는 집에 산들 흠이 되지 않겠지만, 반대로 고급 차의 문이 열리며 내리는 이가 '개'라면 고급 차가 무색해지지 않겠는가?

　따라서, 당신이 어디에 있든, 무엇을 하든, 당신은 빛날 것이며, 그 빛으로 당신의 성공을 만들어가는 것이니 환경을 탓하지 말고 마음 정진에 힘 쏟아야 한다.

　누구나 인생길에 흠집은 있는 법이다. 그 흠집이 아픈 상처로 남을 수도 있겠지만, 당신을 일으키는 묘약이 될 수도 있다. 자작나무의 상처는 차가버섯을 잉태시킨다. 추운 겨울을 버티고 이겨내며 자신만의 명약을 만들어내는 거다. 긍정적으로 생각해야 하는 이유다. 당신이라면 충분히 가능하다.

필자는 그렇게 믿는다. 이 책에 시선이 멈췄다면 당신은 늘 '성공'이란 단어를 마음에 두고 있었다는 거다. 아마도 필자와 깊은 인연이 있는 듯하지 않은가? 이렇게 만났으니 말이다. 당신은 잘될 거다.

성실하고 낮은 자세! 정말 고맙다! 지금처럼 하면 된다.

당신이 원하는 것을 항상 얻을 수는 없다.
때로는 당신에게 간절히 필요한 것이
대신해 들어오기도 한다.
그 대표적인 것이 경험과 지혜이다.
-믹 재거-

꽃은 웃어도 소리가 없고
새는 울어도 눈물이 없다

아침 출근길 거울 속 당신의 눈을 보라. 무엇이 담겨 있는가? 표현할 수 없는 응어리가 보인다면 당신은 지금 깊은 터널을 지나고 있는 거다. 안타깝지만 오로지 당신 몫이다. 잘 이겨내길 바란다. 당신의 가족이 당신을 응원하고 있지 않은가?

인생은 그런 거다. 필자도 마찬가지였다. 중요한 건 성공을 하고 이를 잘 유지해가는 이들의 공통점이 우리처럼 같은 경험을 했다는 거다. 성공한 자들의 삶의 끈이 희망이었음을 위안으로 삼았으면 좋겠다. '보여주지 말고 가지고 가라!' 마음의 소리마저 빼앗긴다면 더 이상 물러설 곳이 없지 않은가?

이 모든 것을 잠재울 수 있는 유일한 방법은 당신이 성공하는 거다. 작은 점포를 시작하는 데도 많은 생각과 많은 것들이 필요하거늘, 인생 성공을 준비하는 일에 어찌 필요한 게 없겠는가?

고난, 역경, 외로움, 눈물, 기대, 희망, 기쁨, 좌절, 성취, 막다른 골목, 가슴을 여미는 슬픔, 상처, 뿌듯함, 서러움, 무시 등 헤아릴 수도 없이 많다. 이 모든 것을 천천히 돌아보며, 느끼고, 만끽하고, 달래가며, 용기를 주고, 다독이며, 그렇게 데려가야 하는 거다.

물론 안다, 힘들다는 것을. 힘든 길이기에 성공한 이가 소수에 불과한 거다. 하지만 그 소수 중에 당신이 있다고 상상해 보라! 충분히 이겨낼 힘이 생기지 않는가?

당신의 따뜻한 마음, 바른 예의, 그리고 도덕성과 존경심! 이 모든 것이 강력한 무기가 될 것이다. 그런 무기가 있기에 당신이 가능한 거다. 필자의 말이 맞을 거다. 당신은 성공할 수밖에 없다. 그러니 시작해라! 충분히 가능하다.

　성공은 그런 따뜻한 마음에서 시작되는 거다.

　우표는 어딘가에 도달할 때까지
　어떤 한 가지에
　꼭 들러붙어 있는 데 있다.
　-조시 빌링스-

당신은
유일한 꽃이다

　　　나는 왜 이 모양일까? 난 안 될 거야! 난 틀렸어! 자신이 없어! 난 왜 이리도 어리석을까? 난 참 바보 같아! 난 너무 의지가 없어! 등 이런 말들이 당신을 괴롭힌다면 필자는 이런 말을 해주고 싶다. '용기를 잃지 마라! 다 거기서 거기다.'라고 말이다.

　정말로 그렇다! 힘내라! 오솔길에 핀 꽃도 꽃이고, 들판에 핀 꽃도 꽃이다. 산자락에 핀 꽃도 꽃이다. 둥근 모양의 꽃도 꽃이고, 나팔 모양의 꽃도 꽃이고, 길쭉한 모양의 꽃도 꽃이다. 물론 시끄럽고 먼지 쌓인 도로 옆 구석진 곳에 핀 꽃도 꽃이다. 결론은, 어디에서 피든 어떤 모양으로 피든 꽃이라는 말이다.

　필자가 단연컨대 모든 꽃은 아름답다, 당신 또한 세상에서 하나밖에 없는 소중하고 아름다운 꽃임을 잊지 말라!

　당신은 지금도 충분히 빛나고 있고 살랑이는 봄바람에 기대어 춤을 추며 향기를 뿜고 있다. 세상이 아직 당신을 못 찾은 것뿐이다. 지금처럼 묵묵하게 당신만의 것을 만들어가면 된다.

　뭐가 됐든 간에 그가 갖고 있지 않다면 내가 가진 것을 내어주고 그가 가진 것을 주거든 고맙게 받으면 된다. 아무리 예쁜 꽃이라도 꽃망울만 있지 않다. 줄기도 있고, 잎도 있고, 가시도 있다. 주변에는 나를 어루만져 주는 바람도 있고, 비도 있고, 따스한 햇빛도 있다. 꽃은 그렇게 세상과 두루두루 함께한다.

내가 가진 게 없어도 내게는 비가 있고 햇빛이 있고 바람이 있다. 당신 또한 아무것도 가진 게 없다 하더라도 당신의 진정성이 담긴 '예의' 하나만으로도 성공할 수 있다.

필자 또한 '예의' 하나로 많은 도움을 받은 적이 꽤 많다. 따라서 당신의 반듯한 예의를 알아봐 주는 이를 아직 못 만났을 뿐이다. 세상은 그런 거다. 언제 어디서 누구를 만날지, 어느 순간 어떤 환경에 놓일지, 전혀 알 수 없는 일이다. 열심히 산다는 건 필요조건이지 충분조건은 아니다.

어느 날 어느 때, 신은 알 수 없는 무언가를 내 앞에 세워, 행운이란 이름으로 나를 일으켜 세운다.

잊지 말고 꼭 기억해 주기 바란다. 성공이란? 세상의 모든 것들이 버무려져 만들어진 비빔밥 같은 거다. 여기에는 물질적, 정신적, 성의, 성품, 도덕성, 태도, 예의 등 다양한 재료를 필요로 한다.

그런데 어리석은 이들은 성공을 하겠다며 오로지 돈에만 집중한다. 밥만 가지고 맛있는 식사를 하겠다? 또는 밥이 빠진 반찬만 가지고 맛있는 식사를 하겠다? 이는 어불성설이다. 밥에는 밥맛이라는 게 있고 반찬에는 그들만의 고유한 맛이 있다. 두루두루 갖춰질 때 군침이 도는 식탁이 준비되는 거다.

'천천히 두루두루, 주변을 돌아보며 가라!'

이 말을 앞 장에서도 수차례 언급했다. 지금 상황이 복잡하게 얽혀 있다면 이를 어떻게 벗어날까를 고민하지 말고, 이 상황을 어떻게 개선할까를 고민하는 것이 훨씬 현명한 방법이다. 어떻게 벗어날까? 이는 쫓김이다. 그러나 어떻게 개선할까? 이는 자연스레 긍정적으로 생각하는 시작점이 되는 거다.

'천천히 돌아서 가라!' 그 길이 지름길이다.

돈 또한 그렇게 천천히 버는 거다. 명심해라!
이 또한 거스를 수 없는 세상의 이치다.

사람은 누구나
자기가 만들어 놓은
마음속 환경에서 살고 있다.
-무학대사와 이성계의 대화 중에서-

가장 강력한
무기는 '초심'이다

뉘엿뉘엿 어스름하다. 해 질 녘의 저녁 시간!

필자는 멍이를 데리고 산책을 한다. 산책 겸 집 주변의 시장 흐름을 살펴보러 가는 거다. 천천히 걸으며 눈에 들어오는 상점들의 내부 환경으로 실물 경기가 어떤지를 나름 객관적으로 살핀다.

매장이 잘 정돈되어 있는지 또는 너무 과하게 정돈되어 있는지, 정돈을 포기했는지, 정돈할 시간이 없는 건지, 정돈 못 할 정도로 바쁜 건지 등을 객관적으로 분석해 본다.

300여 개의 매장을 지나며 추측하건대 수익 창출을 하고 있는 매장은 3~4곳에 불과한 것 같다. 결론부터 말하면, '초심'의 문제다.

'처음 시작할 때의 매장 모습도 저랬을까?' 하는 생각 때문이다. 우선은 외부 간판부터 본다. 외부 간판은 대부분 개업 때 설치하면 그것으로 끝이다. 대부분이 그렇다. 신경 안 쓴다. 사실은 얼굴인데 말이다.

수익 창출을 하고 있다고 예상되는 매장 3~4곳 중 한 곳의 매장이 간판을 새로 했다. 이 매장은 필자가 점수를 많이 줬다. 나름 '초심'을 지키려는 마인드가 되어 있다고 생각했기 때문이다.

'초심'은 매장을 운영하는 모든 부분에 적용된다. 매장주는 모든 부분에서 처음의 모습과 지금의 모습에서 무엇이 얼마나 달라져 있는가를 체크해 봐야 한다.

예를 들면, 손님을 대하는 태도, 서비스, 매장 분위기, 상품의 품질 등 이것들을 잘 유지하고 있는지를 파악해 본다면 현재 자신의 마음이 초심과 얼마나 멀어져 있는지 알 수 있는 거다.

아름다운 시작보다
아름다운 끝을 선택하라.
-그라시안-

모든 문제의 출발점은 나로부터 시작됨을 인정해야 개선이 가능하다. '초심'만 잘 지켜도 현상유지가 가능함을 필자는 자신 있게 말할 수 있다.

누군가 어느 때에 당신의 매장 분위기가 불현듯 그리울 수 있다. 일상이 바빠 한동안 나의 매장을 찾지 않았더라도 내 모습은 늘 그 자리에 있어야 하는 이유다. 고객 입장에서 볼 때 오랜만에 찾아온 그곳이 예전의 그 모습이 아니라면 영원히 떠나버린다. 물론 인간관계도 이와 다르지 않다. 앞 장에서도 많이 얘기했다.

'당신의 매장과 대화하라! 매장은 나의 친구다.' 일명 '매장 친구' 말이다. 그와 대화하면 개선 방법이 나온다. 매장 문을 여는 순간 매장의 흐름을 어느 정도는 파악할 수 있다. 바닷물을 다 마셔야 짠맛을 아는가? 그냥 한 숟가락 떠먹어보면 바로 안다. 하나를 보면 열을 안다는 말과도 같다.

물질적이든 심리적이든 정신적이든 고객은 본인에게 이익이 되면 찾는 거고, 아니면 손절하는 거다. 이 모든 것들 또한 잠재적 상품이기 때문이다. 아주 단순하다. 무슨 수학 공식을 대입해야 알 수 있는 것이 아니다. 그러니 개선 방법 또한 단순해진다. 어떤 부분이든 어떤 방법이든 그들에게 이익을 주면 되는 거다. 좀 더 자세히 말하면 그들이 필요로 하는 것을 적정 가격에 제공하면 되는 거다. 이는 자본주의 시장 기본 원리다. 쉽지 않은가?

'뭘 해야 돈을 벌까?' 이는 나를 중심에 두고 하는 말이다.

조금 바꾸어 이렇게 말해보면 어떨까? '그들이 필요한 게 뭘까?', '나는 그들을 위해 어떤 행복을 줄 수 있을까?'

나를 구하는 길은 남을 구하는 길이다.
그들을 들어 올려라.
-필자 토막-

이런 생각이 중심에 놓일 때 비로소 내 것도 만들어지는 거다. 당신이 사랑하는 연인에게 생일 선물을 한다고 가정해 보자. 당신은 포장지의 색상 하나까지도 꼼꼼하게 신경 쓰고 챙길 거다. 왜일까? 사랑하기에 행복을 주고 싶어서다. 바로 그거다.

장사가 안 된다고 툴툴대지 말고 지금부터라도 당신의 매장을 찾는 고객들을 내 부모를 대하듯, 내 연인을 대하듯, 간절히 사랑해 보라! '많이 주고 적게 받자!' 이 또한 사랑임을 잊지 말라!

고객을 진심으로 사랑해라! 그런 마음이면 뭐든 주고 싶어진다. 사랑하는데 뭐가 아깝단 말인가? 그런 마음이 성공으로 가는 출발점이다.

하나의 목표를 가지고
꾸준히 해 나간다면 성공한다.
그 성공의 비결은
목적이 변하지 않는 데 있다.

그러나 사람들이 성공하지 못하는 것은
처음부터 끝까지 한 길로 나아가지 않는
'초심'을 잃었기 때문이다.
-벤자민 디즈레일리-

가난은 왜? 나를 선택했나!

제10장

회색빛 반성

철부지의
회고

필자의 젊은 시절!

마음 가는 대로 하루하루를 내키는 대로 살았다. 쌈박질에 도둑질, 과수원 서리, 무임승차, 구두닦이, 신문 배달, 군고구마 장사, 음악 다방 DJ, 라이브 카페 DJ, 학사 주점 DJ, 나이트클럽 웨이터, 고교 시절엔 2박 3일의 계획으로 대천해수욕장으로 여름 휴가를 갔다. 그러나 친구들과 노는 데 빠져 30박 31일을 머물렀다. 돈이 떨어져 3일을 굶은 때도 있었다.

배가 등짝에 붙을 만큼 배고팠던 기억들, 저녁 무렵엔 너무 배가 고파 구걸도 해봤던 기억들, 올라올 차비가 없어 아이스크림 장사를 하며 차비를 만들어야 했던 기억들. 그렇게 학업은 뒷전인 채 돌아와 보니 학교에서는 정학 처분(장기간 무단결석 행위에 따른 처벌)이 내려져 있었다.

못난 자식을 둔 죄로 내 부모님은 몇 날 며칠을 학교에 찾아와 손이 발이 되도록 빌어야 했으며, 당시 초등학교 선생님이셨던 아버지의 굴욕은 뭐라 말할 수가 없었다. 자식이 뭔지 참! 미안하고, 죄송하고, 고개를 떨굴 수밖에 없는…. 그땐 그랬다. 그렇게 그렇게 고등학교를 졸업하니 대학은 꿈도 꿀 수 없었건만, 부모님은 이런 내게 교대에 가기를 간절하게 바라셨고, 난 재수를 위한 공부를 시작할 수밖에 없었다.

그 당시 남영역 주변에 학원가가 밀집되어 있었다. 나름 이름있는 학원을 등록하고는 인천에서 매일 전철로 다녀야 하는 일명 고3이 아니라 고4가 된 거다. 공부에 신념이 없었음에도 불구하고 장남으로서 거절할 수 없는 부모님의 바람을 최대한 실망시키지 않으려 나름 노력했던 시절이다.

아침마다 도시락을 싸주시는 어머니를 보면 마음이 늘 미안하고 죄송했다. 그러나 이런 마음도 작심 3일! 두어 달 지나니 강의실에 들어가기 싫은 거다. 학원 아래 음악 다방에 앉아 일명 죽돌이가 되어가고 있었던 거다. 정성껏 싸주신 어머니의 도시락은 그곳에서 냠냠하고 온종일 음악을 들으며 시간을 보냈다.

하루는 2시 타임 DJ가 갑자기 일이 생겨 펑크를 낸 거다. 이름은 모르지만 내가 지켜본 바로는 점잖고 매너 있는 DJ였다. 잠시 후, 사장님께서 내게로 와 DJ 경험이 있냐고 묻는 거다. 내가 죽돌이라는 것을 이미 알고 있었을 거다. 보아하니 팝송도 어느 정도 따라 부르는 것이 끼가 있다고 생각했을 거다. 이미 서로가 많이 봤으니 대화는 없었어도 얼굴 도장은 찍은 셈이다.

나는 2시 타임을 대리로 처리했고, 사장님은 나의 능숙함에 만족하신 듯했다 하여, 다음 주부터 매주 목요일 10시 타임에 내가 DJ를 보는 것으로 허락해 주셨다. 난 이런 기분을 좋아한다. 그 당시 정말 행복했었다.

역시 공부는 나하고 궁합이 안 맞아! 이런 생각을 뒤로하며, 하루하루를 하고픈 대로 평범하게 지냈다. 그런 삶이 별문제 없이 즐거웠고 작은 행복이었다. 그럭저럭 인천의 어느 대학을 다니게 됐고 나름 행복했던 20대를 즐겼다. 그렇게 세월은 흘러 30대 초반쯤 된듯싶다. 어느 순간 세상살이에도 나름의 룰이 있다는 생각을 하게 되었고, 인생 또한 나름의 룰이 있는 게임 같다는 생각이 문득문득 든 것이다.

난 이 땅에 소풍 온 거다. 즐겁게 놀다 해 지면 떠나는 거다. 이런 심플한 생각으로 젊은 시절을 누렸다. 그러던 어느 날 지금까지의 이런 삶이 혼자 하는 것이 아님을 알게 된 거다. 언제나 상대가 있었다. 작게는 친구, 부모, 형제, 지인, 동료가 있었고, 크게는 세상이라는 큰 무대가 있었다.

혼자 할 수 없는 세상의 이치를 깨닫고는 많은 시간을 고민하며 보냈다. 이때부터 책을 가까이했던 것 같다. 닥치는 대로 읽었으니 말이다. 지금 회상해 보면 철없던 그 시절을 털어버리지 못한 채, 사업 또한 그렇게 '내 마음대로 했었지 않나!' 하는 생각이 든다.

만약에, 그런 생각들과 행동들이 행운과 마주치며 번창했더라면 난 벌써 성공에 도달했을 거다. 그러나 그 시절에 행운의 신을 만나지 않은 것을 천만다행으로 생각한다. 그렇게 성공을 했다 한들 이를 잘 유지할 수 있었을까?

성공하는 것도 중요하지만 이를 잘 유지하는 것이 더 중요하기 때문이다. 나 자신에게 묻는다면 천만의 말씀이며 무조건 'NO!'다. 아마도 얼마 못 가 무너졌을 거라 장담한다. 그러니 얼마나 다행인가? 신께서도 내가 사람 되기를 기다려 주느라 마음고생이 많았을 거다. 이 또한 죄송한 마음이다. 그렇게도 철이 없었으니 말이다. 내가 신이라 해도 혹독한 시련을 줬을 거다.

신이 주신 시련은 지금 생각해도 강력한 처방이었다. 어떤 때는 참을 수 없을 만큼의 한계점까지 몰아세웠으니 말이다. 그렇게 할 수밖에 없는 그분의 마음은 또 어떠셨을까? 당연히 숙연해지고 고개를 떨굴 수밖에 없다.

필자는 50이 넘어서야 흰 구슬을 뽑았다. 힘들던 그때나 지금이나 행운의 여신은 늘 나를 보고 있다고 믿었다. 내 손을 놓지 않음에 늘 감사드린다. 그렇다면 흰 구슬을 내게 주신 의도를 알아야 한다. 다시 말해, 어떻게 살아야 하는지를 점검해야 하는 거다.

그게 내가 할 일이다. 따라서, '고난의 강도는 내 과거의 무게다.' 이렇게 정리해 볼 수 있겠다. 당신의 삶이 필자처럼 무거웠다면 많이 반성해야 하고 희망의 끈을 놓지 말아야 한다.

삶은 무거웠지만 값진 경험과 지혜를 얻었지 않았는가? 이 또한 인생의 보물이다. 당신과 나는 이 책으로 인연이 시작된 거다. 우리는 서로가 귀인이다. 그래서 이 책이 당신의 마음을 일으키는 데 도움이 됐으면 정말 좋겠다는 생각을 하는 거다.

필자 또한 정성껏 마음을 다해 도울 수 있어 이 또한 행복이다. 이 모든 것이 우리의 행복이다, 우리 말이다. (어깨를 가볍게 두드리며) 힘내자! 만나서 반갑다.

당신이 훌륭한 사람을 만났을 때는
그 훌륭한 덕을
나도 가지고 있는가를 생각해 보라!
당신이 나쁜 사람을 만났을 때는
그 나쁜 사람이 지은 죄가
나에게도 있지 않은지 돌아보라!
-세르반테스-

언제나
어려운 일

      필자 생각에는 사람 관계가 제일 힘든 것 같다. 행동의 의도를 알 수 있으며, 움직이는 마음 또한 어느 정도 예측 가능함에도 도무지 알 수 없는 일이다. 단 하나 믿어야 할 건 세상의 중심은 나로부터 시작된다는 신념이다. 여기서부터 갈등과 번뇌는 시작된다.

  나와 생각이 다를 때, 달라져 갈 때, 경계선에 있을 때, 버릴 때, 버릴 수밖에 없을 때, 맞출 때, 맞출 수밖에 없을 때 등 더 복잡하게는 이런 문제와의 관계성 때문이라는 데 있다.

  친구와, 동료와, 지인과, 타인과, 가족과 등 서로서로 얽혀 있다. 사람들은 각자의 생각이 타당성에 근접할 때 그에 맞는 행동을 시작한다. 물론 자신의 이익 부분 또한 계산된 것이다.

  이런 것들이 일치하지 않을 때는 다툼을 준비해야 한다. 위태롭게도 어설픈 판단이 생각을 결정해 버린다는 거다. 눈을 가린 채 형태만으로 확신하고 우기고 고집부리고 관철의 노력을 시작한다. 코끼리의 다리가 기둥이 된 거다. 이는 인류가 아직도 풀 수 없는 영역이다.

  필자 또한 그런 갈등 속에 있는 하나의 인간일 뿐이다. 생각의 다름은 깊이 들어갈수록 헤아릴 수가 없을 정도다. 따라서 상황마다 처신은 정말 정말 쉽지 않다. 이런 문제들이 엉겨 모여 세상살이를 더욱더 힘들게 한다는 게 필자의 생각이다. 하는 말과 품은 마음이 다르다. 군사적으로는 전술이고 일상에서는 기만과 은폐다. 이 모든 것들은 어떤 형태로든 이익을 바탕으로 한다는 거다.

말없이 묵묵하면 자리만 채운다 여길 수도 있으며, 듣기만 한다면 나를 무시한다 여길 수도 있으며, 묻는 말에 꾸밈없는 생각을 말하면 수준이 낮다고 하잖게 여길 수도 있으며, 생각한 바를 거침없이 말하면 버릇없고 오만한 사람이라 여길 수도 있으며, 묻는 말에 장황하게 늘어놓으면 말이 많아 신뢰할 수 없다고 여길 수도 있으며, 사실에 근거하여 이치에 맞는 말을 하면 잘난 체한다 여길 수도 있으며, 나서지 않으면 무시해도 되는 허수아비로 여길 수도 있으니, 받는 이의 마음은 이 모두가 미움의 시작일 뿐이다.

> 지혜로운 자는 천 번을 생각해 한 번을 실수하지만,
> 어리석은 자는 천 번을 생각해 한 번을 얻는다.
> 정도를 걷는다면
> 다수의 어리석은 자들을 만나더라도
> 선(善)한 의도만큼은 지켜낼 수 있다.
> -필자 토막-

이 같은 번뇌와 갈등을 씻어낼 수 있는 명약은 '사랑'뿐이다. 하지만 내가 사랑을 보냈다고 그도 사랑으로 답할 거라는 생각은 안 된다. '그냥 나만이라도…' 이런 마음이어야 한다. 그래야 한다. 필자의 경험에 의하면 뭐가 됐든 지나치면 문제가 된다.

'사랑' 또한 마찬가지다. 배려가 지나치면 굴욕을 맛보게 된다. 선함이 몸에 밴 사람은 선하지 않은 수많은 사람들에게 결국은 손해를 보며 무너질 수밖에 없다. 지나침은 아픈 손가락을 보이는 것과 같으며, 어떤 방법으로든 이익이 합류될 때 상대로 하여금 무너트림을 당하게

되는 거다. '견리망의(見利忘義)'라 말할 수 있겠다.

이는 세상 모든 부분에서 일어나며 심지어는 부모 형제 관계에도 예외는 없다. 문제는 또 있다. 불은 그대로 둔 채 허겁지겁 끓는 물만 식혀대는 어리석은 행동을 하는 이가 바로 당신과 나, 우리라는 사실이다. 시끄러워지는 걸 싫어하는 보편적 심성을 지녔기 때문이다.

내가 조금 손해 보고 참고 말지! 이 심성을 이길 방법은 없다. 다르게 보면 아주 큰 장점이다. 따라서, 뜻대로 되지 않는다고 자신의 길을 벗어나면 안 된다. 어려울수록 정도를 걸어야 하는 이유다. 어느 시점, 그러니까 배가 항구에 도착하는 확정된 그 날!

사람들은 그제야 당신이 보고 싶어질 거다. '아까운 사람! 이젠 옛날 사람 됐어!' 앞 장에서 이런 말을 했다.

"슬프지만 세상은 늘 그래 왔다."

싸워서 얻기를 원하는가!
사랑해서 주기를 원하는가!
결국은 주고 떠나게 된다.
난 오늘도 주는 시간이다.
세상을 사랑하기 때문이다.
-필자 토막-

결국엔
'균형'이다

'균형!' 참 어려운 얘기다.

인간은 유기체에 가깝다. 늘 변화하고 움직이는 가운데 옳은 길을 선택하길 원한다? 그러나 이는 불가능에 가깝다. 이것이 가능하다면 기업은 부도가 없을 것이며, 개인은 후회라는 단어를 낯설어할 거다. 단지 어려운 가운데 추구할 뿐이다. 그렇다고 굳이 애쓰지도 않는다. 그게 인간이다.

사실은 성공을 포함한 모든 일에 있어 '균형'에 도달했을 때가 가장 이상적이다. 가족을 버리고 성공했다면, 주변의 지인들을 멀리한 채 성공했다면 또 다른 부분에서는 많이 외로울 거다.

밖을 바라보는 자는 꿈을 꾸고
안을 바라보는 자는 깨어난다.
-칼 융-

우리는 순서를 정하는 것에 익숙하다. 돈이 최고, 가족이 최고, 자녀가 최고, 내가 최고 등 나름의 순서를 매긴다. 여기서 대부분은 돈일 것이다. 당장 아쉽고 급하기 때문이다. 그러나 잠시만 물러나 생각해 보면 다른 시선으로 보일 수 있다.

돈만을 생각하는 당신에게 그것만 집중할 수 있게 도와주는 당신의 아늑한 집, 부모, 형제, 지인, 당신의 일터 등 모든 것들이 당신을 받쳐 주고 있다.

물론 건강이 최고로 중요함은 당연하다. 아파서 누워 있다면 돈보다는 건강을 최우선으로 생각했을 거다. 그렇다면 돈이 아니더라도 묵묵히 당신 옆을 지켜주고 있는 친구, 가족, 지인, 건강 등 모두를 포함한 고마움에 답할 때 비로소 '균형'의 소중함을 알게 될 거다. 물론 돈 또한 '균형' 안에 있다.

당신이 두 발로 서 있는 지금, 그 모습 또한 충분히 예쁘고 멋지다. '짱'이다! 이 또한 '균형'의 도움을 받고 있다.

뇌는,
현실을 있는 그대로 바라보는 기계가 아니라
나의 선택을 정당화하는 기계다
-로저스페리-

상대의
칼을 훔쳐라

　　　우리는 교육을 통해 무리에서 벗어나지 않는 것이 안전하다 배웠다. 잠시라도 홀로 있다는 느낌을 받는 순간 불안해진다. 이는 은 연중 만들어진 자신을 보호하는 본능과 결합한다.

　그러나 필자의 인생 경험으로는 무리에서 벗어나는 것이 최고로 안 전한 길이다. 홀로 걷는 쓸쓸한 길! 성공으로 가는 외로운 길이다. 성 공자들 대부분이 이 길을 걸었다. 외로운 길 맞다. 고독한 길 맞다. 어 두운 길 맞다.

　어둠을 지나야 아침이 오듯 이 또한 세상의 이치다. 그래서 명상이 좋은 방법이 되는 거다. 우리는 살면서 수많은 적을 만나게 된다. 상 대의 증오심을 온몸으로 받아내야만 하는 두려운 때도 있다. 지혜로 운 자는 상대의 증오심이 오히려 치명적 약점임을 간파한다. 그리고는 이를 거울삼는 지혜로운 태도를 보인다.

　당신이 지금까지 성공하지 못했다면 성공 또한 당신을 미워했거나 증오했음이 분명하다. 어디서부터 잘못됐는지 돌아볼 필요가 있다. 세상을 살면서 모두가 나를 좋게 보고, 좋아해 줄 거라는 생각은 꿈 도 꾸지 마라! 나를 미워하는 이들을 만나는 것 또한 아주 자연스럽 고 당연한 일임을 인정해야 한다. 나 또한 미워하는 상대가 없겠는가? 생각해 보라!

　살면서 너무나도 당연한 일이 생기지 않는다는 건 나 자신의 존재가치를 의심하게 하는 것이다. 이는 무색이나 다름없다. 상대는 색을 지닌 사람이다. 그러니 무색을 가진 내 마음에 비수를 꽂기 충분하다. 어떤 그림이든 그릴 수 있다는 말이다.

따라서, 살아남으려면 카멜레온이 되어야 할 거다. 상대와 같은 색으로 포장하는 기술 말이다. 이 기술은 상대방의 증오스런 행동에서 배워야 한다. 다시 말해 상대의 색을 훔쳐와야 한다는 거다.

당신과 다른 색을 가진 사람들의 무기를 내가 가질 수만 있다면 그런 무기들을 더 많이 가져올 수만 있다면 당신의 능력은 무서울 정도로 축적될 거다.

내가 뭘 원하는지를 그가 알았다면
그는 이를 약점으로 이용할 거다.
-필자 토막-

당신의 성품과 표정, 의상, 행동 등 모든 것들을 고유의 당신 모습에서 거리를 둘 줄 알아야 한다. 그리고는 그때 그 상황에 맞는 색을 보여야 할 거다. 처음엔 어색하고 익숙하지 않을 거다. 누구를 만나든 자연스럽게 하다 보면 능숙해진다.

간단한 예로, 우리 모두는 친구를 만날 때와 교수님을 만날 때의 태도와 언행, 예의는 분명 다르다. 친구와 대화 중 교수님이 오시면 습관처럼 익숙하게 자신의 모습을 자연스럽게 바꿔버린다. 그것도 순식간에 말이다, 마치 카멜레온처럼…. 단지 의식하지 못할 뿐이다. 바로 그거다. 그렇게 하면 된다.

이는 당신이 성공으로 가는 아주 좋은 태도의 선택이다. 사람들은 이를 '예의'라고 말한다. 정리해 보면, 누구를 만나든 상대가 원하는 색으로 포장해라! 상대가 어떤 색을 원하는지 알아내라! 그와 희석되어 하나가 되게 하라!

이것이 '지피지기(知彼知己)'다. 필자는 개인적으로 이 부분에 아쉬움이 많다. 썩은 콩과 함께 온전한 콩도 많이 버렸음이다. 지금 생각해보면 이 또한 인내가 답이었는데 말이다. 기다려 주지 못했다. 참 아쉬운 부분이다. 당신은 그러지 말길 바란다.

그리고 보니 인내는 세상살이의 모든 부분에서 필요한 듯하다. 당신의 성공 또한 인내가 필요하니 말이다.

얼음이 석 자씩 얼려면
하룻밤 추위로는 어림도 없다.
-필자 토막-

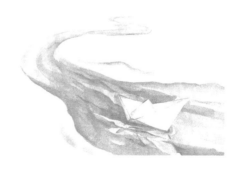

벽에다 던진 공처럼
언제나 자기 자신에게로 되돌아온다

내 부모에게 반항하고 대립했던 지난 시절의 행동들은 형태만 바뀌었을 뿐 그 본질은 그대로인 채 내 가슴에 응어리로 남아 있다. 지금은 언쟁이 생기면 타협을 위해 노력하고, 웬만하면 수긍하며 따르는 방향으로 가고 있지만, 그 옛날 철없던 시절에는 상상도 못 할 일이다. 늘 싸우고 대립했으니 말이다.

필자 또한 많이 부족한 사람임을 인정한다. 그래서 더 미안한 마음이다. 필자는 지금도 부모님 은혜에 진심으로 감사하며 살고 있다. 나쁘게 말하면 빚을 갚고 있는 중이며, 좋게 말하면 보살펴 주신 은혜에 보답하며 살고 있다고 말할 수 있겠다. 어찌 됐든 보답할 시간을 내게 주셨다는 거다. 건강한 모습으로 내 옆에 계시니 내게는 최고의 축복이다.

젊은 시절, 필자의 사업은 어땠을까? 아마도 악착같이 살아남기 위해 알게 모르게 많은 이들에게 슬픔을 줬을 거다. 사업깨나 한답시고 거들먹거리며 여기저기 할퀴어 놓은 상처들! 흠집은 남겠지만 사죄하는 마음으로 다가서기 위해 늘 노력하며 살고 있다 돌이켜 보면 다 부질없는 일이었다. 오히려 베풀고 나누며 사는 지금의 인생이 훨씬 더 값지고 보람 있고 마음이 평온하다. 한마디로 말하면 행복하다. 아주 아주 행복하다.

세상에 공짜는 없다는 말! 무조건 맞는 말이다. 이는 세상 모든 것들에 통용된다. 시간 차가 있을 뿐 공짜는 없다. 모두가 빚이다. 필자의 지금 세월은 뭐가 됐든 갚는 시간이다. 신념을 가지고 묵묵히 해 나간다면 이 또한 언젠가는 용서가 될 거라 믿는다. 어떤 형태로든 말이다.

문제는 주체다. '수처작주'라는 말이 있다. 당신이 어디에 있든 머문 자리의 주인은 바로 당신이라는 거다. 다시 말해, 환경의 지배를 받지 말고 환경을 지배하라는 말이다. 모두가 내가 하기 나름이다. 필자의 지난 세월 또한 죽을 만큼 어려움을 겪었다고 말했다.

그러나 좋은 일이 생길 거라는 희망의 끈은 단 한 번도 놓지 않았던 것 같다. 속된말로 이빨 꽉 깨물고 버틸 수 있었던 세월! '희망' 때문이었다. '믿음' 때문이었다. 물론 그 희망과 믿음을 지키기 위해 아무도 모르게 많은 눈물을 보여야 했지만 말이다. 역시나 세상에 공짜는 없더라!

'목계지덕'이란 말이 있다. 『장자』 달생편에 나오는 말이다. 삼성의 고(故) 이병철 회장님이 늘 곁에 두고 아끼셨던 말이기도 하다. 집무실에 수탉 모양을 나무로 깎아 만들어 놓고 인생의 지표로 삼으셨을 정도니 말이다. 간략한 내용은 이렇다.

'상대가 보기에 전혀 미동이 없으며, 어떤 생각을 갖고 있는지 전혀 가능할 수 없을 정도의 감정을 통제할 줄 알며, 나름의 카리스마를 가지고 누가 뭐라 해도 자신의 신념을 굽히지 않고 나아간다.'라는 뜻이 담겨 있다. 그러다 보니 어느 순간 나무와 같은 목계가 되었다는 말이다.

필자 또한 희망과 믿음 하나로 버텨왔다. 당신의 인생 또한 희망이 넘치고 있다. 단지 꺼내지 않았을 뿐이다. 우리 모두가 당신을 궁금해 하고 있음을 알아야 한다. 실망시키지 않을 사람이라 믿기 때문이다.

그렇기에 기다려 주는 거다.

천천히 그리고 묵묵히 미래를 준비해 가는 당신! 어느 순간 대견하다 생각이 들 거다. 당신 스스로가 말이다.

나는 죽은 사람을 살려내는 재주는 없다.
그러나 스스로 살 수 있는 사람을
일어설 수 있도록
손을 내밀 용기는 있다.
-필자 토막-

태풍이 올 때는
바다에 나가지 않는다

필자는 공동묘지에서 8개월을 살았다고 말했다. 세상에 나가지 않았다. 어쩌면 두려웠는지도 모르겠다. 눈을 가리고 귀를 막았던 시간들! 과거를 반성하고 정리하고 계획하는 새로운 출발선이 되었음은 확실하다. 넘어진 김에 쉬어간 거다. 그렇게 생각했다. 이는 나름의 성찰을 하는 황금 같은 시간이었다. 그곳에서 읽은 책만 해도 꽤 되니 말이다.

훗날 이 모두가 필자에겐 값진 자산이 되었다. 어떤 때는 굳이 비바람을 뚫고 가는 것을 피해야 할 때도 있는 법이다. 소나기는 잠시뿐이니 나를 멈출 줄도 알아야 한다는 말이다.

지금도 필자는 하루의 운세를 가늠하는 방법으로 아침 출근 시간을 중요하게 생각한다. 오늘 하루가 머피의 법칙이 내 것인지 셀리의 법칙이 내 것인지 나름의 판단을 한다. 횡단보도 앞에서 오늘 아침 신호등이 내 것인지 아닌지도 중요하게 생각한다.

어떤 날은 걸음을 멈추지 않은 채 같은 속도로 횡단보도를 건너는 횡재도 있다. 알아서 파란불로 바뀌어 주는 거다. 참 신기하고 기분 또한 '짱' 좋은 하루가 시작된다. 또 어떤 날은 인도가 따로 없는 좁은 골목길에 차들이 몰려 요리조리 피해서 가야 하는 출근길도 있다.

이 모든 현상을 판단하여 오늘이 나를 위한 날인지, 조심하는 날인지, 남을 위해 써야 하는 날인지를 구분하여 하루 일정에 참고한다.

오늘 당신이 힘들다면 내일을 기대해라! 분명 좋은 일이 생길 거다. 필자의 경험으로 볼 때 확률과도 관계가 있는 듯하다. 매번 같은 숫자를 뽑을 수는 없는 일이다.

운 좋은 날을 맞았을 때는 안 풀려 고민하던 일을 먼저 해라! 운 나쁜 날은 쉬어가라! 쉬면서 맛있는 것도 먹고 직원들과 농담 시간도 갖고 하며 내일을 위해 충전하라! 조급하면 지는 거다.

늘 평정을 유지해라! 오늘의 태풍을 피해 가는 당신!

이 또한 현명하게 살아가는 방법이 될 수 있다.

세상에 나쁜 행동은 없다.

단지, 선택이 잘못됐을 뿐이다.

-필자 토막-

희망의 발바닥엔
언제나 근심이 묻어 있다

'호사다마(好事多魔)'란 말이 있다. 행운(幸運)이 오더라도 늘 따라붙는 것이 화(禍)다. 뭔가가 같이 온다는 거다. 비중의 문제인 듯 싶다.

좋은 일 뒤에는 나쁜 일이 따라온다는 의미도 있지만 나쁜 일을 겪고 나서야 좋은 일이 온다는 의미도 있다. 필자의 삶은 후자에 속하는 듯싶다. 근심에 집중하다 보면 희망을 놓칠 수도 있으니 늘 깨어 있어 균형을 잃지 말아야 한다. 필자도 말은 이렇게 하지만 참 어려운 일이다. 필자 또한 이 부분에서는 실패했다.

지금 생각해 보면 한참 힘들었던 그 시절에 행운도 함께 왔다. 기회의 신, 카이로스를 보기 좋게 놓치고 만 거다.

앞머리를 잡지 못한 것이다. 돌이켜 보면 슬며시 내 어깨를 스쳐 간 건 분명하다. 참 아쉬운 부분이다. 이런저런 일들을 겪으며 세상을 살아보니 행운을 빼놓고는 성공을 얘기할 수 없다는 결론에 도달한다. 뭐가 돌아보든 돌아봐야 한다는 거다. 너무 미신적인 얘기 아니냐 하는 사람도 있을 거다. 필자의 인생을 돌이켜보니 그렇단 얘기다. 너무 민감해하지는 말자. 필자의 생각을 말한 것뿐이다.

세상살이에 걱정없는 사람이 몇이나 될까? 너무 스트레스 받지 말자. "이 또한 지나가리라!" 이런 멋진 말도 있다는 것에 위로를 받자! 걱정과 근심은 그 자체만으로도 많은 것을 잃을 수 있다. 하고자 하는 일에 집중할 수 없기 때문이다. 그럴 때는 그냥 놔 버리는 것이 훌륭한 해결책이 될 수도 있다. 병법에도 있지 않은가? 마지막 36계 '주위상' 말이다.

도망치는 것도 전술임을 잊지 말자! 분명한 건 포기가 아니라 전술이어야 한다는 거다. 다시 돌아와야 한다. 뭔가 준비된 새로운 무기를 들고 반드시 다시 돌아와야 한다.

성공은 그런 의지를 바탕으로 한다.

걱정은 누구에게나 있다.
함께하는 방법을 찾아라!
임금도 은연중 자리를 걱정하고
신하도 은연중 먹을 것을 걱정한다.
-필자 토막-

제11장

성공과 운(運)

성공도
눈과 귀가 있다

　　성공하려면 운이 따라야 한다는 말과 운이 좋아 성공했다는 말들을 많이 들어봤을 거다. '왜, 운이란 놈은 뭘 하든 붙어 다니는 걸까?' 이유가 있다. 한자 풀이로는 움직일 운(運) 자다.

　말 그대로 한곳에 머물지 않는다는 말이다. 이쯤에서 당신의 생각을 묻겠다. 성공이 먼저인가? 운이 먼저인가? 하나 더, 불운과 행운은 같이 왔다가 떠날 때도 같이 떠나는 걸까? 하나 더, 성공할 수 있다는 열정이 더 중요할까? 아니면 우연히 다가오는 운이 더 중요할까? 당신은 어느 쪽인가?

　성공과 운의 속성을 어느 정도는 알아야 한다. '지피지기(知彼知己)'란 말을 알 거다. 상대를 알고 나를 알아야 한다는 거다. 그렇다면 운이란 것이 나름의 규칙이 있는 걸까? 아니면 무작위로 던져진 주사위 숫자 같은 것일까? 당신도 필자도 알 수 없는 일이다. 그러나 어렴풋이나마 흐름을 파악할 수는 있다. 한 가지 확실한 건 운은 선과 악을 가리지 않는다는 거다. 살인죄로 감옥에 수감되어 있는 죄수의 손에도 로또 1등은 쥐어진다. 이는 여러 차례 확인된 바다. 또한, 로또 1등 당첨 확률은 100% '운'이라고 말할 수 있다. 열심히 분석하고 공부한다고 해서 이뤄지는 게 아니기 때문이다. 이는 노력이나 재능, 선과 악과는 전혀 무관한 일이다.

　따라서, 운은 누구에게나 공평하다는 거다. 주사위를 던질 자격은 누구에게나 있다는 말이다. 누구든 성공할 수 있다는 희망을 가질 수 있으며, 열심히 일하는 삶의 원동력이 될 수도 있다. 그렇다면 열심히 살아온 삶으로 따지자면 우리 모두는 성공했어야 하지 않겠는가? 그러나 안타깝게도 극소수의 사람만이 성공의 문턱을 밟는다. 왜일까? 성공한 그들에게 어떤 특별한 것이 있는 걸까?

열심히 살아온 순위로 따진다면 뒤질 수 없는 당신과 나인데. 왜 그들만이 성공할 수 있었을까? 곰곰이 생각해 보면 결국 성공이란 운을 빼놓고는 말할 수 없다는 결론에 도달한다. 운을 좌우하는 일은 곧 마음을 다스리는 일이다. 베풂과 나눔 그리고 사랑과 배려! 이것들은 다시 좋은 운으로 내게 되돌아온다. 말 그대로 선순환이 이뤄지는 거다.

다음은 미국의 갑부 워렌 버핏의 말이다. 그가 뭘 말하고 싶어 하는지 생각해 보기 바란다.

"어느 더운 여름날, 누군가가 나무 그늘 아래서 쉴 수 있다면 다른 누군가가 오래전에 그 나무를 심었기 때문이다. 당신이 쉬고 싶어 할 때 때마침 그 자리에 그늘을 만들어주는 나무가 있다는 것! 그 자체가 행운이다!"

여기서 우리는 오래전 그 자리에 나무를 심어놓은 그 누군가를 떠올려야 한다. 그가 했던 것처럼 당신 또한 지금부터라도 그 일을 해야 한다는 거다. 당신이 성공했다면 모두가 당신 몫이 아니라고 앞 장에서 많이 언급했다. 알아차렸으리라 믿는다.

힘써 농사를 짓는 것이
풍년을 만난 것만 못하고
정성껏 섬기는 것이

맞추는 것만 못하다.

-필자 토막-

다음은 미국 매사추세츠 상원 의원인 엘리자베스 워런이 2012년 선거 유세 연설문 중 일부를 인용한 내용이다. 필자는 이 연설문을 해외 토픽 뉴스에서 본 걸로 기억한다. 당신도 한번 음미해 보라! 뭔가를 깨달았다면 당신의 성공에 분명 도움이 될 거라 생각한다.

"이 나라에서 혼자 힘으로 부를 이룬 사람은 없습니다. 여러분이 저밖에 공장 하나를 지었다고 합시다. 그러면 우리가 낸 세금으로 건설한 도로를 통해 시장으로 상품을 운반할 것입니다. 역시나 우리가 낸 세금으로 가르친 직원들을 고용하겠지요! 여러분의 공장은 안전할 것입니다.

왜냐하면, 우리가 낸 세금으로 유지하는 경찰관과 소방관들이 있기 때문입니다. 여러분들이 공장을 지었고, 그로 인해 큰 성공을 이루었다면 정말 축하할 일이지요.

공장을 잘 키워서 잘 유지하시기 바랍니다. 하지만 한 가지 꼭 기억할 것이 있습니다. 우리 모두는 사회적 계약이 바탕을 이루고 있다는 점과 여러분도 다음 세대에 물려줘야 하는 우리 사회의 책임 있는 구성원이라는 점을 잊지 말아야 할 것입니다!"

이 연설의 핵심 또한 모두가 당신 몫이 아니라는 말이다. "당신이 성공했다면 모두가 당신 몫은 아닙니다." 필자는 이 말을 또 하고 있다. 단순하게 생각해 보면 열정과 지혜 그리고 노력으로 만들어낸 당신이 이룬 성공이라 말할 수도 있다. 하지만 조금만 더 깊게 생각해 보면 겸손해지지 않을 수 없다.

극단적으로 말해, 국가가 전쟁 상황이었다면, 이념과 사상의 충돌로 인한 혼돈 상태라면, 지진이나 기후 변화 등 자연 재앙으로 인해 모두가 힘들어하는 세상이라면 그때도 과연 당신의 성공이 지금처럼 가능했을까?

여기에 더불어 당신 가족의 편안함과 부모의 건강함 등 주변 여건 또한 당신의 성공에 지대한 영향을 미쳤음을 인정하는가? 더 나아가 당신이 중병에 걸려 병원 신세로 생을 마감해야 한다면 당신의 성공이 무슨 의미가 있을까?

생각지도 못했던 뭔가가 확 다가오지 않는가? 그래서 겸손해야 한다는 거다. 가족과 부모님을 포함한 주변을 두루두루 돌아보며 가야 하는 이유이기도 하다. 행운 또한 긍정적이고 감사한 마음을 바탕으로 한다고 말했다. 낮은 자세의 겸손한 사람을 좋아한다고도 말했다. 이는 성공한 이들의 공통점이기도 하며, 그들은 이 모든 것들의 증거자들이다.

그러니 또 얘기하지만, 주변을 두루두루 돌아보고 살피며 가라는 말을 수없이 할 수밖에 없다. 따라서, 당신의 성공 또한 세상의 여러 부분 중 한 부분임을 잊어서는 안 된다. 세상의 전부가 아니라는 말이다. 행여나 성공이 전부라고 생각한다면 아주 위험한 발상이다.

당신이 성공만을 향에 돌진했는데 실패했다면 모든 것을 잃을 거다. 부모와 가족까지도 말이다. 이는 필자가 어느 정도 확신한다. 분명 빠져나올 수 없다.

운행한 버스는 차고지로 돌아가야 충전도 하고 정비도 하고 휴식도 취하고. 그렇게 함으로써 다음 운행을 준비할 수 있는 거다. 당신의 차고지는 어디인가? 그곳이 당신의 충전소다. 잘 지켜라!

성공 따위와 비교될 수 없다. 무조건 최우선이다.

성공을 이뤘다면
가진 부를 사회에 환원하고
또 다른 불평등을
개선할 수 있는 길을 찾아 나서야 한다.
이것이 우리의 사회적 책임이다.
-빌 게이츠-

잠시
머물러 있을 뿐이다

필자는 비지스의 노래를 좋아한다. 특별히도 좋아하는 곡이 트레지디(Tragedy: 비극)다. 그렇게나 힘들었던 시절, 유일하게 내 영혼을 위로해 줬던 곡이다. 이 노래를 들을 때면 고압선에 감전된 듯 머리에 찌릿찌릿 전기가 오며 머리카락이 곤두선다.

어쩐 일인지 곡목은 비극인데 멜로디는 희망으로 들린다.

간절한 외침의 격앙된 목소리에서 그토록 매달렸던 내 기도의 몸부림과 같았기 때문이다. 지금도 가끔 들을 때면 나도 모르게 울컥한다. 가슴 밑바닥에 묻어놓은 작은 항아리를 흔들어대는 곡이다. 핵심은 마음의 평온함이다. 이는 시작이며 끝이다.

파랑새는 그때나 지금이나 늘 내 옆에 있었다. 흔들리고 방황했던 마음은 세월을 돌고 돌아 결국 인문학에 귀결됐다. 내가 아닌 그들을 위한 삶이 진정한 행복의 종착역이 됐다.

필자가 읽은 수백 권의 인문학 관련 책 중 그 내용을 한마디로 요약한다면 인생의 진정한 성공은 '평온하게 하라, 그리고 당신이 무엇을 하든 평온하게 살아라!', 안빈낙도(安貧樂道)가 답이다. 이렇게 말해주고 싶다. 이는 인간의 본성에 다다르는 것, 진정한 성공의 깨달음이다. 그 중심에 인문학이 있다.

마음의 평온함을 가져다주는 정신수양은 반드시 당신을 위한 선물을 준비할 것이다. 이는 누구에게나 공평하다. 당연히 당신도 포함된다.

그대가 슬퍼하기를 원한다면
세상 어느 누구도 그대를 행복하게 해줄 수 없다.
그러나 그대가 행복하기로 마음먹는다면
지구 위의 어느 누구, 그 무엇도
그대에게서 행복을 뺏어갈 수 없다.
-요가난다 중에서-

필자는 버스를 타고 드라이브할 때가 제일 좋다. 맨 뒷자리 창가에 앉아 상상의 날개를 펼 수 있는 유일한 장소다. 이 순간만큼은 참 행복한 시간이다. 나는 지금 출발선에 있다. 각자의 이마에 번호를 붙인 덩치 큰 이들이 내 앞에 머물다 사라진다.

버스라기보다는 큼지막한 등 번호를 붙인 네 발로 뛰는 잘 훈련된 말과 같다. 잠시 북적대며 바빠 보인다. 담고 버리고 하더니만 이내 가버린다. 나는 또 홀로 남아 있다. 그들은 잠시 머물러 있었을 뿐이다. 내 육신은 편하게 데려다줄지 몰라도 공허한 마음을 허물고 행복을 안겨주진 못한다.

그냥 잠시 내 옆에 있었을 뿐이다. 그렇게 왔다가 각자의 길로 흩어지는 것, 그리고는 다시 여기에 홀로 남는 것, 그뿐이다. 그게 다다. 나 역시 잠시 여기에 머물 뿐이다. 인생도, 결혼도, 계절도, 사랑도. 황홀할 정도로 아름답게 핀 저 꽃마저 그냥 그때뿐이다. 말 그대로 화무십일홍(花無十日紅)이며, 생기사귀다.

가장 멋진 때는 지금이다. 혼백이 온전히 내 것인 지금 말이다. 당신의 미래 또한 지금이 모여 만들어지는 거다.

눈빛이 총명한 지금을 빛내라! 책을 쓰고 있는 지금 이 순간! 필자는 더없이 행복하다. 많은 사람들에게 작은 희망이라도 전할 수 있으니 함께하는 당신들에게 감사할 뿐이다.

　고맙습니다, 감사합니다. 그리고 모두를 사랑합니다.

　　이름 석 자가 없거든 그렇게 살아라.

　　이름 석 자가 있거든 그렇게 살아라.

　　행복이란 그냥 그렇게 사는 거다.

　　결국엔 모두 다 흩날려

　　원래 자리로 돌아간다.

　　-필자 토막-

철부지
인생

내 인생은 철부지다. 모르기 때문에 철부지가 된 거다. 세상은 알다가도 모를 일이다. 안다는 건 모른다는 거다. 알려고 애쓰다 모름에 머문다. 나는 처음부터 몰랐다. 결국, 우리 모두는 모르는 사람들이다. 뭔가를 조금 알게 된 이는 상황 파악을 시작한다. 넘쳐나는 칭찬에 자신을 버리고 좋게 봐주는 행동으로 가면을 쓰기 시작한다. 이중성이 시작되는 거다.

세상이 뭘 요구하는지를 알아버린 거다. 그렇게 세상의 틀 속으로 빨려 들어간다. 철부지란 말뜻을 풀어보면 철은 계절을 뜻하며 부지는 땅을 의미한다. 다시 말해 제철에 심어야 할 것들이 있음을 말하는 거다. 봄에 추수를 하겠다고 덤벼든다면 어찌 되겠는가?

한겨울에 씨를 뿌리겠다고 한다면 어찌 되겠는가?

그때가 아니라는 거다. 때에 맞지 않는 행동! 또는 상황에 맞지 않는 행동을 두고 우리는 철부지! 철이 없다 하는 거다.

필자 또한 철부지다. 60이 되었음에도 철이 없다. 사람들은 단순한 사람, 모자란 사람으로 평가해버린다. 보이는 모습이 전부라 생각한다. 그런데 여기서 중요한 한 가지가 있다. 철없이 살아온 이들은 영혼이 맑다는 거다. 세상과 타협하지 않는다. 또한, 순리대로 가지도 않는다. 내면에 자리 잡고 있는 진정한 모습을 볼 수 없다. 아니 보여주지 않는다. 이는 엄청난 장점이라 생각한다.

그런 행보가 인생 후반에 값진 경험으로 자리 잡는다. 누구도 대적할 수 없는 무기를 장착하게 되는 거다. 자신들이 위에 있다는 착각! 그런 그들을 무장해제 시키는 능력! 이는 최고의 선물이다. 시간의 힘을 빌려왔기 때문이다. 어느 날, 어느 때 내 손을 들어주는 것에 감사하면 된다.

자연스레 맑은 영혼은 축적된 경험과 더불어 좀 더 사람의 길에 가깝게 다가서게 한다. 그 어떤 장벽도 이를 막아설 수 없다. 결국엔 또 인문학이다. 확고한 생각 말이다. 세상의 대부분은 철부지가 이끌었음을 아는가? 에디슨이 그랬고 라이트 형제가 그랬으며 기타 많은 과학자들이 때(시대)에 맞지 않는 행동들로 큰일을 해냈다. 그러니 당신의 과거가 철부지였다 한들 아무 문제 없다. 이는 희망이며 늘 생각하는 사람이기 때문이다.

필자 또한 생각으로 하루를 시작하는 철부지다. 당신 또한 영혼이 맑은 철부지였으면 좋겠다. 절대로 놀리는 게 아니다. 역사 이래 철부지들의 대부분은 마음 가는 대로 평범한 인생을 살다 갔다. 대체로 효심 또한 깊다. 오히려 많이 배운 이들이 불효에 대한 포장을 잘하는 편이다. 그들은 말로써 기가 막히게 정당화해 버린다.

한마디로, 잘 말하는 것이 아닌 말을 잘하는 것이다. 예의라는 가면을 쓴 채 말이다. 이 또한 그들이 살아가는 방법일 뿐이다. 난 철부지가 좋다. 영혼이 맑기 때문이다. 이해타산을 하지 않는다.

당신도 그렇다면 함께하고 싶다. 진심이다. 오해 없길 바란다. 분명한 건, 필자는 철부지라는 거다. 놀려도 좋다!

그게 나니까 말이다.

애써 과거를 리모델링하지 마라!

이 또한 당신의 값진 행보다.

단지 어떤 의미를 부여하는가에 있다.

그 행보가 당신을 여기에 세웠음을 감사해라!

-필자 토막-

문제
해결 공식

      역사 이래 난관을 해결할 방법은 뒤에 있지 않았다. 늘 앞에 있었다. 당신의 미래를 어둡게 할 수 있는 현재를 도망치려 하지 마라! 적극적으로 개입해야 한다. 우리는 어려운 일이 닥치면 단번에 해소할 방법을 찾는데, 오히려 부작용만 커질 뿐이다.

  어려움이 닥치거든 쥐의 이빨을 가져라! 조금씩 조금씩 갉아 내는 거다. 아름드리나무를 면도날로 조금씩 조금씩 베어가듯 천천히 해나가는 거다. '마부작침'이란 말도 있다. 말 그대로 도끼를 갈아 바늘을 만든다는 말이다. 그렇게 하다 보면 신기하게도 처음의 속도보다 복리로 진행됨을 느낄 거다. 이 또한 필자의 경험이다.

  어느 선을 넘게 되면 급속도로 빠르게 해결되어 간다. 당신도 한 번 해보라. 현명한 자가 느리게 걷는 이유가 바로 여기에 있다. 생각이 필요한 거다. 돈도 마찬가지다. 천천히 버는 거다. 명심하기 바란다. '천천히 천천히!' 세상만사 대부분이 이를 요구한다.

  필자 또한 부도로 인해 어려움이 닥쳤을 때 이 방법으로 해결했다. 은행과 업체들의 미결제를 포함 7억 2천 + α를 정리하는 데 11년의 세월이 필요했다. 필자 또한 사람이다. 긴 세월을 갚아가는데 어찌 지칠 때가 없었겠는가? 그럴 때마다 마음 다스림이 중요했다. 참고 또 참고…. 비가 오나 눈이 오나 꾸준히 갚아나갔다. '마부작침, 우보만리' 그렇게 말이다.

이후로 업체들과는 더 큰 신뢰를 갖게 된 것이다. 여기서 잊지 말아야 할 것은 필연적으로 따라오는 스트레스를 경계해야 한다는 거다. 돈을 잃은 것도 가슴 아픈데 건강까지 잃는다면 이는 정말이지 완전한 패배다. 모든 것을 잃을 수도 있다.

손톱 밑에 가시가 박혔다고 손가락을 자를 수는 없지 않은가? 그런 상황은 만들지 말아야 한다는 거다. 그렇기에 지금의 어려움이 죽을 것 같이 힘들지만, 시간이 흐른 후 뒤돌아보면 이 모든 것들은 내 인생길에서 아주 작은 한 점에 불과함을 잊어서는 안 된다. 그래서 현명한 생각을 요구하는 거다.

이런 문제를 벗어나는 방법은 단 하나뿐이다. 내가 먼저 적극적으로 다가서는 거다. 먼저 찾아가고 먼저 인사하는 거다. 약속한 날짜를 지키지 못할 것 같으면 그전에 찾아가 사정 얘기를 하는 거다. 반드시 얼굴을 보고 얘기해야 한다. 못 만났다면 다음날 그 시간에 다시 가야 한다. 그래야 서로에게 편안해진다.

약속 날짜까지 아무 말 없이 지낸다면 전화로 인한 스트레스를 각오해야 할 것이며, 더 나아가 당신이 일하는 곳으로 쳐들어올 거다. 그날은 당신의 일을 할 수 없다. 이 모두가 처신의 문제다. 현명한 자가 되기 위한 연습이라 생각해도 좋다. 또한, 당신의 시간을 아끼는 길이기도 하다.

신뢰가 깨지는 순간, 당신은 모든 것을 잃게 될 거다. 당신의 존재는 즉시 사라진다. 주변의 평판은 형편없는 사람으로 낙인찍을 거다. '쓰레기더미에서 간신히 일어서 있는 초라한 모습' 상상해 보라! 이런 성공도 괜찮은지!

모든 선택은 머리가 아닌 마음이 하는 거다. 머리는 철저하게 이기적이다. 그에게 기대지 마라! 마음으로 해라!

지금의 나도 죽도록 힘들지만, 그럼에도 불구하고 그들을 먼저 생각하고, 세상을 먼저 생각하는 당신의 따뜻한 마음 말이다. 효도라는 것도, 예의라는 것도, 베풂이란 것도… 그들을 위해서…. 말 그대로 대인이 되어야 한다. 시간이 많이 지난 지금에 와 돌이켜 보니 정말 그랬다. 필자는 이를 검증한 거다. 물론 개인적인 경험이지만 말이다. 과정은 분명 아프고 쓰리다. 하지만 미래는 온전한 당신 것이 된다. '누군가가 비슷한 경험을 먼저 했다면 많은 위로가 되지 않을까?' 하는 생각이다.

진심으로 당신을 위로해 주고 싶어서다. 당신의 성공이 눈앞에 와 있음을 알려주고 싶어서다. 그런 마음이다. 힘내자.

신뢰를 잃은 사람은
더 이상 잃을 것이 없다.
불신은 대단히 비싼 대가를 치른다.
-시루스 & 에머슨-

지렁이는 땅속이 답답하지 않고,
물고기는 물속이 답답하지 않다

　　　지금 당신이 힘든 길을 지나고 있다면 땅속에 있는 것이요, 물속에 있는 거다. 현재 상황을 불평하지 않았으면 좋겠다.

　머지않은 미래에 모든 것이 정리되고 문밖의 상쾌한 공기를 내 몸으로 들이키는 순간, '그래! 이런 세상이 있었지!' 하면 되는 거다. 말 그대로 인고의 세월이지만 생각하기 나름 '일체유심조'다. 불교 화엄경에 나오는 말이다. 습관처럼 행동하면 된다. 익숙해지면 된다. 빨리 적응하면 된다.

　이런 상황은 당신 잘못이 아니다. 세상이 움직이기 때문이다. 변화무쌍하기 때문이다. 그러나 움직이지 않는다면 죽어 있는 거다. 모든 만사가 그렇다! 비바람을 만나고 태풍을 만나고 지진과 해일에 단 하루도 같은 삶은 없다. 늘 똑같아 보이는 내 얼굴조차도 어제보다는 늙었다.

　그럼에도 불구하고 인류는 삶을 이어가고 있다. 그 중심에 당신이 있는 거다. '천상천하 유아독존!' 모든 만물의 시작은 나로부터 시작된다는 말이다. '나는 우주요, 너는 형상이다.'라는 말로도 해석된다. 내 눈에 보이는 모든 것들은 나를 위해 만들어진 것이란 뜻이다.

　따라서, 이 어려움 또한 나를 위해 만들어진 것이니, 내 스승으로 삼는다는 생각을 하는 순간, 좀 더 겸손해질 수 있으며, 좀 더 낮은 자세로 남 탓이 아닌 나의 부족함을 인정하고 성찰하는… 그런 수준

높은 행동으로 보답할 가능성이 커진다.

　지렁이는 땅속을 벗어난 적이 없으며, 물고기는 물속을 벗어난 적이 없다. 답답할 리가 없는 거다. 그곳이 전부이기 때문이다. 인생도 마찬가지다. 행복보다는 어려운 길을 헤쳐나가는 세월이 훨씬 더 많다.

　긴 여정 속에 행복도 만나고, 기쁨도 만나고, 슬픔도 만나고, 좌절도 만나게 되는 거다. 당신이 지금 힘들다면 슬픔과 만나고 있을 뿐이다. 그와의 동거가 길지 않을 것임을 당신자신이 제일 잘 안다. 왜냐하면, 빨리 헤어지기를 간절히 바라기 때문이다.

　단지 시간이 문제일 뿐이다. 앞 장에서 얘기했다. 슬픔을 잘게 쪼개어 조금씩 적셔 증발시키는 거다. 당신의 노력이 만든 값진 땀방울, 다행히도 젖은 옷은 내가 말리지 않는다. 햇빛이 당신을 도울 거다. 필자도 그랬다. 힘내자!

　무슨 뜻인지 알았으리라 믿는다. 그렇게 하는 거다. 당신이라면 충분하다. 이 책을 집어 들 땐 뭔가를 해결하고픈, 뭔가를 이루고픈, 간절함이 있어서일 것이다.

　필자는 다시 말한다. 당신이라면 충분히 가능하다. 현명한 사람이기 때문이다. 모든 시작은 마음에서부터 출발한다. 그 마음의 열매는 선택이다. 당신의 탐스러운 열매를 기대해 본다.

　힘내자! 지나가고 있는 중이다.

　슬픔이 송곳이 되어 나를 찌른다면
　난 주저 없이 스펀지가 될 것이다.
　스펀지는 고통도 흔적도 남기지 않는다.
　-필자 토막-

인생에서
가장 큰 슬픔은 '후회'다

　　세상이 우리가 원하는 대로 움직여 주지 않음을 인정해야 한다. 여기서 생겨나오는 불가피한 문제가 걸어온 발걸음의 '후회'다. 나의 의지대로 움직였으니 누구를 탓할 수도 없다.

　　물고기는 물의 흐름을 따른다. 잘 만들어진 연은 바람의 흐름을 따른다. 우리는 세상의 흐름을 따른다. 이게 전부다. 현자는 세상의 흐름을 바꾸고 소자는 세상의 흐름을 따른다는 거다. 누구에게나 후회는 있다. 단지 강도의 문제일 뿐이다.

　　50년의 인생을 산다면
　　49년이 후회다.
　　-중국 고전 『회남자』 중에서-

　　역설적이지만 필자는 대부분을 포기했다. 버림으로써 얻은 거다. 무엇보다도 나 자신이 중요했기 때문이다. 세상에서 목숨을 걸고 승부를 내야 하는 일은 없다는 게 필자의 생각이다. 어찌 됐든 살아있어야 기회가 존재하기 때문이다.

　　전쟁도 마찬가지다. 세상의 흐름이 그 길로 가기에 그저 따랐을 뿐이다. 이런 각도에서 본다면 아직은 전쟁의 시대를 만나지 않은 것만으로도 지금 시대 젊은이들이 누리는 가장 큰 행운인 거다. 나를 비우고 시작하면 후회의 강도는 확연하게 줄어든다. 우리는 여행을 준비할 때 비상약을 챙긴다.

혹시라도 다가올지 모를 변화에 대비하는 거다. 그렇다면 내 사업의 비상약도 필요하지 않을까? 필자 또한, 어음부도 후에 생각의 깊이가 꽤 달라졌다. 변방에 있는 작은 개인사업자가 나름의 경제전쟁에서 완패했다. 이후로 다가온 후회와 아쉬움을 다스리느라 한참을 힘들었다.

무방비로 전혀 준비되지 않은 채로 맞은 패배가 큰 후회와 아쉬움으로 남은 거다. 만약에, 혹시라도 내가 부도를 맞는다면? 또는 예상치 못한 어려움이 닥친다면? 어떤 비상약을 준비해야 할까? 이 생각을 단 한 번만, 한 번만이라도 했더라면 후회가 아닌 과정으로 남았을 것이 틀림없다. 비상약이 있고 없고의 차이는 실로 엄청난 거였다.

이는 우리가 살아가는 동안 모든 부분에 적용된다. 예상컨대

비상약 없이 버텨온 힘들었던 세월 또한 당신도 필자처럼 최선을 다했을 거다. 그러니 충분히 가치 있는 경험이다.

이가 없으면 잇몸으로 버틴다는 말도 있지 않던가? 이 또한 '후회'가 아니라 그럴 수밖에 없었던 '과정'이었다. 이렇게 마음을 다스려주면 어떨까?

몸과 마음이 모두 건강하게
될 수 있는 비결은
과거에 대한 후회나
미래에 대한 걱정 없이
지금 이 순간을
현명하고 진지하게 사는 것이다.
-노먼 슈워츠코프-

필자 또한, 그런 세월을 겪어보니 후회보다는 얼마나 빨리 그랬던 것들을 잊을 수 있느냐가 더 중요하다는 것을 알았다. 이 또한 내 인생이기 때문이다. 사랑하자! 사랑할 수밖에 없다! 그러니 그냥 그대로를 사랑하자! 그리고는 다 잊는 거다!

잊는 것 또한 해결 방법 중 하나다. 병법에도 있지 않은가? 앞 장에서 말했었다, 마지막 36계 말이다. 이제부터 해야 할 일은 다시는 그런 수렁에 빠지지 않겠다는 자기와의 약속이다.

우리에게는 또 다른 내일이 있다는 것에 위로받아라! 당신의 무기는 내일이다. 희망 말이다. 힘들 때면 파랑새를 떠올려라! 아마도 '희망'이란 단어가 당신을 깨울 거다.

이미 낭비한
시간에 대한 후회는
더 큰 시간의 낭비이다.
-메이슨 쿨리-

내 운이 없다면
남이 버린 운을 주워라

대부분 사람들은 부정적이다. 특히나 우리나라 사람들은 좀 더 심한 듯하다. 필자의 개인적 생각이다. 힘들 땐 힘들어 죽겠다, 바쁠 땐 바빠서 죽겠다. 그러다 조금 한가해지면 따분해 죽겠다 한다. 이래저래 죽는 거다. 재수 없어! 돈 없어! 귀찮아! 말 시키지 마! 됐어! 등 안 좋은 말만 입에 달고 산다. 이런 말 참 많이도 듣는다.

필자가 생각하건데, 이 같은 부정적 습관으로는 도저히 행운이 내게 머물 수 없다. 생각해 보라! 굳이, 당신의 짜증스런 표정과 말투에 눈치를 보며 옆에 있을 이유가 있을까?

행운 또한 사람이라 생각하면 틀림없다. 내 몸이 바르면 내 그림자가 삐딱할까 걱정하지 않으며 내 발이 곧으면 내 신발이 휘었을까 걱정하지 않는다 했다. 이는 정도를 걸으라는 말이다.

누더기 옷을 입었어도 선비는 선비다. 곧은 마음 말이다. 하는 일마다 되는 일이 없다고 짜증 내며 난 참 복도 없는 놈이라며 투덜대고, '재수 없어'란 말을 입에 달고 산다면 본인 스스로가 잘될 것을 포기한 거나 다름없다. 한마디로 '자승자박(自繩自縛)'이다. 세상 어느 누가 지지리 궁상떨며 부정적 삶을 살고 싶겠는가? 모두가 마음의 문제인 것이다.

그러니 오늘부터라도 마음을 바꿔보자!

세상이 당신을 버렸다고 생각하지 마라!
세상은 당신을 가진 적이 없다!
-에르빈 롬멜-

　지금까지 살아오면서 귀인을 만나지 못했다면 당신 자신이 귀인이 되면 어떨까? 어렵지 않다. 귀인처럼 행동하고 처신하면 되는 거다. 이제부터는 당신 자신이 귀인인데 굳이 찾을 필요가 있을까? 멘토 또한 마찬가지다. 당신이 찾아 나설 필요가 있을까?

　멘토가 내게로 오게 하면 되는 거다. 이런 마음을 굳혔다면 내 운이 없음을 인정하고 사람들이 생각 없이 버린 '운'을 주워 내 것으로 만들면 어떨까? 방법은 간단하다.

　이전보다 더 따뜻한 눈빛으로 바라보기, 더 따뜻한 표정으로 말하기, 더 따뜻한 마음으로 다가서기, 더 따뜻한 가슴으로 공감하고 들어주기 등이다. 그 외에 휴지나 담배꽁초를 줍는 것 또한 큰 운을 줍는 거다. 인사를 잘하고 예의가 바르며 청소가 몸에 밴 습관 또한 막대한 운을 줍는 거다.

　살면서 우연히 찾아오는 운도 좋지만 작든 크든 나의 노력으로 운을 주울 수도 있다는 행위가 훨씬 더 확률이 높지 않겠는가?

　쓰레기를 아무 데나 버리지 않는 것 또한 아주 큰 운을 버는 거다. 이 얼마나 쉬운가? 누구나 할 수 있다.

　그러나 이를 실천한다는 건 다른 얘기다. 선택했다는 거다. 다시 말해 '성공=나'를 선택한 거다. 성공은 그렇게 만들어지는 거다. 당신도 한 달만 해보라! 아마도 표정이 달라져 있을 거다. 행복하고 온화한 표정으로 말이다. 비로소 운을 맞을 준비가 되어 가는 거다. 다시 말한다, 당신 스스로가 귀인이 되라!

그리된다면 당신을 만났던 많은 사람들 모두는 귀인을 만난 것이 된다. 당신은 그들에게 좋은 기운을 나눠준 거다. 이처럼 매일매일 세상을 이롭게 하는 당신 같은 사람에게 내려주는 선물이 없다면 말이 안된다. 세상은 '인과응보'고, 행운도 그런 거다. 그래서 파랑새는 반드시 찾아옴을 믿는 거다.

그러나 그들이 당신에게 "복 받으실 거예요, 감사합니다." 이런 말을 할 때면 당신은 슬그머니 자신을 돌아봐야 한다. 거만함과 오만함의 방패는 단 하나뿐이다, 낮은 자세와 소박한 겸손!

그런 모습은 모두를 이롭게 하고 당신을 이롭게 할 거다. 어느 날! 어느 때! 어느 순간! 수줍은 모습으로 살포시 당신 옆에 머물 수도 있다. 파랑새는 늘 그렇게 오더라!

필자는 그런 모습의 당신을 보고 싶은 거다.

서러웠던 그 시절!
산 정상에 서서
내게로 오는 운의 힌트를 찾으려 애썼던 기억들!
더 나빠지지 않고
평온함을 유지하는 자체가
이미 운이 온 거라 생각하며
나를 위로했었다.
'파랑새'를 본 것이다.
-필자 토막-

제12장

지름길

제발!
여기까지만!

　　사람 또한 태어나는 순간부터 어느 정도의 인간 본능이 작용하는듯싶다. 한정된 시간 속에서 배우고 익히고 가져오고 나눠주고 또 어떤 때는 뺏기고 빼앗기도 한다. 이런 흐름 속에 서서히 줄기를 뻗는 사랑, 열정, 인내, 좌절, 기쁨, 성취, 행복 등을 모두 포함시켜 하나의 삶으로 묶어버린다.

　　우리는 이를 '인생길'이라 말한다. 나무는 자연이 주는 햇빛과 물, 그리고 기름진 토양의 도움을 받기에 그 삶이 가능해진다. 비바람과 태풍도 있지만 살랑이는 실바람과 느슨한 따뜻함 또한 그들의 몫이다. 마치 우리네 인생과도 같다.

　　다름이 있다면 그들은 모든 조건이 충족됐음에도 빨리 크려 하지 않는다. 그들은 애써 몸집을 키우지도 않는다. 또한, 넓은 창공이 있음에도 더 큰 키를 원하지 않으며, 더 큰 잎을 원하지 않는다. 모두가 적당하고 필요한 만큼으로 조화를 이룬다.

　　그런데 우리는 어떠한가? 더 빨리 더 높이 더 넓게 더 깊게 더 크게. 어딘지도 모르는 꼭대기를 향해 미친 듯이 내달리다 생을 마감한다. 보이는 모습은 모든 것들을 내려놓은 듯 고요해 보이지만 어느 날, 어느 때 조건이 허락하는 순간 불꽃처럼 일어난다.

　　마음속에 끓어오르는 욕망을 잠재우느라 몸은 느려졌어도 얼굴은 밝지 않다. 뭔가가 충족되지 않아서다. 욕망은 생을 다할 때까지 내 안에 머문다. 어디가 끝인지 자신 스스로도 모르면서 내달린다. 여기에 더하여, 다른 사람과의 비교도 한몫한다. 그렇게 높은 곳만을 바라보며 내달리다 아까운 생을 마감한다. 마치 이카루스의 날개처럼 말이다.

아버지인 다이달로스는 아들 이카루스에게 각별히 당부했다. 너무 낮게 날면 바다의 수증기로 인해 날개가 젖어 무거워진다. 그리되면 너는 가라앉게 될 것이며, 그렇다고 너무 높게 날면 태양 빛에 날개가 타버릴 것이니 늘 적당함을 유지하라며 신신당부를 했건만 이카루스는 하늘을 나는 욕심에 너무 높이 날아 태양 빛에 날개가 타버려 바다로 떨어져 죽었다는 얘기다.

그 후, 시신은 헤라클레스가 묻어줬다는 얘기도 있다. 이는 그리스 신화에 나오는 얘기다. 분명 우리 모두는 소중한 사람들이다. 따라서, 자신이 정한 목표에 도달했다면 더 높은 곳으로 수정하지 마라! 나머지 인생은 자신에게 써야 하지 않겠는가? 돈 벌려고 태어난 게 아니라면 말이다. 그냥 여기까지로 만족하면 안 될까? 나무처럼 말이다.

적당한 풍요, 그만큼만 목표를 세운다면 인생 모두를 쓰지 않더라도 가능할 거다. 필자는 확실하게 말할 수 있다.

우리는 하늘을 보지만
땅을 딛는 존재다.
-필자 토막-

필자의 역할은 당신의 옳은 선택을 돕는 데 있다. 멀지 않은 어느 때, 당신이 성공했음에도 이 책을 함께한다면 필자는 가문의 영광으로 생각할 거다. 당신은 분명 온전한 성공을 이뤘을 것이기 때문이다.

이는 필자가 간절히 원했던 방향이다. 아마도, 당신을 몹시도 고마워할 거다. 부디 이카루스의 교훈을 잊지 마라.

욕망과 합리적인 계약을 하라!
성공에는 반드시 과정이 필요하다.
로또 당첨자가 망하는 이유는
성공으로 가는 과정이 생략됐기 때문이다.
따라서 절제의 기술이 필요한 거다.
원하는 것을 얻었을 때
달라지는 것은 아무것도 없다.
왜냐하면,
또 다른 욕망이 일어설 것이
틀림없기 때문이다.
그러니 지혜로운 당신이여!
욕망과 합리적인
종신 계약을 해보면 어떨까?
-필자 토막-

돈 버는 길에
지름길은 없다

'돈 버는 길에 지름길은 없다.' 이는 필자의 생각이다.

빨리 돈 벌고 싶은 당신은 역시나 실망했을 거다. 먼저 세상을 둘러보자 자연의 이치를 말해볼 거다. 당신을 잉태한 당신의 부모님은 당신의 얼굴을 몇 달 만에 보았을까? 아마도 대부분 열 달쯤일 거다. 당신의 부모님은 그 열 달 동안 하루도 빠짐없이 당신 얼굴을 보고 싶어 하셨을 거다. 그런 보고픔을 참아낸 보답으로 건강한 당신을 만날 수 있었다.

만일, 칠삭둥이나 팔삭둥이였다면 당신의 얼굴을 빨리 볼 수는 있겠으나, 당신의 건강과 어머니의 건강은 장담할 수 없다. 이것이 세상의 이치다.

게임을 한다 할 때
내가 가진 칼로 모두를 무찌를 수 있다면
재미도 없고 지루할 거다.
나의 노력으로 안 되는 것들을
하나씩 하나씩 이루어 가는 과정에서
우리는 감동을 받으며 의미를 얻는다.
천천히 천천히, 그래!!, 천천히 하는 거다.
돈 버는 것을 포함하여

인생사 대부분이 이를 요구한다.

과정을 즐겨라!

과정은 추억이 묻어 있는 향수와도 같다.

그 향수가 내 자리를 지켜주며

노년을 행복하게 해줄 것이다.

-필자 토막-

세상에 공짜는 없다. 얻으면 잃어야 할 것이 있는 것이고, 잃으면 얻어지는 것이 있는 것이며, 줬으면 받는 것이고, 받았으면 줘야 하는 것이고, 흔하면 귀해지는 것이고, 귀하면 흔해지는 것이다. 이게 전부다. 이런 이치만 잘 기억하자. 모든 인간관계가 여기서 크게 벗어나지 않는다.

성공 또한 당연히 이 안에 있다. 다음은 사람의 분류이다. 인간관계는 크게 기버(Giver)와 테이커(Taker) 그리고 매처(Matcher)로 나눌 수 있다. 이는 애덤 그랜트의 말을 인용한 거다. 잠깐 설명하자면 기버는 뭐가 됐든 주는 것을 좋아하는 성향의 사람들이다. 반대인 테이커는 뭐든 받기만을 원하며 받으려고만 하는 성향의 사람들이다.

여기에 좀 특별한 부류가 하나 더 있다. 바로 매처들이다. 이들은 받은 만큼 주고, 준 만큼 받아내려 하는 성향의 사람들이다. 더 갖지도 더 손해 보지도 않겠다는 거다. 당신은 어느 부류인가? 자신이 제일 잘 알 거다. 여기서 성공에 가깝게 다가서는 사람들의 특징은 뭘까? 그건 바로 나보다는 상대를 먼저 생각하는 마음을 갖춘 기버들의 행동 방식이다.

마음에서 우러나온 행동 방식 말이다. 상대의 마음을 얻는 막강한 힘! 뭐가 됐든 상대가 필요한 것을 먼저 내어준다. 그리고는 준 것의

30%만을 원한다. 이것이 기버들의 행동 방식이다. 자연의 이치를 잘 따르는.... 뭔가를 터득한 사람들이다.

언뜻 보면 무조건 손해인 것처럼 보인다. 하지만 절대로 그렇지 않다. 핵심은 이런 마음이 성공의 문을 노크한다는 거다. 결국엔 사람의 마음인 거다. 인문학 말이다. 상대의 마음이 당신 제품을 원해야 하며, 당신을 만나고 싶어 해야 하며, 당신 매장을 방문하고 싶어 해야 한다는 거다. 상대에게서 이런 마음을 얻고 싶다면 '나는 그들에게 무엇을 주었는가?'를 생각하면 바로 답이 나온다.

평범하고 누구나 다 아는 얘기지만, 지식으로 남겨둔 이와 실천으로 행하는 이의 차이가 여기서부터 시작된다. 마음이 다가서야 선택을 하게 되고, 선택이 되어져야 행동으로 옮겨지는 것이다.

다음으로는, 나 자신의 그릇 크기를 짐작해 보는 거다. 이는 아주 냉철하고 거짓 없이 행해야 한다. 이 부분에서는 필자가 사용했던 기준을 제시했으니 참고하기 바란다.

> 그릇 1) 나 자신의 먹을 것을 스스로 책임질 수 있다면 난 내 존재 자체가 영웅이라 생각한다.
>
> 그릇 2) 내 식구의 먹을 것을 책임질 수 있다면 난 내 가족의 영웅이라 생각한다.
>
> 그릇 3) 내 직원의 밥벌이를 책임질 수 있다면 난 내 회사의 영웅이라 생각한다.
>
> 그릇 4) 내 나라를 살찌울 수 있다면 난 내 기업의 영웅이라 생각한다.
>
> 그릇5) 내 국민의 생존을 지킬 수 있다면 난 내 국가의 영웅이라 생각한다.

(단, 여기서 조건이 있다. 당신의 나이 80세까지, 자신은 물론 가족이나 형제자매 지인 등 모두를 두루두루 돌아보며 이룰 수 있는 그릇을 선택해야 한다.)

당신의 그릇 크기는 몇 번에 해당하는가? 결정했는가? 그렇다면 이번 삶은 거기까지다. 더 이상 수정하지 마라! 수정하는 순간 욕망이 고개를 들 것이며, 대부분 그 욕망으로 인해 다시 주저앉게 된다. 명심하기 바란다.

이미 선택한 그릇에 도달했다면 자신을 위로해 줘라! '애썼다', '고생했다' 하며 진심으로 칭찬해 줘라! 이제 남은 인생의 삶은 당신 자신을 위해 사용하는 거다.

몹시도 행복해 어쩔 줄 모르는 그런 마음의 움직임을 경험해 보면 필자가 왜 이런 말을 하는지 알게 될 것이며, 필자가 말하는 행복의 질을 온전하게 이해할 수 있을 거다.

이제부터는 당신 자신의 삶을 살아라! 물론 선택한 그릇에 아직 도달하지 않은 사람 또한 욕심을 경계해야 한다. 앞 장에서 등산 얘기를 했었다. 정상까지의 지름길은 암벽 등반뿐이다. 그 길로 가겠는가? 그래도 가겠다면 아직도 마음 수양이 안 된 거다.

모름지기 사업을 했다면 당신은 아마도 망했을 거다. 이는 분명하다. 감정적으로 하는 말이 아니다. 세상이 그렇기 때문이다. 욕심과 욕망을 눌러야 한다. 그게 마음 공부다. 산길을 돌아 산책하듯 천천히 가라! 등산 자체를 즐겨라! 산도 보고 나무도 보고 꽃도 보며 천천히 걸어라! 모두가 당신을 위해 존재하는 거다. 단지 시간이 조금 길 뿐이다. 암벽 등반은 40분이면 정상에 간다. 그만큼의 시간을 얻었으니 목숨 또는 부상을 담보로 잡혀야 할 거다.

얻었으면 뭐가 됐든 내놔야 한다고 말했다. 그런데 내놔야 할 것이 당신의 피 같은 돈이거나 목숨이라도 괜찮은지 곰곰이 생각해 봐야 한다. 다시 말한다. '돈은 천천히 버는 거다.' 이 말을 새겨둬라! 우리 모두는 확정된 슬픔으로 가고 있다. 다시 말해 우리의 삶은 낭떠러지로 돌진하고 있는 고장 난 차와 같다. 언제 어느 때 어디서 생을 마감할지 아무도 모른다.

그럼에도 불구하고 경쟁하고 싸우며 낭떠러지로 향하고 있다. 어제 저녁! 나와 심하게 다퉜던 그가 오늘 아침 떠났을 수도 있다. 확정된 슬픔에 도달한 거다. 마음을 할퀴는 말이 전부였던 몇 시간 전의 나의 태도가 고스란히 내게로 되돌아온다.

이 모든 태도의 선택은 내가 한 거다. 이런 나에게 성공의 의미는 무엇일까? 이런 태도의 선택이 최선의 방법이었을까? 더없이 작아지는 나를 발견하게 될 거다. 이처럼 성공 또한 '급'이 있다.

품위 있는 성공을 원하는가? 그렇다면 '기버'가 되어라! 천천히 품위 있는 성공을 향해 가는 길이다. 행운 또한 품격이 넘치는 당신을 따른다. 필자가 확신할 수 있다. 이런 발걸음이 진정한 성공이 아닐까?

다음은 돈을 버는 단계를 말해보겠다. 물론 모두에게 적용되는 건 아니다. 보편적 관점에서 봐주기 바란다. 이 또한 필자가 사용했던 기준을 제시했으니 참고 바란다.

1단계) 1억 원까지는 자신의 노동과 재능으로 만든다.
2단계) 10억 원까지는 실물 자산(집, 상가, 토지 등)으로 만든다.
3단계) 20억 원까지는 자신의 전문 지식으로 만든다.
4단계) 30억 원까지는 사람을 잘 만나 정보의 도움으로 만든다.
5단계) 50억 원까지는 금융 투자로 만든다(주식, 펀드, 채권 등).

(여기도 마찬가지로 당신의 나이 80세까지, 자신은 물론 가족이나 형제자매 지인 등 모두를 두루두루 돌아보며 이룰 수 있는 그릇을 선택해야 한다.)

반드시 이렇게 해야 한다는 강요는 아니다. 참고만 하기 바란다. 당신이 가야 할 방향을 정하고 미래 설계에 조금이라도 도움이 된다면 필자는 대만족이다. 확실한 건 선택한 목표가 당신을 움직이게 할 것이라는 거다. 필자는 당신의 10년 후가 기대된다.

비 온 뒤의 무지개를 상상해 보라!
비가 그칠 때까지 기다려야 한다.
여기에 지름길은 없다.
-필자 토막-

내 마음의
전략

    세상이 예전 같지 않다. 우리는 어떻게 살아남아야 할까? 많이 고민하고 신중할 필요가 있다. 이길 수밖에 없는 계획과 전략을 요구한다. 어쩌면 대비책까지도 요구할 수 있다.

    따라서, 마음의 무장은 전략적이어야 하며 과거의 방식은 잊어야 한다. 먼 얘기로만 생각됐던 AI 로봇이 현실로 다가왔고, 이미 실용화되고 있다. 더 이상의 많은 지식을 요구하지 않는다.

    그렇다면 우리는 어느 방향으로 뛰어야 할까? 어떻게 해야 차별화할 수 있을까? 우리는 이미 상당수의 인간 영역을 로봇에게 내준 셈이다.

    또다시 인문학으로 이어진다. 여기에 답이 있기 때문이다. 친절함과 웃는 얼굴, 따뜻한 말 한마디 등 진심으로 사람을 사랑하는 감성이 들어간, 인간 고유의 강점을 부각시켜야 한다.

    한마디로 '감성적 홍익인간'이라 말해주고 싶다. 커피 한 잔을 주문해도 기계 소리와 함께 내어주는 로봇의 커피 한 잔과 따뜻한 말 한마디를 건네며 내어주는 사람의 손길은 비교 자체가 불가함이다. 바로 섬세함이 무기가 되는 거다.

    여기서 힌트를 얻기 바란다. 이런 전략이 확고히 세워졌을 때 나름의 사업 계획을 구상해 볼 수 있다. 이 또한 다른 생각(Think Different)이 답이다. 분명 당신만의 전략이 있을 거다. 무조건 찾아내라, 지지 않을 당신의 전략 말이다.

분명한 건 당신의 재능보다 더 위에 있을 것이며, 여러 분야에 나누어져 있을 거다. 이들을 하나로 묶어 크게 만들어라! 그리고는 따뜻하고 섬세한 마음을 고스란히 전달해라!

아마도 강력한 무기가 될 것이다. 필자 생각에는 그게 답인 듯싶다. 잘 연구해 보기 바란다. 분명 그 안에 답이 있다.

지지 않을 곳에 서서
때를 기다려라!
언젠가는 반드시 그분이 오신다.
시간의 힘을 믿어라!
-필자 토막-

은밀한
합의

　자, 서두르지 말고 천천히 좀 더 자세하게 들어가 보자. 다른 생각의 사업 구상을 해보는 거다.

　지금 세상은 참으로 어처구니없다. 그럼에도 자연스레 통용된다. 자영업의 환경은 나날이 안 좋아지는데 나의 매장을 찾아준 고마운 고객들에게 이런저런 일을 시킨다. 일명 '셀프 서비스'라는 명분 아래 말이다. 물도, 반찬도, 하물며 뒷정리까지 고객 몫이다. 지금은 그런 세상이다. 상식적으로 말이 안 되는 상황이 현실이 된 거다. 한마디로 '상식 파괴'다.

　그럼 우리도 이렇게 한번 해보면 어떨까? 먼저 고객이 원하는 시간을 피하자. 점심에 필요로 하는 상품은 아침에 팔고 저녁에 필요로 하는 상품은 점심에 파는 거다. 여기에 따라오는 혜택이 있으면 금상첨화(錦上添花)다. 불편함을 감수할 수 있는 혜택 말이다. 잘 생각해 보라. 분명 방법이 있을 거다.

　다음은 주 단위로 상품을 재구성하여 해당 주에만(예: 첫째, 셋째 주) 그 상품을 파는 거다. 주 단위로 진열 상품이 바뀌는 거다. 매장주가 조금 바쁠 거다. 그래도 한번 시도해 볼 만하다. 사람들은 기다리는 것을 싫어한다. 진열 상품이 주 단위로 바뀌니, 다음 주로 계획했던 물건을 지금 선택할 수도 있다.

　다음 주에 가서는 마음이 바뀔 수도 있고 물건이 없을 수도 있다.

잘 생각해 봐라! 온 국민을 상대로 한 '셀프 서비스'도 처음에는 익숙지 않았고 사람들도 싫어했다. 그런데도 현실이 됐다. 따라서 실천이 답이다.

다음은 장소를 바꾸는 거다. 일주일에 3번은 매장문을 열지 않는다 (예: 화, 수, 목). 이때는 온라인 판매만 한다. 인건비도 절감된다. 반대로 매장문을 여는 날이면 온라인은 오프다.

대부분의 사람들은 온라인에서는 필요한 품목만을 구매한다. 그러나 매장에서는 생각지 못한 물품을 구매할 수도 있다. 만져볼 수 있기 때문이다. 따라서 고객으로 하여금 나의 매장 룰을 기억하게 하는 거다. 한마디로 길들이는 거다.

'셀프 서비스'도 우리 모두를 천천히 그리고 서서히 길들였다. '마부작침'으로 말이다. 지금 우리 모두는 알게 모르게 길들여졌다. 자연스러워졌으며, 이젠 당연히 그래야 하는 걸로 알게 됐다. 이 얼마나 무서운 일인가? 사람은 그런 거다. 환경에 적응해 간다는 말이다. 아주 서서히, 그리고 천천히 적셔지는 거다. 당신도 그렇게 해보는 거다.

다음은 매주 한 번씩 반짝 세일을 하는 거다. 요일은 정하지 않는다. 딱 2시간뿐이다. 몇 시부터인지도 모른다. 말 그대로 어느 날 어느 시간이다. 무작위로 진행된다. 확실한 건 일주일에 한 번은 반드시 한다는 거다. 단 매장에서만 한다.

여기에는 과할 정도로 파격적 세일이 있어야 한다. 손해를 좀 보더라도 말이다. 그리되면 아마도 특별히 구매할 것이 없음에도 매일 방문하며 어떤 날은 종일 기웃거릴 거다. 이는 전략이다.

'그들이 내 매장에 종일 머물게 하라!' 이게 핵심이다. 내 매장에서 빈손으로 나가진 않을 거라 생각해라! 눈에 보이니 뭐라도 하나 들고 나갈 거라 확신해라!

매장에 들어설 때는 필요한 물품을 구매하고자 찾지만, 여러 제품이 눈에 보이는 순간, 이때부터는 눈에 보이는 제품으로 내가 사용할 곳을 찾게 된다. 자연스레 반대 상황이 만들어진 거다. 사람의 마음은 그런 거다, 알 수 없는 안갯속!

그래서 또 인문학이다. 어쨌든 잘 버무려 천천히 적셔가라! 다음은 주변 상점을 포섭하는 거다. 나름의 티켓을 만들어 주변 상점에 이를 제시하면 그 매장의 상품을 할인받게 하는 거다. 일종의 상품권이다.

이는 주변 상점과 제휴가 필요하다. 주변의 어떤 상점이라도 무방하다. 이 전략의 핵심은 주변 상점을 갈 수밖에 없는 시스템 구상을 해야 한다. 악어와 악어새를 묶어보라! 어차피 둘은 하나다. 입술이 없으면 이가 시린 법이다. 서로가 떨어지면 불편하게 만들어 보라! 이 부분은 필자가 따로 말하지 않겠다. 각자들 생각해 보기 바란다. 당신의 아이디어를 믿어 보겠다.

한 가지 힌트를 준다면 말을 끌어 물가로 데려왔다. 그런데 말이 물을 먹지 않는다. 당신이라면 어떻게 하겠는가? 강제로 먹일 건가? 먹을 때까지 기다릴 건가? 아니다. 어떤 방법으로든 목마르게 하면 되는 거다. 그럼 무엇이, 어떻게 목마르게 할 수 있는가? 이것만 생각하면 된다.

아이디어를 내 것으로 만드는 가장 좋은 방법은 메모다. 10초 이내로 기록하라! 그 10초가 당신의 인생을 바꿀 수도 있다. 처음에는 10개의 아이디어를 목표로 해라. 10개가 만들어졌다면 이들을 서로서로 묶어 교집합을 찾아내라! 아마도 생각지 못한 신제품이 당신 몫이 될 것이다.

물고기를 잡아다 주는 방식은 도움이 안 된다. 잡는 방법을 귀띔해 줄 뿐이다. 그 방법이 바로 사람 공부다. 인문학 말이다. 사람으로부

터 출발하기 때문이다. 필자의 바람은 당신이 뭘 하든 잘됐으면 하는
거다. 늘 생각하자! 아이디어는 비빔밥과 같다. 맛있게 비벼보라! 분명
다른 게 보일 거다. 확신할 수 있다.

원하는 것이 있다면 끝까지 버텨라!
결국엔 나 자신을 참아낼 수 있는 사람이 이긴다.
-필자 토막-

폼 나는 인생,
폼 내는 인생

　　당신이 젊다면 폼 나는 인생을 꿈꿀 것이며, 나이가 좀 있다면 폼 내는 인생을 살고 싶을 거다. 앞 절은 희망이며 뒤 절은 현실이다. 대부분의 사람들은 오늘의 삶을 미래를 위해 쓰고 있다.

　저축이 그렇고, 각종 투자가 그러하며, 일어나기 싫은 오늘 아침 또한 그렇다. 반대로 미래를 어둡게 하는 것 중 하나가 신용카드일 수도 있다. 예를 들어 하는 말이다. 자신의 미래 가치를 지금 당장 끌어다 쓸 수 있는 마법의 요술 카드다.

　이는 동전의 양면과도 같다. 아마도 당신의 다음 달 월급은 더 이상 당신 몫이 아닐 수도 있다. 당신의 아침은 활력을 잃을 것이며, 재미가 없을 것이다. 회피 심리가 작용하기 때문이다. 지나간 일에 대한 배상을 원치 않기 때문이다.

　우리는 다가올 보상에 대해서만 에너지가 넘치게 설계된 인간이다. 충분한 보상은 추운 겨울에도 새벽길을 걷게 만든다. 이는 인간의 본성이다. 미래의 폼 내는 나를 보고 싶은가? 그렇다면 지금 당장 생각을 바꿔라! 당신이 하고 있는 일에 대한 소중함을 부여해라! 멋진 이름을 붙여줘도 좋다.

　하찮다는 생각은 당신이 무엇을 하든, 그 일은 하찮은 일일 수밖에 없다. 그런 하찮은 일에 성공으로 가는 사다리가 있을까? 모두가 마음 선택의 문제인 거다. 당신 스스로가 당신이 하고 있는 일에 소중함을 못 느끼는 거다.

예를 들어, 어떤 이의 직업이 누가 보더라도 하찮은 일이다. 그러나 자신의 일이 소중한 가치가 있는 일이라 생각하며, 혼신을 다한다면 그 일이 정말 하찮은 일일까? 우리는 일의 진행 과정도 살피지만, 그 일을 하는 사람의 성실도와 추구하는 바를 더 중요시한다. 다시 말해, 그 사람이 일을 잘하는 것이지, 그 일이 그 사람을 잘 부리는 건 아니다.

일을 하는 이가 정성스레 마무리를 해 나간다면 과연 하찮은 일이라 말할 수 있을까? 하찮은 일을 하찮지 않게 생각하는 사람이 한 거다. 그의 머리에는 흙먼지가 가득하다. 그런데도 그의 얼굴에는 웃음이 가득하다. 편안해 보인다. 그런 사람에게는 뭐가 됐든 '더 주고 싶다.' 아니 '더 줄 거다.' 앞으로는 그 사람과 의논할 거다. 사람의 마음은 그런 거다.

핵심은, 상대를 감동시켜라! 그것에 능숙해져라! 이 책으로 인해 당신이 그렇게만 할 수 있다면 필자는 대만족이다. 당신의 보람은 필자의 행복이기도 하다. 고맙다고 말해줄 거다. 끊어지지 않을 밧줄을 잡았기 때문이다. 힘들지만 이 책을 쓰고 있는 이유이기도 하다. 감사하고 고마울 따름이다.

'하루'라는 것은 미소로 시작해서
만족스러운 미소로 끝나라고 있는 것이다.
우리 인생에 단 하루도 하찮은 날은 없다.
-논어-

지름길
성공

가끔은 예쁘지 않은 성공을 말하는 뉴스를 보곤 한다. 앞 장에서 성공에도 '급'이 있다는 말을 했다.

"쓰레기더미에서 간신히 일어서 있는 초라한 모습…." 기억날 거다. 앞 장에서 얘기했었다.

우리는 이유 불문 오로지 성공만을 말한다. 가시가 있든 독이 있든 신경 쓰지 않는다. 이 얼마나 어리석은가 말이다. 당신은 지혜로운 사람이니 그렇지 않을 거라 믿는다. 돈 버는 길에 지름길은 없다. 세상만사 대부분이 지름길은 없다. 아무리 배가 고파도 라면 끓는 시간은 기다려야 한다. 이를 못 참고 생라면을 그대로 먹었다간 배탈 나기 십상이다. 가끔 초고속으로 성공했다는 사람들이 매스컴에 나온다. 진행자는 지름길이 뭐냐고 질문을 해대며 빠른 성공을 원하는 사람들을 TV 앞으로 끌어모은다.

세상은 그렇게 진실과 진심, 그리고 좋은 말과 맞는 말, 알아야 할 것과 알았으면 하는 것, 보여주고 싶은 것과 보고 싶은 것 등 혼탁함 속에서 진실게임을 강요당한다. 누가 옳은 걸까?

나를 좋은 방향으로 이끌기는 하는 걸까? 아니면 그들이 좋은 방향으로 이끌고 가는 걸까? 필자는 가끔 이런 고민에 빠진다. 어떤 때는 '머리 복잡하게 이런 것까지.' 하며 생각하기 싫어진다. 그러나 한 번쯤은 내가 이길 수 있는 무기가 뭔지는 생각해 둬야 하기에 나름의 결론을 낸 것이 역시나 '선택(選擇)'이었다.

각종 선거가 그랬고, 여론조사 결과가 그랬다. '선택(選擇)'은 강력한 무기가 될 수 있다. 여기서 당근을 받았다면 내가 진 거다. 그들이 원하는 것을 선택한 거다. 나름 계산해 보라! 성공이 가져다줄 기쁨과 반대로 가져다줄 슬픔의 무게 말이다. 성공하기까지의 행적을 제일 잘 아는 사람은 자신뿐이다.

지름길로 내달려온 성공이 예쁜 꽃이었는가? 아니라는 생각이 들었다면 타인의 불행 위에 쌓아 올린 성공이 분명하다. 성공처럼 보이는 독이든 꽃임을 직감해야 할 것이다.

잠을 못 이루고 왠지 모를 불안이 계속된다면 심각하게 봐야 한다. 편하게 쉴 곳이 없는 게 아니라 편안한 마음이 없는 거다. 이 모두가 당신이 만든 거다. 성공은 유한한 내 삶과 바꾸는 중대한 일이다. 비록 성공에 도달하지 못했더라도 그 과정을 소중하게 생각하는 이유가 바로 여기에 있는 거다. 숨길 수 없다. 항구에 도착하면 무엇을 싣고 왔는지 모든 게 밝혀지기 때문이다.

앞 장에서 '군자보구십년불만'이란 말을 했다. 당신은 어떤 성공을 이루었고, 어떤 성공을 향해 가고 있는가?

가끔은 두렵게 생각해야 한다.

극성맞게 번 돈은 극성맞게 설쳐대며 나가고
힘들게 번 돈은 마음을 힘들게 하며 떠난다.
그래서 돈은 편안한 마음으로 천천히 버는 거다.
시간을 내 편으로 만들어라!
그리고는 천천히 적셔가는 거다.
-필자 토막-

그렇다면 지혜로운 사람은 어떤 성공 길을 택할까? 그들은 자신의 재능을 드러내지 않는다. 미인은 문밖에 나가지 않아도 많은 사람들이 만나고 싶어 줄을 선다. 신비롭고 궁금하기 때문이다. 그렇게 하지 않는다면 얼마 못 가 더 이상 보여줄 재능이 남아 있지 않을 거다. 단물은 먼저 마르고, 키 큰 나무는 먼저 베어지는 법이다. 자신의 재능을 과시하지 마라!

자신의 재능 항아리에서 아주 조금씩 천천히 꺼내 보여라! 상대로 하여금 내가 무엇을 얼마나 가졌는지 가늠할 수 없게 하는 거다. 보이는 모습은 기버의 성향과 가깝고 인성을 바탕으로 한 온정을 공유한다. 필자가 본 진정한 성공자들의 행동 방식이다. 아주 단출하면서도 심오하다. 그게 다다.

당신도 충분히 할 수 있다. 우리 모두는 군자다. 정도를 걷자, 당신이 어디서 무엇을 하든.

필자가 말해주고 싶은 인생 성공 방법이다.

'차마'는 측은한 마음이요,
'감히'는 두려움이다.
성공은 이것들을 넘나드는 게임이다.
-필자 토막-

제13장

살아 있는 시간들

과정 또한
소중한 행복이다

　　필자의 절친은 작은 반지하 빌라에 산다. 그의 얼굴은 늘 그 모습이었고, 아이들 또한 구김살 없는 해맑은 모습이다. 집에 들어서면 잘 정돈되어 있다는 느낌보다는 잘 활용되고 있다고 봐야 맞을 듯하다.

　　식탁에 앉아 이런저런 얘기 중 그는 서서히 지쳐간다는 말로 시작한다. 와이프에게도 그렇고, 아이들에게도 그렇고. 가장으로서 점점 면목이 없어진다는 거다. 그는 참 성실하고 지혜로운 친구다. 그런 그가 정말로 서서히 지쳐가고 있음이 그냥 하는 말이 아님을 직감으로 알 수 있었다.

　　그도 만만치 않은 세월을 이겨내 왔기에 내 마음이 더 안 좋을 수밖에 없다. 우린 많은 얘기를 했고, 그 옛날 힘들었던 시절을 떠올리며 간간이 웃음도 나눴다. 점심으로 라면 2개를 끓여 함께하며 지난 시절 이야기를 이어갔다. 필자가 몹시도 힘들었던 그 시절, 공동묘지에서 텐트 생활을 하던 그때, 양손에 이것저것 잔뜩 싸 들고는 가쁜 숨을 몰아쉬며 산을 오르던 그 사람, 그가 바로 앞에 앉아있는 내 친구다.

　　비록 사회에서 만났지만, 마음을 열어 둘도 없는 친구로 남아 있는 그가 희망이 꺼져가고 방전이 되어가고 있는 거다. 집으로 가는 내내 마음이 쓸려 답답하고 편치가 않았다.

잠시 차에서 내려 문자 한 통을 보낸다. 통화를 하기보다는 문자로 마음을 전하는 것이 지금의 그를 존중하는 예의라 생각해서였다. 거만하게 보이지 않을까 하는 조심스런 마음도 있었다.

"친구야! 내가 보기에 넌 세상에서 가장 멋진 놈이야! 여전히 넌 반짝이고 있고, 여전히 너의 꿈은 유효하다.

내가 보기엔 거의 다 온 듯싶은데… 힘내렴! 많이 힘들면 내가 가졌던 희망 덩어리 알지? 그거 너한테 줄게~! 너 인생에 언제 또 이런 삶을 살아보겠니?

좋게 생각하자! 그냥 잠시 머물 뿐이야~. 세월이 지나고 나면 이 또한 아름다운 추억임을 약속할 수 있어! 그러니 조금만 더 힘내주렴! 넌 나보다 훨씬 더 잘될 거야!

난 100% 확신해! 내가 도울 일이 있거든 언제든 얘기해 주렴! 무조건 달려갈게! 책꽂이 중간 오른쪽 끝에 봉투 하나 끼워놨어! 작지만 힘이 됐으면 해! 자주 연락할게! 또 보자 내 친구…."

내 슬픔을 등에 진 자,
그가 진정한 내 친구다.
-필자 토막-

때에 따라
다르다

    무엇과도 바꿀 수 없는 소중한 행복 덩어리다.

    고사리 같은 손으로 유치원에서 만든 종이꽃 한 송이! 나는 지금도 잘 보관 중이다. 큰딸과 작은딸의 추억은 고스란히 남아 있다. 아빠의 보물창고에서 시간을 멈춘 채 말이다.

    유치원 입학 안내장부터 4살 때 그린 그림, 5살 때 쓴 편지 등 내게는 소중한 보물임이 틀림없다. 훗날, 예쁜 앨범으로 만들어 두 딸에게 추억을 선물할 생각이다.

    지금도 생생하다. 어버이날 아빠에게 꽃을 달아주고는 덥석 끌어안으며 볼 뽀뽀를 선물해 주던 두 딸들. 이보다 더한 행복이 있을까?

    아이들을 볼 때면 나는 그때 그 시절로 멈춰버린다. 그래서 부모인가 보다. 돈이 많아서 느끼는 행복일까? 절대로 아니다. 무엇과도 비교할 수 없다. 아니, 비교 불가다. 그런 시간들이 추억으로 저장되고 중학생이 되자 또 다른 모습의 아이가 내 앞에 나타난다. Ctrl+c, Ctrl+v 분명 복사본이다.

    뭔가 다르다! 큰딸 2, 작은딸 2가 나타난 거다. 바로 사춘기가 시작된 거다. 내 마음이 많이 힘들었던 시절이었다. 큰딸은 크게 변화가 없었지만, 작은딸의 변화는 감당하기 힘들 정도의 버거움이 있었다. 뭣이 그리도 서러웠는지 교복을 입은 채로 내 앞에서 펑펑 울어대던 그 모습!

    아마도 중2 때였을 거다. 세상 고민이 모두 자기 것인 양, 그리도 서럽게 울던…. 그때 그 모습을 나는 평생 못 잊을 거다. 지금 생각하면 그것마저도 행복이다. 한마디로 버거운 딸 부자가 됐었던 시절이다. 그런 시간들이 또다시 추억으로 저장되고 고등학교에 입학했다. '이때부터는 집에 안 갈 거다!', '친구가 더 좋다!', '학교 안 간다!', '학교가 왜 필요하냐!', '배울 게 없다!', '책이 너무 무겁다!' 등 또 다른 제3세대가 등장하는 순간이다. 학교는 작은딸이 다니는데 아빠인 내가 더 바빴다. 자주 불려갔다.

졸업식 날! 아이를 흔들어 깨워 겨우겨우 학교로 데려가 보니 모든 졸업 행사가 끝난 뒤였다. 할 수 없이 굳게 닫힌 정문 앞에서 졸업장을 가슴에 안겨주고는 인증 사진을 찍었다. 딸랑 5장의 사진을 남긴 고등학교 졸업이었다.

이후로도 사건 사고가 많았다. 대충 눈치를 챘을 것이니, 이후로는 생략하겠다. 지금은 두 딸이 간호사다. 어느 날, 두 딸과 함께하는 식사 자리에서 "아빠, 고마워! 사랑해." 이러는 거다. 순간 '다행이다.' 이런 생각이 들었다. 이제야 다들 제자리를 찾은 듯 보였기 때문이다.

아빠의 진짜 속마음을 말해본다면 두 놈 다 건강한 모습으로 함께할 수 있어 감사하고 고마울 뿐이다. 나쁜 놈들, 그런들 어쩌겠는가? 그럼에도 불구하고 내 딸들이다. 행복 덩어리들 말이다. 나는 내 부모님께 감사드린다.

내 젊은 시절 또한 부모님의 걱정과 한숨을 밟고 지나왔다. 고생하셨습니다. 고맙습니다. 사랑합니다. 그리고 깊이깊이 감사드립니다.

시간은 모두를 너그럽게 해준다.
시간은 한참을 지나서야 진심을 말해준다.
-필자 토막-

끝없이 현재를
바꾸려는 어리석음

　우리는 늘 현재를 뛰어넘길 원한다. 만족하지 않은 거다. 현재를 살고 있으면서 늘 이상을 꿈꾼다. 도대체 어디가 끝일까? 필자가 지금까지 살면서 현재에 만족하고 이미 가진 것에 감사하는 사람을 단 한 명도 못 봤다. 그런 그들의 살림살이는 나아졌을까? 딱히 그래 보이진 않는다. 왜 이런 말을 해야만 할까?

　필자도 올해로 60이다. 벌써 환갑이 온 거다. 인생 60, 금방이다. 친구들과의 대화도 많이 달라졌다. 건강이 안 좋아졌다는 말들과 국민연금이 얼마가 나올 거니 지금 버는 거랑 합하면 그럭저럭 살아갈 수 있다는 등, 은연중 국민연금, 기초연금에 몸을 기대는 모습들이다. 돈 좀 벌어보겠다고 인생의 소중한 시간들을 오로지 돈 버는 일에 모두 써버리고는 잔주름만 남았다.

　지난 세월을 돌아보니 얻은 게 없는 거다. 병들고 지친 몸을 국민연금, 기초연금에 의지해야 하는 거다. 슬프지 않은가? 필자가 앵무새처럼 말하는 '두루두루 돌아보며…' 그렇게 살아왔더라면 어땠을까? 아마도 지금보다는 사뭇 다르지 않았을까? 삶의 90% 이상을 오로지 돈에 비중을 두었던 이와 두루두루 돌아보며 살아온 이의 삶이 같을 수는 없는 거다.

　아마도 후자가 훨씬 안정되고 보람도 함께할 수 있는 삶이 아니었을까? 이런 문제의 발단은 현재에 만족하지 못해서다. 빨리 뭔가를 이루려는 욕심! 나보다는 자식이 잘되기를 바라는 욕심! 그런 마음이 긴 세월을 잠식해 버린 거다. 뜻한 바를 어느 정도 이루기라도 했다면 그나마 다행이다.

사람의 욕심은 끝이 없다. 그래서 이루고 무너지고를 반복하는 거다. 세월의 순간순간을 만족했더라면 지금쯤 흔들 그네에 앉아 커피 한 잔의 여유로움을 선물받았을 거다. 이것이 돈을 잔뜩 벌어놨기에 오는 행복이었을까? 그렇지 않다. 몹시 부족하지 않을 만큼만 필요했을 뿐이다. 그만큼만 하고 나머지 인생을 자신을 위해 썼어야 하는 것이다.

앞 장에서 비슷한 얘기를 했었다. "부자들은 무슨 욕심으로 저리도 돈을 많이 벌어 삶을 고달프게 하나?" 하고 말이다.

많이 가지면 지킬 게 그만큼 많아지는 거다. 여기에 여유로움이 있을 수 있을까? 집을 빙 둘러 CCTV를 설치하고 대문 옆에 커다란 개가 지키고 있어도 매일매일 밤잠을 설치게 되는 거다.

우리가 한세상 살아가는 데 그렇게 많은 돈이 필요치 않다는 게 필자의 생각이다. 어쩌면 돈보다는 따뜻한 이웃이 훨씬 더한 행복을 줄 수도 있다. 그마저도 서로가 그만그만해야 이웃이 되지만 말이다. '유유상종' 말이다. 필자 또한 돈이 많아 돈 자랑을 하고자 책을 쓰고 있겠는가? 절대 그렇지 않다. 부족하지만 두루두루 여유롭기에 가능한 거다. 마음의 여유 말이다.

역설적이게도 채울 공간이 남아 있기에 여유로운 거다. 가득 채운 물컵을 들고 가기엔 무리가 있다. 적당히 채운 컵은 눈 감고도 갈 수 있다. 그런 공간이 남아 있기에 남도 도울 수 있는 거다.

행복은 늘 그런 곳에 숨어 당신을 기다리고 있었던 거다. 삶의 방향을 결정하는 건 철저하게 각자의 몫이다. 필자는 그 결정에 도움을 주고 싶을 뿐이다. 당신이 필자보다 한참 더 어리다면 더더욱 그렇다. 세상의 이치는 아주 단순하다. 순리대로 살아라!

여기에 행복이 있다. 당신은 세월을 이길 수 있는가? 오는 밤을 막을 수 있는가? 필자는 자신이 없기에 순리를 선택한 거다. '순리=행복' 필자는 이를 검증했다.

대부분의 사람들은 과거를 그리워한다.
과거의 상당수는 현재를 이긴다.
미래는 '희망'이지만
그토록 신뢰하지는 않기 때문이다.
-필자 토막-

백만 원짜리 수표는
천 원짜리 지폐와 싸우지 않는다

　　　망설임이 없다는 것은 내공과 확신이 강하다는 거다. 확신을 가지고 행동하는 자는 추임새부터가 다르게 보인다.

　백만 원짜리 수표는 지갑에 접어 넣기 싫다. 하지만 천 원짜리 지폐는 접어 넣는 것이 일상이다. 우리 생각은 뭐든 구분하는 것을 좋아한다. 어떻게든 합리적이고 싶어하며, 안정된 것을 좋아하며, 특별한 것을 추구한다.

　하늘의 구름을 보더라도 어떻게든 자신이 아는 것과 연결하려 애쓴다. 뭔가 특별한 의미를 부여하고 싶은 거다. 백만 원짜리와 천 원짜리를 함께 보관하는 것은 왠지 안 될 것 같은 생각을 한다. 왜 그럴까? 이는 특별한 대우를 해야만 될 것 같기 때문이다.

　누구나 자기 자신이 제일 소중하고 최우선이다. 누군가가 내게 특별한 예우를 보인다면 이내 호감으로 바뀌며 친절함으로 다가선다. 말하지 않는 가운데 자신이 대우를 받고 있다 생각하기 때문이다, 특별함 말이다. 사업도 마찬가지 아닐까? 자신만의 기준선이 필요한 거다. 그 기준선 아래로는 절대로 내려가지 않겠다는 자신과의 약속! 그러다 보면 나무의 잔가지는 모두 정리되고 봉우리만 남게 된다. 마치 막대사탕처럼 말이다. 그래야만 비로소 백만 원짜리의 수표가 되는 거다.

　만나는 사람들의 '급'이 달라진다. 사업은 이렇게 성장시켜 나가야 할 거다. 잔가지들의 상대만으로는 나 또한 잔가지로 남을 확률이 높기 때문이다. 이는 더 이상 성장할 수 없다.

누구를 만나든 나보다 더 나은 사람을 곁에 둬라! 직원 채용도 마찬가지다. 대부분 사람들은 자신보다 나은 이들을 배척한다. 자신이 일등이고 싶은 거다. 이는 발전이 없으며 오히려 도태되는 상황을 맞을 확률이 높다. 급변하는 시장 상황에 대처할 수 없기도 하다. 젊은 머리가 필요하며 자신을 낮추고 마음의 문을 열어야 한다. 친구가 되어야 한다. 성공하고 싶은가? 그렇다면 자신에게 질문해 보라, 성공할 그릇이 되는지를 말이다.

내 그릇이 어느 정도인지를 알고 그 그릇의 70%만 담는 거다. 더 이상은 안 된다. 욕심내지 말고 더 가지려 애쓰지도 마라! '이 정도면 됐다.'라는 여유로움을 가져라! 그리고 나머지는 다시 세상으로 돌려보내는 거다. 이처럼 어느 정도는 비워놔야 한다. 그래야 움츠릴 수 있으며, 시기와 질투에서 자유로워질 수 있다.

'여기까지만 하자!', '이만하면 됐다!' 이렇게 생각하고 과감하게 멈출 줄 알아야 한다. 치즈가 늘어지듯 타이밍을 놓친다면 하락의 길로 접어들 거다. 언젠가는 결단이 필요한 시점이 온다. 그 전환점을 시작으로 자신의 인생을 살아라! 제2의 인생 말이다. 나를 위한 선물을 준비하는 계절 말이다. 평소에 하고팠던 일들을 하고, 팔자에 없을 법한 백수 노릇도 한번 해보고 새벽녘 눈곱도 떼지 않은 채 북적이며 뭔가를 만들어 보기도 하고, 마음 가는 대로 살아보는 거다.

그런 당신을 보는 주변 사람들은 당신의 여유로움에 부러움과 존경심을 보낼 거다. 많은 재산을 가진 것도 아닌데 말이다. 행복은 그런 거다. 나를 비울 때 가능한 거다.

사람들은 상대가 나하고 비슷하거나 같다고 생각될 때 동질감을 갖게 됨을 명심해라! 돈만 많으면 노후에 외롭다. 아무도 안 놀아준다.

주변에는 소위 딸랑이들만 가득해진다. 인생 자체가 서글퍼질 수도 있다는 거다.

"까치는 까치집을 짓고 제비는 제비집을 짓는다." 앞 장에서 이런 말을 했다. 냉정하게 해석하면 그들은 그들끼리고 우리는 우리끼리라는 얘기다. 이 또한 자연의 이치다. 토끼와 사자가 함께 어울리기란 쉽지 않다. 세상은 그런 거다. 소박하게 살아라! 소박함의 행복은 마치 들꽃처럼 자유로운 거다. 이를 무엇과 비교할 수 있겠는가? 잘 생각해 보기 바란다.

물론 여기에 반박하는 사람들도 있을 거다. 그들에게 묻겠다. 그래도 돈이 많아야 한다고 생각하고 인생 전부를 돈 버는 일에 쏟아부었는데 만약에 안 됐다면, 이루지 못했다면 그때는 무엇에 기댈 건가? 이 질문에 답할 수 있어야 한다.

국민연금! 기초연금! 이런 얘기 하면 안 된다. 얻은 것 없이 흘려버린 소중한 당신의 시간을 어떻게 보상받을 수 있는지를 답해야 한다. 이런 말로 변명을 하는 이도 있다. "애들이 잘됐으니 됐다! 난 열심히 살았어!"라고 말한다. 이는 완전한 자기변명이며, 자기위로며, 자기합리화다.

미안하지만 애들은 더 이상 나의 애들이 아니다. 독립된 성인이란 말이다. 그들도 살아야 한다. 당신의 젊은 시절, 그때를 생각해 봐라! 그 젊은 시절에 당신은 당신의 부모에게 무엇을 얼마만큼 했는가? 애들은 애들 인생 살기에도 바쁘다. 앞으로의 세상은 더 그럴 거고 더 팍팍할 거다.

다시 말하지만, 인생을 돈 버는 일에 모두 써버린 사람들, 그나마도 이루지 못한 채 인생만 소비하고 남은 것이라고는 이마에 주름뿐이라면, 당신의 심리적 좌절감은 말할 수 없는 고통 속으로 빠져들 거다. 누구를 원망하겠는가? 그런 얘기를 하고 있는 거다. 뭐가 중요한지를 빨리 알아차려야 한다.

우리가 천 년을 산다고 하면 백 년 정도는 인생 실습쯤으로 생각할 수도 있다. 충분히 가능하다. 근데 이를 어쩌나! 안타깝지만 우리는 백 년도 못 산다. 세상에서 제일 무서운 게 있다. 바로 '시간'이다. 예외 없이 때가 되면 데려간다. 아무런 귀띔 없이 어느 때, 어느 순간, 남녀노소, 나이를 불문하고, 가차 없이 끌고 가버린다. 물론, 끌고 가는 명분도 있다. 지병으로, 사고로, 돌연사로, 노환으로 등등! 이런 것들로 이름표를 붙여 죽음을 인정하게끔 해버린다. 허무하고 허탈하지 않은가?

그러니 제발! 아주 작은 시간만이라도 나를 위해 배당해 줘라! 부탁이다. 이 부탁이 필자의 핵심 내용이다. 당신은 소중한 사람이다. 두루두루 살피며 비상약을 준비하는 그런 현명한 당신과 함께하고 싶다. 그게 다다.

"바람은 그물에 걸리지 않는다." 잘게 쪼갤수록 잃을 수 있는 게 적다는 뜻이다. 당신은 현명한 사람이니 잘 처신할 거라 믿는다. 우리 모두, 각자의 경험과 과정이 모여 역사가 된다. 된장이 그렇고, 고추장이 그러하며, 전쟁과 평화, 모두가 역사를 참고로 한다. 필자의 경험 또한 과거로 가버린 역사다.

이런 필자의 작은 역사가 아주아주 조금이라도 당신의 삶에 도움이 됐으면 하는 바람뿐이다. 이 책을 쓰는 이유다.

편식하지 마라!
그것이 뭐가 됐든
최악의 선택이다.
돈 또한 마찬가지다.
-필자 토막-

욕심은
가속노화를 일으킨다

　　성취감은 어디서 오는 걸까? 성공의 쾌감은 무엇으로 느끼는 걸까? 숙성된 된장처럼 오랜 시간을 거쳐 만들어진 성취감은 말할 수 없는 자부심을 선물해 준다. 성공 또한 마찬가지다. 이는 인생의 큰 의미를 부여한다. 당신을 흔들의자로 안내하며, 그윽한 커피 한 잔과 함께, 내려다보이는 들판을 온몸으로 받아들이는 평온함과 편안함, 그 자체가 값진 선물이 될 수 있다.

　　이 모든 것들의 시작은 '주변을 두루두루 돌아보며 천천히 가는 것!' 이를 실천한 것이다. 어느 의학 매스컴에서 이런 말을 들은 적이 있다. "술, 담배는 나쁘다. 이는 과학적으로 증명된 사실이다. 그러나 그보다 더 나쁜 것은 '스트레스'다."라고 말한다.

　　필자의 개인적 소견도 동감하는 편이다. 기분이 좋고 안정된 마음 상태에서 술, 담배를 하는 것과 짜증과 언쟁의 상태에서 술, 담배를 하는 것과는 확연히 다르게 나타날 거라 생각되기 때문이다. 내어주는 것에 인색한 이들의 얼굴은 금방 표가 난다.

　　얼굴을 편안히 놔두질 않는다. 인상을 쓰면 주름이 잡히고, 이를 반복하다 보면 주름골이 생기는 거다. 반대로 늘 웃는 이의 주름골을 본다면 분명 차이점을 알 수 있을 거다. 그들은 내어주는 것을 기쁘게 생각하는 사람들이다. 앞 장에서 '기버'라고 표현했다.

　　욕심은 가속노화를 일으킨다. 얼굴만 늙는 것이 아니다. 보이지 않는 신체 장기 또한 급속한 노화가 진행된다는 거다. 소화가 잘 안 되고 배가 더부룩하며 변비 설사를 달고 사는 등 얼굴보다는 훨씬 더 빨리 노화가 진행됨을 알아야 한다.

천천히 하자! 천천히, 천천히, 천천히, 천천히…. 3분 컵라면은 배고픔은 충족시켜 주겠으나 내 몸의 영양소로는 반도 미치지 못한다. 빨리 얻었으니 뭔가는 손해를 봐야 하는 거다. 당신의 사업 또한 마찬가지다. 철저한 테스트를 마치지 않은 제품은 차후, 반품으로 헛고생을 하게 된다. 금전적 손해는 말할 것도 없으며, 가장 중요한 신뢰를 잃었다는 거다.

천천히 두루두루 돌아보며 세밀하게 진행된 테스트는 신뢰감과 안정된 품질을 보장하며, 이를 바탕으로 신모델을 추진할 수도 있다. 대들보가 부실한데 뭘 할 수 있단 말인가?

유한한 인생 시간만 허비될 뿐이며, 다시는 당신을 찾지 않을 것이다. 훗날, 흔들의자에 앉을 수 없음이다. 이 모두가 소탐대실이며, 이로 인해 당신의 얼굴은 가속노화로 이어진다. 당신은 이런 과정을 반복하겠는가? 이 모두가 눈앞에 이익만 좇는 마음의 불완전한 선택에서 오는 것을 명심하기 바란다. 당신이 선택한 거다.

누구를 원망할 수도 없다. 직원들을 닦달해 봐야 결국엔 당신 얼굴에 침 뱉기다. 이는 아주 쓴소리다. 머리에 각인해 둬라! 당신의 생각이 바뀔 때까지 이 책이 당신 옆에 머물러 주길 기도할 뿐이다. 할 수만 있다면 책에다가 자석이라도 붙혀 놓고 싶은 심정이다. 그만큼 간절한 마음이다 잘해보자! 잘 선택해 보자!

그 선택에 '책'이 답이 될 수도 있다. 지금 당장 서점으로 달려가 보라! 당신의 스승님을 찾아라.

빚(채무)이
빛이 될 수 있음을 안다면

'영끌족'이라는 신조어가 생겼다. 얼마나 많은 젊은이들이 아픔을 겪고 있는가? 참으로 안타까운 마음이다. 필자가 보기엔 시대적 배경도 있겠으나, 그보다는 욕심과 탐욕이 만들어낸 국가적 재앙이라 해도 과언이 아니다.

어쨌든 벌어진 일이다. 8, 9월쯤 되면 대출자들의 원금 상환 연장 종료 시점을 맞을 것으로 알고 있다. 아마도 이후로는 원금 상환 압박이 시작될 거다. 당신이 받는 스트레스 지수는 최고를 찍을 가능성이 크다. 당신이 쓸 수 있는 무기가 뭘까?

어떤 무기를 써야 할까? 2부 이자로 빌려서 상환을 해야 하나? 아니면 3금융권에서 다시 대출을 일으켜 상환을 해야 하나? 그것도 아니면 배 째라고 놔둬 버려야 하나? 이만저만 걱정되는 일이 아닐 수 없다.

은행이란 것이 날씨 좋을 때 우산을 빌려주고 비 올 때 우산을 뺏는 시스템이다. 이와 같은 나름의 원리를 안다면 지금처럼 수렁에 빠지는 일은 면할 수 있었을 거다. 예대마진의 수렁은 자본주의의 표본이다. 마냥 나쁜 시스템이라 말할 수도 없다.

더 쉽게 말하면, 고객들의 예금을 받아 예금주에게 낮은 이자를 지급하고 은행의 지급준비율 3%를 제외한 나머지 돈으로 제삼자에게 높은 이자로 대출을 일으켜 이익을 얻는 시스템이다. 이를 '예대마진'

이라 한다. 좀 더 심하게 말하면 남의 돈으로 이익을 창출하는 땅 짚고 헤엄치는 허가받은 집단이란 말이다.

우리는 예금을 할 때 예금한 내 돈으로 타인에게 대출을 해줘도 좋다는 허락을 한 적이 없다. 은행이란 이름으로 남의 돈으로 돈 장사를 하고 있는 거다. 그들이 당신을 위한 집단이라 생각한다면 참으로 순진한 사람이다. 보험 또한 크게 다르지 않다. 일종의 파생상품인 셈이다.

대로변, 보험사들의 건물들을 보라! 누가 이겼을까? 분명한 건 당신은 아니라는 거다. 그들이 당신을 이용하듯, 당신도 그들을 이용할 줄 알아야 한다. 최소한, 머슴살이는 하지 말자!

어쨌든 당신은 낚싯바늘에 걸린 거다. 떡밥 속에 숨겨진 바늘을 못 본 거다. 아니, 내 이익에 눈이 멀어 못 본 거다. 필자는 낚시를 좋아한다. 낚시 또한 우리의 인생사를 아주 잘 대변해 준다.

필자는 낚시를 하며 나름의 4가지 원칙을 만들었다. 세상의 이치 말이다. 일명 '속타반끈'이다. 이는 세상의 이치와 인생살이를 하나로 묶어 생각해도 전혀 손색이 없다.

풀어서 말하면 다음과 같다.

(속): 속임수다. 떡밥 속에 바늘을 숨긴다. 떡밥은 물고기가 좋아하는 것이어야 한다. 내가 좋아하는 햄버거나 피자를 떡밥으로 쓴다면 시작부터가 실패다. 상대가 좋아하는 것을 주는 거다. 이 또한 상대 중심이다! 사업 또한 마찬가지 아닐까?

바늘을 잘 숨겨라! 예쁜 장미가 숨긴 가시처럼.

(타): 타이밍이다. 언제 채야 하는지를 잘 알아야 한다. 어떤 타이밍

에 말해야 하는지, 대출해야 하는지, 시작해야 하는지, 그만둬야 하는지 등 찰나를 잘 이용할 줄 알아야 한다. 어쩌면 인생살이 대부분이 타이밍이다. 누가 됐든, 뭐가 됐든, '때'가 있는 법이다. 당신의 '때' 또한 그러하다. 이는 늘 깨어 있어야 가능한 일이다.

흐름을 잘 파악해라! 어느 방향으로 흘러가는지를….

(반): 반대로 해야 한다. 찌가 올라올 때? 내려갈 때? 누워 있을 때? 언제 채야 할까? 주식을 언제 팔아야 하는지! 언제 사야 하는지! 언제 대출을 일으켜야 하는지! 언제 상환을 할 건지 등, 이 모두는 대중이 가는 방향과 반대로 가야 한다는 것이 핵심이다. 세상은 기울어진 운동장이다. 모두가 우르르 그쪽으로 몰려갈 때 당신은 조용히 반대쪽으로 가야 할 것이다.

마치 시소를 타듯이 말이다. 이는 고도의 심리전이다. 천천히 두루두루, 주변을 돌아보며, 참여하는 이들의 마음 상태를 잘 읽어야 한다. 문제는 심리다. 모두가 달려가는 방향을 잘 읽어라! 모두가 영끌하며 투자할 때 슬며시 빠져나와 현금 확보에 힘써야 한다. 이 모두는 나름의 꾸준한 공부가 필요하다.

그것만 보지 마라! 바람과 물결도 있다.

(끈): 어떤 상황에서든 나와 연결되어 있어야 한다. 보일 듯 말 듯한 얇은 줄은 나와 연결돼 있다. 다시 말하면, 일은 타인(떡밥)이 하고 이익은 내가 취하는 전략이다.

중요한 건 내가 이익을 취하는 것을 모르게 해야 한다는 거다. 물고기가 낚싯줄을 보았거나 느꼈다면 더 이상의 입질은 없다. 낚싯줄이 굵으면 떡밥이 무거워져 물고기는 금방 알아차린다.

당신은 현명하니 무슨 뜻인지 알았으리라 믿는다. 보일 듯 말 듯한 끈을 통해 천천히 서서히 잔잔하게 스며들듯 내게로 오게 해라! 바람과 물결과 하나가 되어라! 그러면 이긴다.

바늘에 걸린 물고기도 내 손까지 오는 데는 천 년이 걸린다. 그러니 천천히 스며들듯 그렇게 하는 거다. 천천히, 천천히, 내 손에 들어올 때까지….

필자는 상기 '속타반끈'의 지혜로 한층 더한 성숙을 이뤄냈다. '알았으면 하는 것'이 아닌 '알아야 할 것'을 말해주고 있는 거다. 필자가 직접 만들고 경험했기에 검증됐다고 생각되어 언급하는 것이니 이를 잘 이해하고 세상을 대한다면 당신의 삶 또한 어느 정도는 도움이 될 거라 확신한다. 얘기가 잠시 샛길로 빠졌다. 자, 그럼 현 상황에서 나는 어떻게 처신해야 할까?

필자 생각은 값비싼 수업료를 냈다고 생각하고 이 경험을 바탕으로 다시 시작할 것을 제안해 본다. 아픈 만큼 성숙해진다는 말이 있다. 틀린 말은 아니다. 그러나 이보다 더 다가오는 말은 아는 만큼 성숙해진다는 거다. 당신이 가고자 하는 방향이 결정됐다면, 선택했다면, 그 분야에 대해 어느 정도는 공부를 하고 시작해야 한다는 거다.

이번 장의 소제목은 '당신의 빚(채무)이 빛이 될 수 있음을 안다면'이다. 분명한 건 그렇게 될 가능성이 아주 크다는 거다. 지금 아프다는 건 이미 성숙의 길로 들어섰다는 말과도 같다. 실망하지도 좌절하지도 마라! 훗날, 당신의 인생을 통틀어 봤을 때 오늘의 뼈저림은 그저 한 점에 불과함을 잊어서는 안 된다. 앞 장에서도 비슷한 말을 했다. 손끝에 가시가 박혔다고 손가락을 자를 수는 없는 거다. 지금부터 가시 빼는 작업을 시작하면 되는 거다.

여기서 중요한 건, 마음이 날카로워지면 안 된다. 그러면 당신이 지는 거다. 아무렇지도 않은 표정과 아무렇지도 않은 행동으로 고요하게 계획하고 천천히 해 나가는 거다. 마음의 흔들림은 주변을 불안하게 할 뿐이다. 짜증을 낸다고 해결되는 것이 아님을 당신도 잘 알고 있다. 당신의 힘든 감정을 밖으로 표출한다면 근심의 기운은 모두를 힘들게 할 뿐이다.

어쩌면 당신에 대한 믿음과 신뢰가 한순간에 사라질 수도 있다. 모두가 당신 몫임을 인정해야 한다. '나를 용서할 수 있는 건 오로지 나뿐이다.' 누구나 자기 자신에게는 무한 사랑이기 때문이다.

기쁨을 말하면 질투를 부르고
슬픔을 말하면 약점을 보여주게 된다.
-필자 토막-

그러니 혼자서 짊어지고 가라! 그래야만 한다.

필자가 많은 눈물이 필요했던 이유를 한 번쯤 생각해주기 바란다. "이제부터는 내 차례. 뼛속에 새긴 이 마음으로 부도난 어음을 액자에 걸어놓고는 매일 아침 출근 때마다 각인시켰다. 다시는 단 1원도 부도 맞지 않겠다! 다짐하고 또 다짐하고, 무려 11년을 그렇게 했다." 앞 장에서 이런 말을 했었다. 그렇게 해야 주변을 온전히 지킬 수 있다.

그나마 다행인 건, 당신의 빚(채무)은 수년 내로 정리될 거라는 거다. 대출은 어음과 비교했을 때 그 성격이 사뭇 다르다. 예상컨대, 필자처럼 그렇게 긴 세월이 필요치 않을 수도 있다는 얘기다. 그러니 힘내라! 그리고 다시는 이런 상황을 만들지 않겠다는 다짐을 해라!

한쪽 벽에 써 붙여 놓고 눈으로 보고 입으로 소리 내어 말해라! 최소한 1년은 그렇게 했으면 좋겠다. 머리에 각인해야 한다. 이 문제가 해결되는 날! 당신은 다른 사람이 되어 있을 가능성이 아주 크다. 세상을 다른 눈으로 보기 시작했기 때문이다.

부모 품의 세상이 아닌 야생의 세상에 있다는 것을 실감해야 한다. 필자도 그랬다. 위로가 됐는지 모르겠다. 세상의 이치는 그런 거다. 부디 쓰러지지 말길 바란다. 심하게 말하면 당신이 없다고 세상이 멈추지는 않는다. 마음 다스림을 잘해라! 그러다 보면 어느 순간, 다시금 선택의 날이 온다. 반드시 온다!

그때, 당신의 미래를 잘 선택하길 바란다.

힘내자! 당신을 응원한다, 진심으로.

희망은 어둠에서 출발하며

간간이 거짓말하는 것을 목격할 수 있다.

100% 신뢰하지 못함이 여기에 있다.

그럼에도 우리는 희망을 버려서는 안 된다.

어쩌면 마지막 무기이기 때문이다.

넘어진 건 당신 잘못이 아니다.

그러나 일어서지 않는 것은

분명한 당신 잘못이다.

-필자 토막-

뭘 했기에
기대하는가?

　　우리가 살아가는 지금 세상은 너무 편한 게 문제다. 가까운 미래에 더 편해질 수도 있다는 것! 이는 두려움이다, 어쩌면 숨 쉬는 것마저도 다 알아서 해줄 것만 같은, 내 인생 전체를 맡겨버리고 싶은. 이런 세상에서 젊은이들이 '나태하다.', '목표가 없다.', '의지가 없다.', '끈기가 없다.' 등의 말들은 설득력이 없다.

　인간은 철저하게 환경의 지배를 받는다. 편하고 좋은 세상의 환경에서 당연한 생각과 행동이지 않겠는가?

　하지만 어느 날, 어느 때 자연스레 그들의 결핍이 드러나기 시작하면 상황은 많이 달라진다. 그게 사람이다. 세상이 좋아졌음에도 우리는 매일매일 바쁘다. 뭔가의 결핍에 시달리는 거다.

　피곤하고 힘들지만 움직여야 한다. 이는 더 좋은 세상이 우리 앞에 펼쳐진다 해도 변하지 않는 만고의 불변이다. 분명 각자 나름의 결핍이 존재할 것이니 말이다. 만약에 그런 결핍이 모두 해소됐다면 무기력함과 따분함이 당신을 기다리고 있을 거다.

　이 또한 결핍이다. 사람은 성장을 먹으며 산다. 성장 속에는 당연히 보람이란 열매가 존재한다. 이루고 싶은 욕망, 내 것으로 만들고 싶은 욕구, 이는 세상을 이끄는 원동력이다. 다만 넘치기에 화를 입는다는 거다.

　뭔가를 했는가? 그렇다면 기대한다는 거다. 어디까지가 내 몫일까?

한다는 것과 이루었다는 것, 이 모두가 내 몫일까? 내가 다 할 수 있는 걸까? 농사를 열심히 했으니 풍년으로 이루어짐이 마땅한 걸까? 필자는 아니라고 본다. 한다는 것은 내 몫이지만 이루어지는 건 조금 다른 문제다.

　그래서 우리는 과정을 소중히 하는 거다. 이루어지지 않을 수도 있기 때문이다. 이룸은 내 능력만으로는 벅찬 일이다. 농사를 열심히 하는 건 내 능력이지만, 풍년이 드는 건 다른 얘기라는 거다. 적당한 바람과 적당한 햇빛, 적당한 비는 내 영역 밖에 있는 문제다. 그렇기에 당신의 겸손함이 절실히 요구되는 거다. 낮은 자세로 겸허하게 받아들이는 자세 말이다.

　일자리가 없다고 푸념하는 젊은이들! 하지만 그들의 기회는 지금도 수두룩하다. 실행은 게으른 자와 그렇지 않은 자를 구분하는 가장 좋은 방법이라 했다. 당신은 분명 하지 않았을 뿐이다. 게으른 거다. 한마디로 말하면 입맛에 맞지 않는 거다. 그러면서도 떼돈을 벌고 싶어 한다. 아무것도 하지 않으면서 돈만 많았으면 좋겠다는 거다. 완전 도둑× 심보가 아니겠는가?

　뭘 했기에 기대한단 말인가? 기대하고 싶은가? 그렇다면 뭐라도 해봐라! 소원을 빌 때도 물 한 그릇은 필요한 법이다. 물 한 그릇마저도 가져오기 싫다면 소원을 포기해야 하지 않겠는가? 세상에 공짜는 없는 법이다. 제발이지 뭐가 됐든 해봐라! 행한 후에 기대할 수 있는 자격이 주어지는 거다.

　행운은 과정을 빼놓지 않는다 말했다. 그래야만 성공을 유지할 수 있기 때문이다. 아주아주 영리하지 않은가? 필자는 그를 파랑새라 부른다. 당신도 한번 만나보라! 분명 또 보고 싶을 거다. 그는 늘 그 모습이다. 늘 그 자리에 있다. 늘 당신을 보고 있다. 당신 옆에서 말이다. 분명한 건 파랑새가 맞다. 단 한 번만이라도 꼭 만나봐라!

당신이 이 책을 읽고 있는 이유는 지금과는 다른 풍경을 보고 싶어 하는 것 아닌가? 그게 맞다면 앉은 자리를 바꿔야 하지 않겠는가? 그 다음으로 '진인사대천명'이다. 그러니 뭐가 됐든 먼저 해봐라! 움직이 란 말이다. 당신의 생각을 현실로 옮기라는 말이다. 이런저런 변명은 아무런 도움이 되지 않는다.

편치 않은 현실! 그럼에도 불구하고 시작하는 거다. 할 수 있는 최 대한의 환경 조건을 만들어라. 화장실은 생리적 현상을 해결하기 위 한 환경이 만들어져 있으며, 주방은 먹는 것을, 침실은 아늑한 휴식을 취할 수 있는 환경이 만들어져 있다. 당신이 하고자 하는, 목적에 맞 는, 그 환경을 먼저 만들어라! 그게 우선이다. 서두르지 말고 천천히 몰입해 보는 거다. 시간의 힘을 믿어봐라!

나이 든 꼰대가 헛소리한다고 무시하지 말고 한 번만이라도 마음 깊 이 생각해 줬으면 좋겠다. 가뜩이나 되는 일도 없는데 짜증 나게 한다 고 필자에게 욕설을 퍼부어도 좋다. 그것으로 당신의 스트레스가 조 금이라도 해소된다면 그 또한 나쁘지 않다. 험한 말을 듣는다 해도 당 신이 잘될 수만 있다면 그것으로 만족이다.

필자는 당신이 더 소중하기 때문이다. 당신이 일어서는 데 조금이라 도 도움이 될 수 있다면, 이 또한 감사한 일 아니겠는가? 그러니 '수주 대토(守株待兎)'는 정말 아니다. 당신이 20~30대라면 더더욱 아니라는 생각이 들지 않는가 말이다.

입 벌리고 다니지 마라!

먼지만 들어올 뿐이다.

행동의 소리가 말의 소리보다 크다.

그러니 입 다물고 행동으로 보여줘라!

그가 당신을 대신해 줄 거다.

-필자 토막-

제14장

별빛을 마시며

버무려진
행적들

　　필자의 젊은 시절은 별을 보며 출근했고, 별을 보며 퇴근했다. 그런 세월을 십수 년 하다 보니 당연히 그래야 하는 줄 알았고, 육체는 움직여줬다. 지금 내 나이는 혹독하게 일을 시킨 육체를 보살피느라 바쁘다. 이 병원 저 병원을 찾아다니며 치료 중이다.

　이런 내게 어떤 보상이 주어졌는지 생각해 보면 참 어이가 없다. 몸과 마음이 피폐해진 것 외에는 이렇다 할 보상은 없다. 오히려 사회적 의무만 가득하다. 내가 가진 것과 잃은 것을 비교해 본다면 무조건 손해다. 아마도 이 책을 쓰게 된 이유도 이 같은 맥락에서 시작됐음에 크게 벗어나지 않는다.

　사업을 하며 늘 돈에 시달렸다. 어느새 급여를 줘야 하는 날이 다가온다. 한 달 30일이 어쩌면 그리도 빨리 가던지. 이번 달에 100원을 벌었는데 130원을 지출해야 하는 상황이 오면 벌써 머리가 흔들거린다. 병명은 '공항장애'란다. 가슴이 두근거리고 숨이 차다. 꼭 죽을 것만 같은 증상이 이 병의 특징이다. 여기에 1+1으로 원형탈모가 함께 찾아온다.

　그런 세월을 보내며 43명의 직원을 이끌고 힘든 언덕을 올랐다. 90년대 중반, 적당히 그러나 무게감 있는 어음 하나를 부도 맞고는 회사가 잠시 휘청했다. 그러다 또 한 번의 규모 있는 어음을 부도 맞고는 보기 좋게 파산의 내리막길을 걷게 된 거다.

급여를 못 받은 직원 일부는 회사 집기와 컴퓨터를, 급여를 대신해 가져갔으며, 그나마도 챙기지 못한 이들은 노동청에 고소한다는 협박으로 이미 팔다리를 잃고 간신히 숨만 쉬고 있는 그들의 대표를 커다란 바위로 눌러 놓은 것이다. 참으로 서럽고 아픈 세월이었다. 태어나서 처음으로 '밥그릇에도 눈물이 담기는구나.'를 알게 해줬다.

그러나 다시 생각해 보면 그들 모두는 분명 나의 스승이었다. '회사가 망가지면 이렇게 되는구나!'를 내 머리에, 내 가슴에, 내 세포 하나하나에 각인시켜 줬다. 나는 그제야 '세상의 이치'를 뼛속 깊이 실감했고, 어떻게 다시 일어설 것인가를 고민했다. 아니 고민할 필요도 없었다. 아주 쉬운 방법이 있었다.

직설적으로 말해 '회사가 망하지 않으면 되는 거다.' 그게 답이었다. 회사가 망했을 때 그들의 행동과 태도, 그리고 그들의 선택, 이 모두가 나의 스승이었던 것이다.

누구나 자기 몫을 챙기려 하는 건 당연지사다. 그들을 나무랄 일이 아니다. 단지 심적으로 야속하다는 생각이 든다는 것인데, 그건 온전히 나의 해석이다. 그들은 정당하게 그들의 몫을 요구한 것뿐이다. 나는 이 같은 세상의 이치를 많은 돈을 잃어가며 배운 거다. 어쨌든, 그렇게 무너졌다.

그 후유증은 11년의 세월 동안 나를 괴롭혔지만, 나는 다시 일어섰다, 꿋꿋하게 말이다. 넘어진 채로 움직이지 않는다면 그건 분명 나의 잘못이기 때문이다. 다시는 이런 상황을 만들지 않겠다는 다짐을 11년을 했던 결과, 보란 듯이 다시 일어선 거다.

30대 후반에 들어선 어두운 터널을 40대 후반에서야 빠져나올 수 있었다. 지금은 평온하다. 어떤 마음으로, 어떤 선택을 해야 돈과 친구가 될 수 있는지를 터득했기 때문이다. 필자가 뼈아픈 과거의 행적을 남기는 이유를 잘 생각해 주기 바란다.

필자가 당신에게 무엇을 얘기하고자 하는지 앞 장에서도 많이 언급했다. 그래! 바로 그거다. 꼭 좀 기억해 주기 바란다. 그게 답이었기에 책을 쓰고 알리려고 하는 거다. 돈 벌고 싶다는 마음에 어설프게 뛰어들면 필자가 걸었던 힘든 그 길을 당신도 밟을 수 있다.

그곳은 분명 지뢰밭이다. 그 방향이 아니란 걸 간절하게 말해주고 싶은 거다. 당신이 뭘 하든 절대로 실패하면 안 된다. 혹자는 실패는 성공의 어머니라 말한다. 그러면서 용기를 잃지 말라 한다. 이런 말을 하는 사람은 실패라는 아픔의 근처에도 가보지 않은 사람이라 생각한다. 그냥 그때, 그 상황에 할 수 있는 평범한 위로의 말일 뿐이다. 실패에서 오는 많은 아픔, 그 뼈저림은 겪어본 사람만이 알 수 있다. 그 길은 정말 아니다.

생각만 해도 가슴 아파오는 그 길! 당신은 절대로 가선 안 된다. 그러니 어떤 방법으로든 실패는 피해가라! 도저히 피할 수 없다면 즉시 인정하고 이 터널을 지날 수밖에 없는 과정쯤으로 평가절하해버려라! 너무 마음에 담지 말라는 거다. 아픔의 크기를 최대한 줄여야 한다.

중요한 건 결과다. 그것에 집중해라! 10번을 실패하더라도 11번째 성공했다면 당신은 성공한 거다. 10번의 패망은 망한 것이 아니라 단지 어려운 과정이었을 뿐이라고 대수롭지 않은 일처럼 평가절하해 버려라! 돌이켜 보면 이런 생각이 현명하게 사는 방법이었다. 당신은 현명한 사람이니 무슨 얘긴지 눈치챘을 거다.

그러니 혹시라도 실패한다면 반드시 다시 일어서겠다는 다짐, 또 다짐을 하고 시작해라! 당신이 가고자 하는 방향에 관해 그런 공부가 필요하다. 돈 벌고 싶은 욕심에 준비운동도 안 하고 뛰어들면 심장마비가 올 수도 있다.

이런저런 것들을 두루두루 살피고 철저히 준비하고 계획해라! 지지 않을 싸움을 해야 한다는 말이다. 지금 시대는 예전 같지 않다. 필자가 지금 시대에 부도를 맞았다면 그때보다 몇 배는 더 힘들었을 것이라 추측된다. 다행히도 필자의 젊은 시절엔 세상도 젊었다. 그런 시대를 만난 것 또한 필자의 좋은 운(運) 덕분이라 생각한다.

좋게 생각하자! 늘 감사한 마음으로 대하자! 그 시절, 나는 부도로 인해 무너졌지만 다행히도 세상이 젊고 활기찼기에 다시 일어설 수 있었다. 지금 이 시대에 당신이 창업을 준비하고 있다면 어떤 방법으로든 실패는 피해야 한다. 이렇게 말하면 무서워서 '안 하겠다! 자신 없다!' 이럴 수도 있다.

하지만 월급쟁이로 평생을 산다는 건 더 큰 손실이며 더 끔찍한 일이 될 수도 있다. 미안하지만 당신도 늙어가고 있다! 알아들었으리라 믿는다. 기초연금, 국민연금은 머리에서 지워라! '배수진(背水陣)'의 마음으로 해야 한다. 흔한 말로 이빨 꽉 깨물고 도전해 봐라! 당신에게 주어진 지금 이 시대!

당신이 살아남을 방법! 이 책이 말하는 핵심 내용이 뭔지를 잘 인지해 주기를 바란다. 성공에서 오는 크나큰 성취감 뒤에는 실패에서 오는 서러운 아픔이 함께 공존함을 절대로 잊지 말라는 거다. 성공과 실패! 그 둘은 언제나 같이 다닌다.

당신의 지혜로움이 필요한 이유다. 필자의 작은 경험이 당신의 성공에 도움이 됐으면 그것으로 대만족이다. 지금의 젊은 친구들은 아주 아주 똑똑하고 현명하다. 인정한다! 그래서인지 조금은 마음이 놓인다. 당신의 무경험이 약간은 걱정되지만 말이다. 부디 잔소리로 듣지 말길 바랄 뿐이다. 어쨌든 파이팅이다.

노인이 한 명 사라지면
국가의 모퉁이에 있는
작은 도서관 하나가
사라지는 것과 같다.
-필자 토막-

바다는
별빛을 다 가져가지 않는다

어떤 마음가짐으로 살아야 할까? 각자 자신에게 질문해 봐라! 뭔가 시원한 답이 있는가? 무념무상(無念無想)이다. 그냥 사는 거다. 결국엔 무소유로 종결된다. 이는 물질만을 얘기하는 게 아니다. 정신도 포함된다. 몸은 편한데 마음이 무겁다면 뭔가를 하긴 해야겠는데 뭘 해야 할지 모르는 거다. 답답하기만 할 뿐이다.

이럴 땐 그냥 다 내려놔라! 그리고 다시 시작하는 거다. 재부팅 말이다. 당신의 두뇌 프로그램이 다시 정상을 회복하기 위해서는 리셋만이 답이라 생각해라! 이는 약간의 훈련이 필요하다. 잠깐 얘기하자면 처음 시작할 때는 '나는 아무것도 할 줄 모르는 사람이다.' 이 주문을 천 번 이상 반복해 보길 바란다.

그러다 보면 마음이 당신에게 질문할 것이다. '정말 그래? 정말이야!'라고 말이다. 그때는 그렇다고 말해줘라! 그리고는 '너의 도움이 필요해! 도와주렴!' 하고 말해라! 그리고는 며칠을 쉬어라. 일주일 후 다시 처음부터 시작하는 거다. 같은 질문이 들어올 거다. 같은 대답을 해라! 이렇게 서너 번 정도 해봐라! 그러면 마음이 당신의 숨은 재능을 일일이 세세하게 말해줄 거다. 당신의 건강함 또한 아주 큰 숨은 재능이다.

핵심은, 당신이 대단한 사람이란 걸 당신 스스로가 인정할 수 있어야 한다. 그런 생각이 들 때까지 해라! 이것들이 쌓여 자신감을 만드는 거다. 세상 모든 것들은 필요에 의해 만들어지는 거다. 길가에 작은 돌멩이 하나도 쓰임새가 있기에 거기 그 자리에 있는 거다. 세상이 이런 이치인데 당신이란 사람이 정말 무용지물(無用之物)의 사람일까? 절대 그렇지 않다. 아직 쓰일 곳을 찾지 못했을 뿐이다.

필자는 '복삼감팔'이란 말을 만들어 필자 스스로를 위로했었다. 뜻인즉, 한날한시에 똑같이 씨를 뿌려도 복숭아는 3년 만에 싹이 트고 감은 8년이 되어야 싹이 튼다는 말이다. 아직 나의 때가 오지 않았음을 말하는 거다. 이 말은 '나는 틀렸어!'가 아니라 '나는 아직 때가 안 된 거야!'가 답인 것이다. 그렇다면 기다리면 되는 거다. 어렵지 않다.

밥 잘 먹고, 운동하고, 좋아하는 일을 하며, 건강하게 살아있기만 하면 되는 거다. 쉽지 않은가? 그렇게만 하면 된다. 여기에 마음 급한 사람들은 '그게 언젠데?' 하며 허탈해한다. 그런 이들에게 직설적으로 묻겠다. 당신은 언제 죽을 것 같은가? 답할 수 있는가? 같은 얘기다. 당신의 죽음은 신만이 아는 계획이다. 세상 모든 건 변하는 거다. 쉴 새 없이 움직이는 거다. 운(運)도 마찬가지다. 움직일 운(運) 자가 아니던가? 우리가 세상을 마음대로 움직일 수는 없지만, 그 변화에 따른 대응은 내가 선택할 수 있다.

드넓은 바다도 언제나 잔잔하지만은 않다. 날씨 좋은 날에만 바다를 찾으니 늘 잔잔해 보일 뿐이다. 그 안에도 수많은 생명이 숨 쉬고 있는 작은 세계다. 그러나 우리가 보는 바다는 그저 엑스트라일 뿐이다. 당신의 고민을 달래주는 엑스트라이며, 연인과의 사랑을 단단하게 묶어주는 엑스트라일 뿐이며, 더 나아가 나를 제외한 모든 것들은 엑스트라일 뿐이다. 형상 말이다.

우리는 그 속에서 나를 즐겁게 해줄, 나를 기쁘게 해줄, 나를 위로해 줄 대상을 선택해 찾아가는 것뿐이다. 산이 그렇고, 바다가 그렇고, 낚시가 그렇고, 친구가 그렇고, 혼자 걷고 싶은 오솔길이 그런 거다. 이런 세상의 이치를 빨리 깨우쳐야 한다.

요점은 당신의 고민과 생각, 당신이 알고 있는 모든 것들, 그것이 전부가 아니라는 말이다. 당신이 모르는 것, 여기에 답이 있다는 말이다. 잘 기억해 두기 바란다. 어머니가 배 속에 있던 당신을 만나는 그날은 더없이 기쁜 날이다. 물론 당신의 생일이기도 하다. 끊을 수 없는 운명이 시작되는 날이기도 하다. 마찬가지로 당신의 인생길에도 머지 않아 그런 끊을 수 없는 운명의 인연을 만나게 될 것이다. 그것이 물질이든 사람이든 당신의 인생과 함께하게 될 거다. 그러니 기다려라, 당신의 계절이 올 때까지.

천천히 맞이할 준비만 하면 되는 거다, 건강한 모습으로 말이다. 서두르지 말고 보채지 말고 그분이 오실 때까지 당신은 당신 자리에만 있으면 되는 거다. 인생의 80%는 기다림이다. 시간의 힘을 믿기 바란다. '바다는 별빛을 다 가져가지 않는다.' 다시 말해, 분명 당신의 몫도 있다는 말이다. 필자는 그렇게 생각하고 믿고 있으며, 이를 확신하는 사람이다. 뭐가 됐든 당신 몫 또한 반드시 있다. 어쩌면 이미 받았는지도 모른다. 자신을 잘 점검해 봐라.

당신이 가장 잘하는 것, 당신 몫이다.
당신이 가장 못하는 것, 당신 몫이다.
어쨌든 당신 몫은 받았다.
단지, 언제 어디서 어떻게
쓰일 것이냐가 중요할 뿐이다.
-필자 토막-

천만 개의
작은 세상들

　　　우리는 비슷한 시간에 밥솥이 딸랑이며 비슷한 시간에 밥
그릇 부딪치는 소리를 낸다. 삶은 그렇게 누구에게나 평범한 하루하루
를 보장해 준다. 우리의 성장은 작은 세상에서 꿈을 꾸고, 몸집을 불
려가고, 생각을 성숙시키며, 정서적 안정과 함박웃음을 끌어안는 채
여기가 최고인 그런 작은 세상, 흔히들 말하는 '우리 집'이 그곳이다.
어느 때부터는 날갯짓을 하며 더 큰 세상을 바라보기 시작한다. 기대
와 희망을 숨기지 않은 채 힘껏 날개를 휘저으며 떠날 준비를 한다.
다시는 오지 않을 것처럼, 뒤도 돌아보지 않은 채 창공을 향해 날갯
짓을 해댔다. 그렇게 각자의 작은 세상을 버리고 여기에 모인 우리들!
　자신들의 역량을 발휘하고, 도태되고, 사라지고, 다시 일어서고를
반복하며 지난날 작은 세상에서 꿈꾸었던 나를 발견한다. 그리고는
나 자신에게 묻는다. '나는 왜 여기에 있는가?' 그만큼의 원대했던 꿈
은 어디론가 사라지고, 날개는 지쳐있으며, 더 이상 창공을 날기 싫
어하는 나에게 아늑한 보금자리는 없다. 나는 새 이불도 싫고 새 베
개도 싫다! 그 시절 그 공간에 숨어들던 그 이불! 그 이불 냄새가 그
립다.
　천만 개의 작은 세상을 버린 우리는 하나의 큰 세상에 모여있다. 무
슨 부귀영화를 원했길래 여기에 있는가? 성공이 나를 힘 나게 해줄
까? 지위가 나를 폼 나게 해줄까? 나를 폼 나게 해주는 건 단 하나,

나다움에서 오는 향수뿐이다. 그때 그 마음, 그 모습, 그 성향, 그 행동, 이것들은 분명 모두 다 내 것이었다.

이 소중한 것들을 무엇과 바꾸었단 말인가? 처음부터 작은 세상에 있었어야 했다. 그것이 꿈이며 희망이었음을 다행스럽게도 늦지 않게 알아버렸다. 천만다행이다. 작은 세상은 아직도 천만 개나 있다. 모두가 돌아갈 수 있는 것이다.

각자의 추억을 밟으며 지난 풍경을 떠올린다. 그러나 이내 물들어오는 슬픔들! 밭에 앉아 일하시던 어머니는 한쪽 벽 모퉁이 사진 속에 계시고, 우렁찬 목소리로 호통을 치시던 아버지 역시 사진 속에서 나를 보고 계신다. 모두 모여 북적이던 그 작은 방에, 나 혼자이기엔 가슴이 메어올 뿐이다.

난 왜 그것만을 향해 뛰었을까? 잠시만이라도 주변을 돌아보고 살폈더라면 하는 아쉬움은 가슴을 저리게 한다. 인생은 그런 거다. 그렇게 왔다가 그렇게 가는 거다. 그게 다다.

필자가 무엇을 말하고 싶은지 당신은 영리하니 알아들었을 거다. '돈!' 따지고 들면 필요하다. 물론 절실하게 필요할 때도 있다. 필자도 안다, 살아있는 동안은 필요하다는 것을. 단지, 필요한 게 그것뿐이었냐는 거다. 순위를 가리지 말았어야 했다는 거다.

사실은 모두가 일 순위였다. 모두를 챙겨라! 그러면 후회의 무게가 훨씬 줄어든다. 지금부터라도 모두를 챙겨보는 것은 어떨까? 때를 잃고 보내버린 세월들! 문득문득 부모님이 간절하게 보고픈 사람도 있을 거다. 볼 수 있는가? 대화할 수 있는가? 마주 앉아 식사라도 한번 가능한가? 그냥 눈물뿐이다. 그 얘기를 하는 거다.

여기까지 살아보니 돈, 성공보다 더, 더, 더 절실하다, 보고픈 그 마음이.

너는 거기에 나는 여기에
이런 건 안 된다.
네가 거기라도 나는 두루두루!
네가 있는 곳이 어디든….
-필자 토막-

귀신들과
함께한다

    필자가 세상에 들어설 때의 자신감은 하늘이라도 찌를 정도였다. 거만하고, 오만하고, 날카롭고, 뭐 그랬다. 내가 최고였고, 자신감이 넘쳤다. 한마디로 이 분야에서는 귀신이라 생각했다.

    '전지전능(全知全能)'이란 말이 있다. 모르는 게 없으며 못하는 게 없다는 뜻이다. 적어도 특정 분야에서는 내가 전지(全知)하다 생각했다. 참으로 어리석은 나였고, 오만함 그 자체였던 것이다.

    뛰는 놈 위에는 나는 놈이 있었다. 세상에 나가 보니 대부분이 귀신들이었다. 난 그들과 경쟁해야 했다. 각자의 분야에서 쟁쟁한 실력을 뽐내고 있었다. 나 자신의 부족함을 인정하는 데 그리 많은 시간이 필요치 않았다. 오히려 겸손을 알고부터 성공의 길로 들어섰다. 소박하고 낮은 자세에 길이 있었던 거다.

    나는 귀신이 아니었다. 처음부터 아니었던 거다. 그러나 세상에는 귀신투성이다. 쟁쟁한 실력자들이 TV, 유튜브, 각종 매스컴 등에서 자신들을 알린다. 우리는 알게 모르게 하루하루를 그들과 함께한다. 누구나 출발점은 막연하다. 그나마 재능이 있다면 어느 정도 방향을 잡을 수는 있겠으나, 그도 저도 아니라면 막연한 게 당연하다. 그 막연함 속에 어디선가 슬며시 행운이 다가와 살포시 성공의 길로 안내한다.

    막연하다는 말은 뭔가를 하고 싶은데 길이 안 보인다는 말이다. 한

마디로 말하면 일할 준비가 되어 있다는 말과도 같다. 우연히 만난 작은 일이 평생 내 인생과 함께할 수도 있다. 일은 사람이 하고 뜻은 하늘이 이룬다고 했다. 이 말의 의미를 잘 생각해 보기 바란다. 하늘의 뜻까지 좌지우지할 수 있다는, 하고 싶다는, 그런 오만함을 경계하라는 말일 거다.

오는 밤을 막을 수 있는가? 오는 아침을 막을 수 있는가? 그런 얘기를 하는 거다. 우리는 그저 그 상황에 맞게 행동할 뿐이다. 다시 말하면 주어진 환경은 모두에게 같다는 말이다. 문제는 그들과 다른 행동, 다른 생각이다. 대응의 선택은 내게 있다는 말이다.

필자가 부탁하고 싶은 말은 '서두르지 말자.'이다. 천천히, 서서히, 미미하게, 차근차근, 스며들듯, 졸졸졸, 이런 단어들을 가까이해라!

그런 차분한 마음은 당신의 행동으로 복사될 거다. 틀림없다. 성공은 그렇게 만들어지는 거다. 이는 역사가 말해주고 있으며, 우리네 삶도 별반 다르지 않다.

성공하고 싶은가? 그럼 다른 사람들과 비교하지 말고 그들과 다르게 가라! 굳이 비교하고 싶다면 어제의 나와 오늘의 나를 비교해라! 세상의 인간관계는 50점이 만점이다. 나머지 50점은 내가 어떻게 하느냐에 달려있다. 100% 내 맘에 드는 사람은 없다는 말이다. 필자는 지금까지 같은 얘기를 아주 많이 반복하고 있다.

그렇다고 무슨 공식을 외우라는 것도 없다. 성공에 필요한 논리정연한 스토리 또한 없다. 왜냐하면, 각자의 역량이 다르기 때문이다. 획일적인 스토리가 모두에게 적용되는 건 아니기 때문이다.

그랬다면 그냥그냥 지식으로 남을 뿐이다. 따라서 각자의 재능을 무기로 새 출발을 하는 당신들에게 마음가짐을 말해주고 있을 뿐이다. 어려운 단어도 새로운 얘기도 없다. 새로운 얘기들을 나열하면 읽는 당신은 재밌을지 몰라도 마음에 새길 말이 없다. 그러나 같은 얘기를 반복하면 최소한 한 문장은 기억할 거다.

필자는 그것으로 만족이다. 혹시 아는가? 그 한 문장이 당신의 인생을 바꿀지도…. 어렵고 각박한 세상인 거 안다. 그래서 더 마음이 가는 거다. 당신이 잘됐으면 좋겠다는 그 마음 말이다!

이 책을 쓰는 이유다.

세상 만물의 대부분은 '음'으로부터 시작된다.
당신의 고통 또한 '음'이다.
마음을 잘 다스려라!
머지않아 태양을 만날 테니 말이다.
-필자 토막-

새도 둥지가 있어야
알을 낳는다

슬픔과 좌절을 잠시 뒤로한 채 걷는다. 어디로 가는 걸까? 이 한 몸 눕힐 곳이 있는가? 찜질방을 가든 길모퉁이 낯선 곳에서 숙박을 하든 당신의 마음은 공허할 뿐이다. 나를 일으켜 세울 원동력은 자신의 회복력과 강한 의지뿐이다. 여기에 가족이나 절친의 따뜻한 말 한마디! 아침 밥상에 올라온 보글보글 뚝배기 된장국, 이런 일상의 평온함이 소중한 행복이란 걸 뼈저리게 느껴야 한다.

돌아갈 곳이 있다는 것은 아직 쓰러지지 않았다는 것이며, 다시 시작하는 원동력이 될 거다. 성공을 꿈꾸기 전에 생존부터 해라! 그게 우선이다. 그 생존의 보금자리는 반드시 남겨둬야 한다는 말이다. 그곳에서 당신은 더 성숙한 모습으로 다시 태어나는 거다. 너무 슬퍼하지 마라! 슬퍼할 시간에 차라리 회고를 해라! 내가 왜 졌는지, 왜 패배했는지, 분석해라!

외부의 문제였는지 아니면 나 자신 내면의 문제였는지 꼼꼼히 분석해라! 슬픔은 시간 낭비일 뿐이다. 당신의 젊음은 지금 이 순간마저도 늙음으로 가고 있다. 그리고 세상은 급변하고 있다.

1, 2년만 지나도 따라잡기가 힘든 세상이다. 그러니 세상이 당신을 원하고 있는 지금 해라! 준비하고 계획해라! 다시는 지지 않을 정신과 무기를 만들어라! 욕심은 금물이다. 폼 잡고 으스대는 태도의 선택을 이제는 바꿔야 한다. 작게, 낮게! 그리고 겸손하게! 이 세 가지만 기억

해라! 낮은 곳으로 모여든 물이 바다가 됨을 항상 기억해라!

크게 벌려 폼 잡는 사업은 사업이 아니다. 패션쇼와 뭐가 다른가? 잠깐 화려할 뿐이다. 사업은 쇼가 아니다. 생존이며, 희생이며, 위상이다. 초가집이면 어떠한가? 그곳에 누가 머무는지가 중요한 거다. 당신의 생각과 행동이 바르다면 어디든 상관없다. 뭐가 문제가 된단 말인가?

스티브 잡스도 친구 집 차고에서부터 시작했다. 작고 낮게 그리고 겸손하게 시작했다. 대부분의 성공 증거자들도 그렇게 시작했다. 이쯤 되면 패망의 원인이 자신에게 있음을 눈치채야 할 거다. 여기에 욕심도 한몫했을 거고 말이다.

필자가 주변 사람들과 대화를 하다 보면 그들은 구체적으로 어떤 사업을 어떻게 해야 하냐고 물어온다. 참 답답한 일이다. 필자는 가는 길을 알려줄 뿐인데 데려다 달라고 떼쓰는 거다. 이 얼마나 답답한 일인가 말이다. 자기 인생의 주인은 본인 자신이다. 우리 독자들은 안 그럴 거라 믿는다. 각자의 인생을 살아가는 데 있어 참고로만 해야 한다. 흔히들 말하는 머리가 깨야 한다는 거다. 필자는 그걸 돕고 있는 거다.

말을 물가까지 데려가 주는 것, 여기까지가 필자의 몫이다. 물을 먹고 안 먹고는 다른 영역이다. 지금 이 책을 읽고 있다면 당신은 몹시도 목이 마른 거다. 목마른 이가 물의 소중함을 뼈저리게 아는 거다. 그런 얘기를 하고 있는 거다. 성공으로 가는 옳은 생각, 옳은 선택 말이다. 필자가 먼저 경험했지 않는가? 그래서 말할 수 있는 거다. 세상이 달라졌다 한들 핵심은 변하지 않는다. 우리가 역사를 중요시하는 이유 또한 여기에 있다. 꼰대가 책 팔아먹으려고 헛소리한다고 말하는 이도 있겠으나, 다른 눈으로, 다른 생각으로 보는 이들은, 아마도 받아들일 준비가 되어 있지 않을까?

　필자는 그런 사람들에게 도움을 주고 싶을 뿐이다. 혹자는 이 책으로 인해 다른 길을 선택할 수도 있을 것이다. 천 명의 독자 중 단 한 명이 이 책으로 인해 마음 다스리는 방법을 깨우쳤다면 그것으로 감사할 뿐이다. 이 책이 그의 둥지가 될 수도 있으니 말이다.

　그게 전부다.

　쉬운 길은 귀와 눈으로부터 얻는다.
　심오한 길은 마음으로부터 얻는다.
　당신이 만들어 놓은 모든 것들!
　마음이 선택했기에 가능했다.
　-필자 토막-

감동을 받으며
의미를 얻는다

오늘 하루 또한 나를 위해 살고 있다고 생각하겠지만, 세밀하게 들여다보면 우리는 타인의 행복을 위해 살고 있다. 당신이 지금 어떤 제품을 만들고 있다면 분명 타인의 행복을 위해 정성을 다할 것이기 때문이다. 모두는 동등한 입장에 서 있지 않다. 인정하기 싫겠지만 사실이다. 자본주의 기본적 본질은 대립이 아닌 경쟁이다. 적정한 대가를 지불받기 위해 더 좋은 조건을 제시해야 거래가 이루어진다. 이 또한 경쟁이다. 그렇기에 더 많이, 더 좋게, 더 나은, 이런 말들이 익숙해져 있는 거다.

궁극적으로는 서로가 서로에게 빚을 주고받는 게임 같은 거다. 한마디로 말하면 빚을 지고 되돌려 갚고, 또 빚을 지고 되돌려 갚고, 이를 반복하고 있는 것이다.

예를 들어, 목이 마른 당신은 간호사다. 몇 발자국 걸어나가면 말도 안 되는 금액으로 시원한 물을 얻을 수가 있다. 누군가의 노력으로 당신 손에 시원한 물을 쥐어 준 거다. 당신은 이들에게 빚을 진 거다. 그렇게 목을 축인 당신은 당신의 자리에서 환자들의 빠른 쾌유를 위해 밤을 밝히며 혼신의 노력을 기울인다. 시원하게 목을 축일 수 있게 해 준 이들에게 또 다른 방법으로 빚을 갚고 있는 거다.

어떤가? 맞지 않는가? 세상은 내 것이라는 게 처음부터 존재하지 않는다. 잠시 빌려 쓰고 되돌려줄 뿐이다. 이 또한 대자연의 순환일 뿐이다. '감동'은 어떠한가? 이 또한 크게 벗어나지 않는다. 타인에게 줄 수도 있으며 반대로 받을 수도 있다. 감동 뒤에 숨겨진 '의미'란 놈은 어느 한 사람의 삶을 바꿀 수도 있는 강력한 힘을 가지고 있으며, 선택을 무색하게 만들 정도로 강력한 힘을 발휘한다.

'의미'의 친구는 동기부여다. 동기부여의 선배는 감동이다. 감동, 의미, 동기부여, 이들은 삼인방이다. 물론 이 안에 성공도 있다. 이들은 삶의 끝자락에서도 편안함을 주는 배려를 잊지 않는다. 누군가의 작은 행동이 내게 감동으로 다가왔다면 당신의 작은 행동이 누군가에게는 감동일 수 있다는 사실을 잊지 말길 바란다. 사업도 마찬가지며, 성공도 마찬가지다. '그들을 감동시켜라!' 이를 목표로 한다 해도 지나치지 않다.

당신의 그런 마음은 당신의 얼굴에 그대로 복사된다. 십 분만 같이 있어 보면 안다, 생화인지 조화인지. 머리로 하는 사랑은 향기가 없다. 향기는 그런 거다. 따뜻해야 한다. 당신의 향기를 그리워하게 해라! 알고 보면 성공이 그리 큰 성벽은 아니다. 인간의 본성에 집중하기 바란다. '내가 싫으면 남도 싫은 거다.' 아주 단순하고 간단하다. 그림을 그리더라도 뭘 그릴지를 생각하고 그린다. 그렇다면, 성공하기 위해 어떤 마음이 필요할까? 같은 말 아니던가? 대부분의 사람들이 이런 생각을 안 한다.

참나! 많이도 아쉬운 부분이다.

욕심내지 마라!
내게 주어진 도화지 안에 그려라.
벗어난 그림은 다른 영역이다.

재능은 그런 거다.

각자의 도화지를 서로서로 붙여

지금의 세상을 만든 거다.

당신의 재능에 충실해라!

성공 또한 그만큼만 당신 거다.

거기서 멈춰야 한다.

-필자 토막-

제15장

주머니 속 행진

남이 하는 일이 쉬워 보인다면
그 사람이 잘하고 있기 때문이다

주머니 속에서는 무슨 일이 벌어지고 있는 걸까?

내딛는 걸음마다 동전들이 짤랑거린다. 자기들끼리 싸우고 있는 거다. 무슨 일일까? 궁금해 손을 넣어보면 이내 조용해진다. 한마디로 배고프다는 거다. 빈 수레처럼 요란하다. 그러니 투덜투덜 걷는 발걸음이 무겁다고 느껴질 수밖에.

눈에 들어오는 각양각색의 상점들, 휘황찬란한 광고판들, 마치 거미가 거미줄을 치고 먹잇감을 기다리듯 자신들이 가장 잘할 수 있는 품목을 내걸고는 예쁜 얼굴로 기다리고 있는 거다.

그렇다면 나는 잘하는 게 뭘까? 즐비한 간판들을 마주하며 나도 할 수 있을 것 같은 품목을 찾아본다. 만만치 않은 일이다. 그러니, 누가 이거 하면 돈 번다더라 하면 미친 듯이 달려드는 거다. 급한 마음에 뭐라도 해야 하기 때문이다. 그렇게 덤벼들어 무너지고 절벽으로 떨어지는 거다. 준비되지 않은 결과다.

그리고는 좋은 경험 했다고 씁쓸한 위로를 한다. 대부분의 사람들이 이런 패턴으로 움직여진다. 당신 눈에는 남들이 하고 있는 일들이 쉬워 보이는가? 그렇게 보였다면 그들이 아주 잘하고 있는 거다. 필자가 보기엔 아주아주 어려운 일을 아무렇지도 않은 듯 척척 해내고 있는 거다.

필자는 그들에게 최고라고 말해주고 싶다. 그럼 반대로 생각해 보자! 사람들이 놀고먹는 당신을 볼 때, 쉽고, 하찮고, 우습게 보일 수 있지 않을까? 그렇게 보였다면 당신 또한 아주아주 잘하고 있는 거다. 당신의 하루를 과연 그들이 따라 할 수 있을까?

아마도 3일도 못 가 몸이 근질근질해질 거다. 쉽지 않은 일이다. 그러니 당신의 오늘 또한 값진 하루임을 알아야 한다. 시작은 누구나 미약하고 보잘것없는 거다. 이미 성공한 대부분의 사람들이 그 길을 지나왔다. 방식만 다를 뿐, 당신 또한 그 길을 지나고 있을 뿐이다. 그게다. 확대해석하지 마라!

마음 조급함에 덥석 달려들어 무너지고 절벽으로 떨어지는 것보다는 백번 잘하고 있는 거다. 당신의 하루는 연습하고 숙련하는 수습 기간이라 생각해라! 수영도, 자전거 타기도, 운전도, 세상살이도 모두가 훈련이 필요한 거다. 당신의 지금은 그런 시간임을 잊지 마라! 주머니 속 동전들을 아직 꺼내지 않았다. 꺼내는 순간 고요해지며, 이내 날개를 펼 것이다. 그들은 당신 주머니 속에서 날갯짓을 연습 중이다. 지금의 당신과 똑같다고 보면 된다.

좁고 어두운 그곳에서 고통을 이겨내며 더 나은 내일을 준비하고 있는 거다. 마찬가지로, 당신의 따분함과 괴로움 그리고 나름의 시련은 예정된 거다. 더 나은 미래가 확정되어 있기에 현재에 주어진 고통일 뿐이다. 이는 맹자에 나오는 말이다.

영화를 보더라도 그 시작은 미미하고 잔잔하게 전개된다. 그러면서 서서히 다가오는 고통과 마주하게 된다. 주인공이 다치고, 부상을 입고, 주변 사람들 또한 막대한 피해로 고통에 직면하게 된다. 힘든 상황에서도 두루두루 서로를 보듬어주고, 마음을 함께하며 어렵게 어렵게 상황을 헤쳐나간다. 천천히 이런 단계를 벗어나게 되면서, 안정과 평화를 확정 짓는다. 대부분의 영화가 이런 스토리로 만들어진다.

가만히 생각해 보면 우리네 인생과 뭐가 다른가? 절대로 당신이 무능하고 못나서가 아니다. 그냥 과정일 뿐이다. 확정된 미래로 가는 과정 말이다. 이는 당신을 위로하기 위해 하는 말이 아니다. 정말로 그게 다다. 그런 거다.

세상도 세상 나름의 룰이 있다. 사계절이 있고, 밤과 낮이 있으며, 밀물과 썰물이 있다. 뭔지는 모르지만, 설명할 순 없지만, 가슴으로 머리로 빨리 감지해라! 눈에 보이지 않는 뭔가가 있다. 예를 들면, '성공=나' 이 또한 운명이라 말할 수 있다.

당신이 평범한 인생을 원했더라면 아마도 다른 선택을 했을 거다. 하지만 당신은 '성공=나'를 선택했다. 운명(運命)이란 것은 나의 바람, 나의 후회가 아닌, 일어난 일 자체가 운명인 거다. 확정된 상황 말이다. 여기서 뭔가가 있다는 필자의 말을 잘 생각해 봐야 한다. 속된말로 빨리 인정하고 머리가 깨야 한다는 거다.

그렇게 말할 수밖에 없다. 부유한 부모를 만난 것 또한 그들의 좋은 운명 덕분이다. 그들은 처음부터 고속도로를 달린다. 당신은 비포장길을지나 구석진 도로를 달리고 있을 수도 있다. 세월에 휘둘려 이리저리 살다 보면 내가 지금 어떤 길을 가고 있는지 어느 정도는 스스로를 감지할 수 있게 된다.

중요한 건 어떤 길을 달리든 '성공'이란 목적지는 같다는 거다. 이쯤 되면 답이 나온 듯싶다. 인내와 희망은 당신이 갖고 있는 유일한 무기다. 잘 활용하기 바란다. 머리가 아닌 엉덩이만으로도 당신을 일으켜 세울 수 있다는 말이다. 잘 버티고 최선을 다해라! 그리고 그 외 것들은 내 영역이 아님을 잊지 마라!

뭔가가 있는 것이다. 다시 말하지만, 당신이 할 수 있는 선택은 최선을 다하는 거다. 이를 인정하는 순간 마음이 고요해질 것이다.

확실한 건 당신 몫도 있다는 거다. 앞 장에서도 얘기했다. 다만, 당신이 생각한 만큼보다 더할 수도, 아니면 덜할 수도 있다. 얼마가 됐든, 무엇이 됐든 이를 겸허히 받아들여야 한다. 그만큼이 당신 몫이다! 당신이 이 책을 읽고 있다면 우리 또한 운명의 만남이다. 따뜻한 운명 말이다, 감사하고 고맙고 가슴 벅차고! 그저 당신이 반가울 뿐이다.

언제나 '최선'이라 생각했기에 움직였을 것이다.
나는 늘 몸으로 움직여야 움직인 것 같았다.
그러나 마음의 움직임이
진정한 빛이 됨을 이제야 알았다.
마음의 선택은 나를 '최선'이 아니라
돌아가는 것임을 알게 해주었다.
이제부터 나는 다시 움직인다.
이 길은 돌아가는 길이다.
-필자 토막-

제15장 주머니 속 행진 321

나를
움직이게 하는 것들

『시크릿』이란 책이 있다. 필자는 '다른 세상에 또 다른 내가 존재하지 않을까?' 하는 생각을 했다. 이와 비슷한 책 '성공을 부르는 일곱 가지 영적 법칙' 또한 맥락은 같았다. 이와 관련된 책자로 백여 권을 더 읽어본 결론은 앞 장에서도 언급했던 '뭔가가 있다.'라는 것에 더더욱 확신을 갖게 됐다는 거다.

이에 따른 약간의 언급을 해볼까 한다. 고구마튀김이 먹고 싶었는데 때마침 어머니께서 고구마튀김을 사 들고 오시는 거다. 우연일까? 어머니의 생각은 나와 어떤 연관관계가 있었을까?

글을 쓰고 있는 지금 중부지방은 물 폭탄으로 여러 피해가 속출하고 있다. 사망자도 발생한 듯하다. 우연일까? 나와는 어떤 연관관계가 있었을까? '뭔가가 있는 것이다.' 세상 모든 것들이 거미줄처럼 서로서로 얽혀 있다는 막연한 생각!

이렇다 보니 거미줄에 걸려든 파리가 날갯짓을 하면 거미줄 전체가 흔들거린다. 연관성이 있다는 말이다. 더 나아가 양자역학적 관점에서도 설명이 된다. 중첩과 얽힘, 초끈이론, 만일 우주 전체가 서로에게 영향을 미치는 거미줄로 이루어져 있다면….

한번 진지하게 생각해 보라!

성공은 행운을 제외하고는
그 어떤 설명으로도 납득될 수 없다.
'뭔가가 있는 것이다.'
내게로 다가온 모든 것들을
겸손하게 받아들여야 함이 여기에 있다.
-필자 토막-

우리는 의식적으로 행한 행동에서만 우리가 했다고 말한다. 일례로, 필자가 당신을 만나 반갑다고 악수를 청했다. 손을 내민 건 분명 필자의 의식적 행동이다.

손을 앞으로 내밀 때 오른손의 신경과 근육을 비롯해 기타 신경학적 정신적 의학적 물리학적으로 세포 하나하나에 내가 직접 지령을 내린 것일까? 의식적으로 말이다.

필자는 아니라고 생각한다. 악수를 청하는 순간, 우리 몸은 알아서 수많은 세포와 관련된 신경과 근육들이 조합을 이뤄 움직여졌을 거다. 이를 한마디로 정리하면 버튼만 누르면 관련된 행위가 이뤄진다는 얘기다.

다르게 해석하면 우리는 자동차의 내부 작동원리는 모른다(뭔가가 있다.). 하지만 자동차를 내가 원하는 곳까지 운전은 할 수 있다(의식). 기능에 맞는 조작만 할 수 있다면 그것으로 충분하다.

전조등을 켜면(의식) 어김없이 전조등이 켜진다(뭔가가 있다.). 전조등이 켜지는 원리는 모른다. 그러나 켜고자 하는 의식만 행동으로 옮겨진다면 켤 수 있다. 마찬가지로 TV의 작동 원리와 구조는 모른다. 단지 TV의 사용법만은 확실하게 알고 있다. 리모컨 버튼의 9를 선택하면 어김없이 KBS 방송이 나온다. 이는 100%이며, 의식이 KBS를 선택한 거다.

여기까지 이해가 되는가? 쉽게 풀어보려 나름대로 생각을 많이 했는데 설명이 잘 됐는지 모르겠다. 이해가 안 된다면 한두 번 더 읽어주기 바란다.

자, 그럼 지금까지 설명한 내용을 그대로 옮겨와 현재의 나에게 적용해 보자. '나는 성공할 거야!' 이렇게 막연한 의식적 행동은 안 된다. '난 오늘 저녁 9시에 KBS 뉴스 방송을 볼 거야!' 이처럼 구체적이어야 한다.

우주 어딘가에 거대한 컴퓨터가 있다고 가정해 보자. 당신의 생각과 원함을 의식이라 생각하고 검색을 한다면 구체적으로 접근해야 할 거다. 예를 들어, '성공한 사람들'이라 검색한다면 돈, 명예, 권력, 기업 등 다방면에서 성공한 이들이 나올 거다. 내가 원하는 특정 검색이 아닐뿐더러 너무 광범위하다. 한 곳에 집중할 수 없다. 그럼 어떻게 해야 할까?

'떡볶이 사업으로 3년 만에 100억을 번 사람들의 특징' 이렇게 검색했다면 훨씬 더 섬세한 내용을 얻을 수 있을 거다. 이처럼 당신이 원하는 것에 관한 내용을 구체적으로 섬세하게 주문하는 거다. 그리고는 정말로 그렇게 된 사람처럼 그에 걸맞은 의식과 행동을 하면 되는 거다. 흔히들 말하는 '이끌림의 법칙' 또한 여기서 크게 벗어나지 않는다.

극단적인 예로 어머니께서 큰 병을 앓아 중환자실에 계시다고 가정해 보자. 당신의 하루는 온전하게 일할 수 없는 것이다. 머릿속에는 온통 어머니 생각뿐이며, 행여나 전화벨이 울리기라도 하면 덥석 겁부터 날 거다. 하루를 온통 어머니 생각뿐이다. 하루빨리 쾌차하시기를 바라는 간절한 마음! 그런 마음과 흡사하다.

한시도 잊지 않고 머리에 각인되는 그 상황 말이다. 의식과 함께 눈으로 코로 입으로 나아가 내 몸 구석구석, 세포 하나하나에 각인시키는 것, 그럼으로써 영향을 주는 뭔가가 있다.

'운칠기삼', '진인사대천명' 이런 말들이 터무니없이 그냥 만들어진 말이 아님을 깨달은 순간, 겸허해지고 숙연해지며, 나의 성공이 모두가 내 몫이 아님을 스스로 인정하게 되는 것이며, 이런 낮은 자세는 세상을 다른 눈으로 대하게 될 거다.

나를 움직이게 한 동기를 잘 생각해 보기 바란다. 당신은 어떤 동기로 움직이기 시작했는가? 예상컨대 처한 환경이 당신을 움직이게 했을 거다. 간절하게 벗어나고 싶었기 때문일 거다.

거의 대다수가 이처럼 외적인 영향을 받은 것이며, 다행히도 이를 계기로 죽을 힘을 다해 성공이란 걸 하게 됐다면 역설적으로 세상의 환경에게 빚을 졌다고 말할 수 있다. 다르게 해석하면 은혜를 입은 거다. 어떤가? 맞지 않는가? 성공한 자들이 어려운 환경에 놓인 이들에게 후원을 하고 기부를 하는 행위의 발단 또한 이런 부분에서 시작된 것이다.

무시할 수 없는 힘이 존재함을 그들은 가슴으로 인정했기 때문이다. 뭔가가 있는 거다. 마치 은사님의 조언으로 당신이 좋은 방향으로 성장하여 꿈을 이뤘다면 당신은 은사님을 찾아뵙고 감사의 말을 전했을 거고, 자신 또한 타인의 행복에 기여하는 삶을 이어갈 확률이 높다. 그런 당신의 마음 한구석에는 늘 은사님이 계실 거다. 파랑새 말이다. 아마도 이와 같은 맥락이지 않을까?

이를 확대해 본다면 거대한 우주 또한 하나의 숨 쉬는 유기체라 볼 수 있지 않을까? 필자 생각엔 그 어딘가에 분명한 뭔가가 있는 것이다. 그러니 늘 겸손함과 선(善)함을 놓지 마라!

이것이 모두에게 이로운 방향이다. 그 중심에 당신이 있었으면 좋겠다.

무엇이 내게로 오든 감사하게 맞으라!
'생로병사(生老病死)'는 모두에게 알려진 필연이며
'길흉화복(吉凶禍福)'은 모두에게 감춰진 질서다.
지금이 좋다면 다음은 안 좋을 것을 알고
지금이 안 좋다면 다음은 좋을 것이라는 믿음!
지혜로운 자는 이런 세상의 이치를 따른다.
-장자-

내 성공의 목적은
그들을 위해서다

　　　한국인들의 두드러진 점은 자신이 좋아하는 옷을 입었다고 생각하지만, 은연중 남들이 볼 때 이쁜가를 생각한다. 폼 나는 신발은 내가 보기도 하지만 남들이 인정해줄 때 더 값지게 생각한다. 우리는 그렇게 타인을 의식하며 살고 있는 거다.

　물론 너보다는 내가 낫다든가 너보다는 내가 더 풍족하게 산다는 등 자신을 과시하는 면 또한 없지 않다. 그러나 이 모든 것들이 궁극적으로는 상대가 있기에 결론에 도달하는 게임인 거다. 부러움만을 위한 것은 시기와 질투를 부른다.

　그도 갖고 나도 갖는 배려가 이루어지는 순간, 존경과 서로의 의지함으로 바뀌게 되는 거다. 작은 생각의 차이가 이처럼 전혀 다른 결과를 만든다.

　'당신은 왜 성공하려 하는가?'라고 묻는다면 자신의 삶을 위해서라고 답하는 이들이 대부분일 거다. 좀 더 깊이 생각해 보면 의문이 생긴다. 그것만일까? 그게 다일까? 잘 생각해 보라!

　정말 그렇다면 당신의 성공은 당신 곁에 잠시 머물 뿐이다. 정거장에 잠시 머물 뿐이다. 나만의 호의호식(好衣好食)이 전부라고 생각하는 사람을 세상이 그대로 놔둘까? 앞 장에서 "뭔가가 있다!" 분명 뭔가가 있다 말했다.

　당신이 가진 것을 내놓으라고 아무도 다그치지 않는다. 물론 강제로

뺏지도 않는다. 그러나 세상도 나름 아주 영리함을 잊어서는 안 된다. 당신 스스로의 선택으로 서서히 천천히 아주 조금씩 당신 손으로 내어놓게 한다. 주변에서 비슷한 일들을 심심찮게 봤을 거다. 잘나가던 사람이 서서히 기울어지며 결국엔 쪽박 신세가 되는, 그리고는 잘나가던 시절을 여기저기 떠벌리며 "내가 왕년에는 말이야!" 하며 쓸쓸한 지난 얘기로 한동안의 세월을 세상에 반납한다. 그렇게 남아 있는 잔불이 다할 즈음 그제야 모든 걸 내려놓고 겸손해지기 시작한다.

이 또한 세상의 질서이며 순리다. 비워야 채울 수 있기 때문이다. 온전한 성공을 이룬 이들은 성공하기 전에 먼저 겸손을 배운다. 그런 겸손으로 인해 가진 것을 잃지 않고 유지할 수 있는 것이다.

그들은 자신들의 재화(財貨)가 세상으로 나갈 때 잃은 것이 아니라 더 좋은 일을 할 거라 생각하기 때문이다. 그들은 순리의 심오함을 터득한 거다, 득도 말이다.

잠시만, 여기에는 또 다른 세상의 이치가 숨어 있다. 바로 2:8 법칙이다. 일명 '파레토 법칙'이라고도 한다. 전체의 일부가 대부분의 결과를 만들어 낸다는 뜻이다.

당신이 가진 모든 것 중 일부가 당신을 더 값지고 더 가치 있는 일을 할 수 있는 곳으로 안내한다는 말로도 해석될 수 있다. 요약하면, 그 일부가 당신을 일으켜 세운 것이다.

겸손과 낮은 자세, 나보다는 그들을 먼저 행복하게 해주고 싶은 마음, 이 같은 선순환이 돌아 돌아 결국엔 그들 자신을 위한 것임을 알기 때문이다. 깊디깊고 심오한 세상의 이치를 터득했음이다. 그들이 바로 성공 증거자들이다. 이 책을 쓰고 있는 필자의 의도를 머리가 아닌 오감으로 흡수해 주길 바란다.

그 어딘가에 보이지 않는 그 뭔가가 있기 때문이다.

열심히 하는 것이 이루는 것만 못하고
얻는 것이 얻어지는 것만 못하다.

-필자 토막-

눈앞에 보이는 예쁜 꽃,
지난해 보았던 그 꽃일까?

우리는 지금 돈 얘기를 하고 있다.

돈에 대한 부분에서 성공 증거자들은 이미 수두룩하게 많고, 지금 이 시간에도 새로운 증거자들이 탄생하고 있다. 그러나 그들 또한 모든 부분에서 성공한 것은 아니다.

그렇다면 다른 어떤 부분에서는 그에 상응하는 뭔가를 잃었다는 얘기다. 총량의 법칙은 변하지 않기 때문이다. 그 출발점은 지금의 내 삶을 있는 그대로 인정해야 한다는 거다. 그게 인생길이기 때문이다.

들판의 푸르름과 싱그러움은 지난해와 똑같다. 그러나 지난해 파릇했던 그 벼가 아니고 지난해 그리도 예뻤던 그 꽃이 아니다. 뭔가 느끼는 게 있는가? 그래 그거다. 그런 거다.

'내가 성공을 얻었다면 뭘 내어줘야 할까?'를 생각해야 한다는 거다. 다시 말해, 지난해와 똑같은 풍경을 내게 주었다면 그 풍경을 주기 위해 어디선가는 많은 희생이 따른 것이다.

이를 잘 음미하고 가슴으로 이해해야 한다. 그리고는 약간의 두려움을 가져야 한다. 자연이 그랬던 것처럼 이제는 내어줘야 할 시간이기 때문이다. 당신이 가진 것 중 제일 소중한 것을 원할 수도 있다. 그래서 무서운 거다. 어쩌면 가진 무게만큼 잠을 설치게 될 수도 있다.

온화함과 평온함은 순환에서 오는 거다. 산들바람이 나를 기분 좋게 했다면 당신이 모르는 그 무엇들이 서로서로 순환하며 조화를 이룬 결과다. 이해했는가? 그 산들바람 또한 잠시뿐이다. 그냥 지나쳤을 뿐이다. 결국엔 무(無)로 종결된다. 세상만사 또한 그런 거다. 그 순간, 그만큼만 당신 거다. 아주 잠시만 말이다.

세상의 이치가 이런데 욕심이 더 필요할까? 더 가지려 애쓰지 말고 더 주려 애써야 하는 이유가 여기에 있다. 그렇게만 해준다면 당신 몫으로도 충분히 평온함을 지킬 수 있다. 필자는 그런 사람들이 많았으면 좋겠다.

일부 사람들은 가진 게 없어 하고파도 못한다고 투덜댄다. 부처님은 그런 이들을 위해 이미 이천 년이나 전에 가진 게 없어도 베풀 수 있는 좋은 방법을 알려주셨다. 베풂은 '덕'을 쌓는 데 그만큼 중요한 부분이라 생각하셨기 때문일 거다. 이는 운(運)과도 직결되어 있다.

'무재칠시'라는 말이 있다. 『잡보장경』에 나오는 부처님의 말씀이다. 재물이 없어도 남을 도울 수 있는 일곱 가지 방법이 있다는 말이다. 참고 삼아 정리해 둔다.

1) 화안시: 밝은 얼굴로 대하라.
2) 언사시: 부드러운 말로 대하라.
3) 심시: 착한 마음으로 대하라.
4) 안시: 따뜻한 눈빛으로 대하라.
5) 신시: 예의 바르게 대하라.
6) 상좌시: 앉은 자리를 양보해라.
7) 방사시: 그의 마음을 헤아려라.

이처럼 가진 게 없어도 베풀 방법이 아주 많다. 상대의 마음을 온몸으로 어루만져 줄 수 있다면 이는 최고의 공덕이며, 당신이 가진 막강한 무기임을 알아야 한다. 문제는 자신 스스로가 이런 마음을 늘 겸비하고 있느냐가 관건이다. 이 또한 당신의 성공 길에 지대한 영향을 미칠 수 있다.

"당신이 가지고 있는 전체 중 일부가 대부분의 결과를 만들어낸다." 앞 절에서 이런 말을 했다. 크든 작든 이 모두가 당신의 재능이며 값진 보물이 될 수 있다. 소중히 생각하고 마음에 품는다면 충분한 성공 발판이 될 수 있다.

예의를 알고 세상을 사랑하는 모습 또한 그 누군가를 감동시킬 수도 있다. 이런 모든 것들이 엉겨 모여 당신이 잘되는 방향으로 안내받을 수 있다. 필자는 이를 확신하는 사람이다.

'덕'이 없어 너그럽지 못하면
자기가 쳐놓은 올가미에 자기가 걸려든다.
이로써, '덕'이 있는 사람은 왕 노릇 하기 쉽고
'덕'이 없는 사람은 망하기 쉽다.
-공자-

어딘가의 누구는
당신을 만날 준비를 하고 있다

내게는 어떤 이름이 좋을까요? 저의 현재 이름은 ○○○입니다. 저는 어디에서 사는 게 좋을까요? 지금은 ○○○에 삽니다.

내가 이런 인사를 하면 사람들은 의아해할 거다. 미친놈이라 말할 수도 있을 거다. 그런데 왜 나는 이런 질문을 하고 스스로 답해야 하는 걸까?

말하고자 하는 내 의도는 살기 위해서다. 그의 견해를 들을 준비가 되어 있고, 내 현재 위치를 말해주는 거다. 한마디로 소통의 준비가 되어 있다는 말이다. 물론 단편적인 예를 든 거다. 우리는 이런저런 일로 새로운 사람과 마주하게 된다. 아마도 생을 다하는 날까지 멈추지 않을 거다.

나는 살려고 사람들을 만난다. 그들 또한 살려고 나를 만나는 거다. 겉으로는 거래처 미팅, 친선 도모, 무슨 무슨 동호회, 협회 미팅 등 꼬리표를 달지만, 궁극적인 목표는 각자의 이익을 위해서다. 이익의 조율 방법은 소통뿐이기 때문이다.

어느 날, 어느 순간, 딱 맞는 사람이 딱 맞는 계절과 딱 맞는 시간에 유성처럼 내 앞에 나타난다면 운명은 이로 인해 당신의 평소 생각과 행동, 그리고 마음가짐과 어우러져 값진 작품을 탄생시킬 거다. 낮은 자세의 소통 덕분이다. 아마존의 창업자 제프베조스가 그랬고, 애플 창업자, 구글 창업자가 그랬다. 가만히 생각해 보라! 이미 성공한 사람이라면 이 말이 무슨 뜻인지 감이 올 거다.

문제는, 대부분의 사람들이 딱 맞는 그때를 못 기다린다는 거다. 많이 안타까운 부분이다. 인내와 소통하고 잘 다독여라! 때로는 머리가 필요한 게 아니라 진득한 엉덩이가 필요한 이유가 여기에 있다. 지금 이 순간에도 어딘가의 누구는 당신을 만날 준비를 하고 있다. 잘 차려입고 공손히 맞이할 준비를 하라! 단정한 복장은 그 자체가 예의다.

늘 나를 낮추고, 늘 겸손함을 잃지 마라!

운명은 절대로 당신의 사정을 봐주지 않는다.
운명은 마치, 칼을 든 망나니와도 같다.
잘 다독여라!
절대로 헤어질 수 없다.
참고, 또 참는 '인내'만이 답이다.
-필자 토막-

"세상에 공짜는 없다."라는 말을 했다. '옜다! 너 가져라!' 하고 그냥 던져주지 않는다는 말이다. 성공은 그런 거다. 절대로 그런 일은 없다. 따라서 내가 먼저 주고 그보다 작게 받는 거다. 내 성공의 양을 70이라 한다면 돈 20, 인품 20, 품격 20, 기부 10 이렇게 하겠다고 마음먹는 건 어떨까?

'다 필요 없고 난 돈을 100으로 할 거야!'라고 해도 당신을 뭐라 할 사람은 아무도 없다. 하지만, 이 세상에 사람만 존재하는 건 아니라는 거다.

앞 장에서 "분명 뭔가가 있다!"라고 말했다. 이 말의 의미를 잘 생각해주기 바란다. 눈에 보이는 것만이 전부라 생각한다면 당신은 정말

하수다. 앞 장에서 말했듯이 머리가 깨야 한다.

이를 어찌 설명해야 할까? 음, 예를 들어, 우리는 산소 없이는 단 1분도 버티기가 힘들다. 그런 소중한 산소를 당신은 보았는가? 만져는 봤는가? 느껴지는가? 눈에 보이지도, 만져보지도 못했지만, 실제 존재하고 있음을 우리 모두는 잘 안다. 그런 거다. 설명이 됐는지 모르겠다.

그렇게 믿어주기 바란다. 당신의 성공이 누군가에게는 말할 수 없이 고마운 산소가 될 수도 있다. 또 누군가는 당신의 성공으로 인해 삶과 죽음의 기로에 섰을 수도 있다. 당신이 얻었다 함은 그 누군가는 잃었다는 뜻이기 때문이다. 그러니 당신의 마음이 출발점이다. 이를 잘 이해했다면 필자의 할 일은 다 한 거다. 그리고 평생토록 당신을 고맙게 생각하며 살 거다. 장담컨대, 분명 복 받을 거다.

당신이란 사람이 존경스러울 따름이다.

도마 위에서 예의를 차리는
생선은 되지 말자!
그곳에 도마가 있음을 안다면
당신은 참으로 현명한 사람이다.
-필자 토막-

제16장

흔적들

태양이 뒤돌아선 그 날!

여기저기 흩어진 마음 조각을

하나하나 찾아다니며

설득하고 위로하며 함께 울던 그 날!

평온한 슬픔으로 대신해 준 작은 소리들!

작은 소리들… 작은 소리들… 작은 소리들…

위 로

미안해요 미안해요
홀로 나는 작은 새여

하늘 바다 사잇길로
홀로 나는 작은 새여

하늘이 반기려나
바다가 반기려나

구름언덕 힘겨워라
내릴 곳을 열어보니
찬바람 저 너머에
추억들이 나뒹구네

쓸어모아 날개 품에
한 움큼 부풀리니

아름드리 무거운 짐
그대 향해 주저앉네
−필자 토막−

슬픔

머뭇머뭇 이리저리
허리춤이 가볍구나
내려놓았을까
버렸을까
감추었을까
잊고 싶은 걸까
무엇이길래

세월의 흔적들은
입을 모아 꾹 다물고

우렁찬 너털웃음
쓸쓸함의 기운은

밟혀준 발자국이
더없이 안쓰럽네

물어물어 걸어온 길
여기가 어디인지

다문 세월 걷어차니

여기저기 자국이네

머뭇대는 백발은
낡은 눈을 가리고

서성이는 바람 소리
녹슨 귀를 훔치네

어느덧 이 계절은
먼저 와 기다리니

탄식이 따로 없네
그를 반길밖에는

그대들아 그대들아
내 너흴 사랑하니

백발이 서글프다
남의 말 하지 마소

때를 놓쳐 함께하면

바람마저 무시하니

사랑 담아 어여어여
발걸음이 바쁘구나

그대의 허리춤이
유난히도 아슬하니

가여움의 속마음을
기댈 곳이 어디인고

어렴풋한 짝사랑은
뒷모습이 전부일세
-필자 토막-

서글픔

내 낡은 외투는
구부러진 나를 담고

입을 다문 오솔길은
찬 서리로 이불 삼네

성난 파도 화난 파도
바람마저 쓸어담고

한 줌으로 안 풀린 듯
어둠 위로 올라서네

나는 나는 외롭고
너는 너는 외롭고

나는 나는 너를 담고
너는 너는 나를 담고

내 민손은 가냘픈데
주울 세상 태산이니

어찌할꼬 어찌할꼬
이 눈물을 어찌할꼬

여기저기 이리저리
여린 마음 전부일세
-필자 토막-

희 망

내가 산을 업은 건가
산이 나를 업은 건가

마음 하나 마음대로
생각 하나 생각대로

이건 이건 이거대로
저건 저건 저거대로

보았을까 파랑새는
비틀비틀 내 발자국

떨어지는 눈물방울
그의 땅을 적시네

파랑새야 파랑새야
구름 밑에 있었거늘

하늘 향해 고개 드니
실바람이 마중 오네

가자 가자 어여 가자
굽이굽이 모퉁이길

어느새 정상이라
작은 길만 남아 있네
—필자 토막—

메아리

부른 건가 불른 건가
돌아오는 내 목소리

속절없이 외쳐대는
거기 그대 안쓰럽네

메아리는 메아리는
그냥그냥 메아리는

다시 내게 그냥그냥
메아리일 뿐이네

던져버린 내 흔적들
다시 내게 마주하니

하나둘씩 주워 담아
쓸개 밑에 잠근다
－필자 토막－

다 짐

어제는 그런 하늘
오늘은 이런 하늘

어제는 그렁저렁
오늘은 그것 이것

산을 옮겨 하늘 옆에
마음 옮겨 그 땅 옆에

너를 위에 밟혀주니
너와 나는 한 몸일세

아, 그렇구나
아, 그런 거야

산들바람 내 옆에
살랑 들꽃 내 옆에

흐트러진 실 사람이
하나 되어 움직이니

겨울부터 시작됨을
이유 없이 불평하랴

봄날, 여름날, 가을날, 겨울날
그렇게나 가린 얼굴

봄꽃, 여름꽃, 가을꽃, 겨울꽃
나에게만 보여주니

밟히는 건 그림자요
일어선 건 마음일세

산이 높은 이유들을
하나둘씩 적어보니

저 아래 구석진 곳
내 이름이 들어있네
－필자 토막－

사 랑

뭉실구름 지붕 삼아
바닷물로 집을 지니

눈물범벅 된다 한들
어이 누가 위로할까

이 마음 듬뿍듬뿍
사랑만이 가득인데

기울어진 이 몸 하나
적셔진들 어떠하리

저 산 위에 저 하늘에
사랑 사랑 비워짐은

모두가 흘러내려
여기에 머묾이니

그곳이 이곳이고
이곳이 그곳인 듯

너도나도 모여들어
넘실넘실 춤을 추네

세상에 더할 것은
사랑바다 그뿐일세
－필자 토막－

하늘사다리

한 칸 올라 눈물 담고
두 칸 올라 설움 담고

슬그머니 돌아보니
지친 몸만 덩그러니

그 햇빛은 내 눈물을
그 바람은 내 설움을

마음 담아 가슴 펴니
안개처럼 사랑비가

서너 칸 더 올라가면
다른 세상 펼쳐질까?
-필자 토막-